FRIEDRICH MERZ

Mut zur Zukunft

Autor

Friedrich Merz wurde 1955 in Brilon, Sauerland, geboren. Nach dem Studium der Rechtswissenschaften arbeitete er zunächst als Amtsrichter und Rechtsanwalt. Von 1989 bis 1994 war er als Abgeordneter im Europäischen Parlament tätig. Seit Herbst 1994 ist Friedrich Merz Mitglied des Deutschen Bundestages. Im Februar 2000 übernahm der Steuer- und Finanzexperte den Vorsitz der CDU/CSU-Fraktion im Bundestag.

Friedrich Merz

Mut zur Zukunft

Wie Deutschland wieder an die Spitze kommt

GOLDMANN

Originalausgabe

Umwelthinweis:
Alle bedruckten Materialien dieses Buches
sind chlorfrei und umweltschonend

Der Goldmann Verlag ist ein Unternehmen
der Verlagsgruppe Random House GmbH

Originalausgabe September 2002

Umschlaggestaltung: Design Team München
Umschlagabbildung: CDU/CSU-Bundestagsfraktion
Satz: DTP im Verlag
Druck: GGP Media, Pößneck
Verlagsnummer: 15218
Herstellung: Sebastian Strohmaier
Made in Germany
ISBN 3-442-15218-6
www.goldmann-verlag.de

1 3 5 7 9 10 8 6 4 2

Inhalt

Vorwort

Dieses Buch ist im gesamten Verlauf der zu Ende gehenden 14. Wahlperiode des Deutschen Bundestages entstanden. Am Anfang steht die Abschlussbilanz der unionsgeführten Bundesregierung, die Deutschland 16 Jahre regierte - so lang wie keine Bundesregierung zuvor in der Nachkriegsgeschichte unseres Landes. Zugleich ist es die Eröffnungsbilanz der rot-grünen Bundesregierung, die im Oktober 1998 ihr Amt angetreten hat.

Vier Jahre nach dem Regierungswechsel gilt es mehr zu tun als erneut Bilanz zu ziehen. Zu Beginn eines noch jungen 21. Jahrhunderts steht Deutschland vor schweren Aufgaben. Wir sind im internationalen Wettbewerb zurückgefallen. Wir verlieren Weltmarktanteile. Die Bevölkerung überaltert. Die neuen Länder kämpfen mit Abwanderung und einem noch niedrigeren Wirtschaftswachstum als in den alten Bundesländern. Fast überall steigt die Arbeitslosigkeit. Gleichzeitig können mehr als eine Million offene Stellen nicht besetzt werden. Immer schlechter gelingt die Integration großer Teile der ausländischen Wohnbevölkerung. Die Verteilungskonflikte in der Gesellschaft nehmen zu. Bei der Altersvorsorge und im Gesundheitswesen entstehen immer deutlicher zwei Klassen in der Gesellschaft: diejenigen, die selbst vorsorgen und gute Leistungen erhalten, und diejenigen, die sich auf das staatliche Versorgungssystem verlassen müssen und kontinuierlich schlechtere Leistungen erhalten. Auch in der Bildung und Ausbildung entsteht eine Zwei-Klassen-Gesellschaft zu Lasten der sozial Schwachen und zugunsten derer, die mit eigenen Mitteln ausweichen können, in private Schulen und Hochschulen, im Inland und im Ausland.

Gleichzeitig steigen die Anforderungen unserer europäischen Partner, der Bündnispartner in der NATO und der Vereinten Nationen an uns. Von Deutschland wird viel erwartet an großzügig humanitärer Hilfe, an europäischem Engagement sowie die Beteiligung an militärischen Auslandseinsätzen zur Wiederherstellung und Wahrung des Friedens in zahlreichen Konfliktregionen dieser Welt.

»Scheitert Deutschland?« – so lautete der wenig optimistische Titel eines Buches von Arnulf Baring vor vier Jahren. »Mut zur Zukunft« ist dieses Buch überschrieben. Ich habe versucht, einige Aspekte unserer zukünftigen politischen Aufgaben zu beleuchten. Die einzelnen Abschnitte sollen über die Tagespolitik hinausweisen und vor allem Zusammenhänge aufzeigen, die wir nicht missachten dürfen, wenn wir die Zukunft gestalten und unsere Probleme lösen wollen. Jedes Kapitel ist so gestaltet, dass es für sich gelesen werden kann. Wiederholungen waren im jeweiligen Zusammenhang deshalb nicht immer vermeidbar.*

Natürlich betrachte ich die Themen aus der Sicht meiner Partei, der Christlich-Demokratischen Union Deutschlands, deren Mitglied ich jetzt seit dreißig Jahren bin. Diese einzige erfolgreiche Neugründung einer Volksartei im letzten Jahrhundert, die Union aus CDU und CSU, war immer dann besonders erfolgreich, wenn sie die Einheit von Wirtschafts- und

* In einigen Textpassagen wurde auf Vorveröffentlichungen zurückgegriffen, siehe Friedrich Merz, *Altersbeben – demografische Herausforderungen und Generationsgerechtigkeit* in: M. Langer/A. Laschet (Hg.) *Unterwegs mit Visionen – Festschrift für Rita Süssmuth*, Freiburg 2002, Herder Verlag sowie ders., *Anwaltschaft für den Menschen statt neuer Feindbilder*, in: E. Bercker/R. Abeln (Hg.), *Die Welt nach dem 11. September. Eindrücke – Erinnerungen – Ausblicke*, Kevelaer 2002, Verlag Butzon & Bercker.

Sozialpolitik glaubwürdig vertreten hat. Die Geschichte ihres Erfolges ist daher auch nicht zu trennen von den Ursachen ihrer Misserfolge. Deshalb schreibe ich in diesem Buch auch über die – aus meiner Sicht so empfundenen – Gründe der Wahlniederlage von 1998. Besonders wichtig ist mir dabei, die richtigen Konsequenzen für die Zukunft, für die vor uns liegenden Jahre zu ziehen.

Die Union muss wieder lernen, Politik in Gesamtzusammenhängen zu denken und zu formulieren. Ludwig Erhard und seine Mitstreiter haben dafür den Begriff »Ordnungspolitik« geprägt. Politik kann nur erfolgreich sein, wenn sie konzeptionell in der Kategorie von Ordnungen entworfen und dann auch in praktische Politik umgesetzt wird. Eine Politik des Punktualismus dagegen kann nur Stückwerk erreichen. Die Vision einer politischen Ordnung für Deutschland, für unseren europäischen Kontinent, aber auch für die globale Herausforderung, vor der wir heute stehen, kann die Union schon bald wieder und für lange Zeit zur stärksten politischen Kraft in Deutschland werden lassen. Der Weg dorthin erfordert die Bereitschaft, Fehler einzugestehen, Neues zu denken und in ein politisches Gesamtkonzept einzufügen, das seine Überzeugungskraft nicht aus der Rechtfertigung von Einzelinteressen gewinnt, sondern im Aufzeigen eines Weges, der für alle Menschen in unserer Gesellschaft Zukunftschancen eröffnet. Ludwig Erhard hat dies vor 40 Jahren so formuliert:

> »Wir sollten uns nicht so gebärden, als ob das Erkennen volkswirtschaftlicher Zusammenhänge nur den Gralshütern vorbehalten bliebe, die auf der einen Seite wissenschaftlich, auf der anderen Seite demagogisch ihre verhärteten Standpunkte vortragen. Nein, jeder Bürger unseres Staates muß um die wirtschaftlichen Zusammenhänge wissen und zu einem Urteil befähigt sein, denn es handelt

sich hier um Fragen unserer politischen Ordnung, deren Stabilität zu sichern uns aufgegeben ist.«

Dieses Motiv hat mich begleitet bei der Erstellung des vorliegenden Buches. Wertvolle Hinweise haben mir dabei in zahlreichen Diskussionen die Mitglieder der Planungsgruppe der CDU/CSU-Bundestagsfraktion gegeben. Ich danke dem Leiter der Planungsgruppe, Matthias Graf von Kielmansegg, ebenso wie Bernward Baule, Dr. Thomas Gäckle, Antonius Halbe und Michael Jansen für die geleistete Hilfe. Vor allem ohne die intensive Zuarbeit von Bernward Baule wäre das Buch im Frühsommer 2002 neben der umfangreichen politischen Tagesarbeit, die es im Amt des Vorsitzenden der CDU/CSU-Bundestagsfraktion gleichzeitig zu bewältigen gilt, nicht fertigzustellen gewesen. Ich danke meiner Frau und unseren Kindern für ihr Verständnis dafür, dass ich zu Hause und im Urlaub immer wieder Zeit in Anspruch genommen habe, um dieses Buch zu schreiben. Die Mitgestaltung der Zukunft auch unserer Kinder ist und bleibt für mich die wichtigste Motivation, politische Aufgaben zu übernehmen. Der Titel des Buches könnte auch bei Karl Popper entliehen sein: »Optimismus ist Pflicht!«

FRIEDRICH MERZ Berlin, im Juli 2002

I. Kapitel

Wahlniederlage und Neuanfang in der Opposition

Es war eine herbe Wahlniederlage. CDU und CSU haben bei der Bundestagswahl am 27. September 1998 zusammen noch 35,1% der Stimmen erhalten. Die CDU hat mit einem Anteil von 28,4% das schlechteste Bundestagswahlergebnis in ihrer Parteigeschichte nach 1949 erzielt. Der Vergleich mit 1949 tröstet auch nur kurz, denn bei der ersten Bundestagswahl kamen außer der SPD, der CDU/CSU und der FDP eine größere Zahl von sonstigen Parteien auf zusammen 27,8%, die im Bundestag auch vertreten waren. Die 5%-Grenze galt noch nicht. In Wahrheit haben wir also, wenn man Vergleichbares miteinander vergleicht, das schlechteste Ergebnis seit unserem Bestehen erzielt.

Dabei hat der Abwärtstrend für die Union nicht erst 1998 eingesetzt. Wir haben es vielmehr mit einer kontinuierlichen Entwicklung seit der Wahl am 6. März 1983 zu tun. Mit 48,8% (CDU: 38,2%) erhielt Helmut Kohl eine geradezu sensationelle Bestätigung seines Kurses und seiner Politik der »geistig-moralischen Erneuerung«. Er brachte damit alle Kritiker der vorgezogenen Wahlen zum Schweigen. Mit 44,3% (CDU: 34,5%) verlor die Union bei den Bundestagswahlen am 25. Januar 1987 aber bereits deutlich. Nachdem der Bundeskanzler den Bremer Parteitag von 1989 und den von Lothar Späth, Heiner Geißler und anderen angeführten Umsturzversuch politisch überlebt hatte, veränderten die Ereignisse in Ungarn, in der Prager Botschaft und schließlich der sich abzeichnende Weg zur deutschen Einheit die politische Lage in Deutschland noch einmal vollständig. Helmut Kohl erkannte die Chancen, die sich Ende 1989 und vor allem im Jahr 1990 boten und ging mit allen politischen und persönlichen Erfolgen in die erste gesamtdeutsche Bundestagswahl am 2. Dezember desselben Jahres. Gleichwohl konnte die Union mit Helmut Kohl als dem »Kanzler der Einheit« nicht mehr als 43,8% der Zweitstimmen (CDU: 36,7 %) erzielen. Dies war zwar nur ein leichter Verlust gegenüber 1987, zumal sich die FDP auf 11,0% gesteigert hatte; die Partei und ihre Anhänger hatten aber vor dem Hintergrund der historischen Verdienste von Helmut Kohl doch ein deutlich besseres Ergebnis für die CDU erwartet. Oskar Lafontaine und Gerhard Schröder als die zwei starken Ministerpräsidenten in der SPD brachten unverhohlen ihre Abneigung gegen den Vereinigungsprozess zum Ausdruck. So stimmten das Saarland und Niedersachsen als Einzige im Bundesrat gegen den Vertrag über die Wirtschafts-, Währungs- und Sozialunion mit der DDR.

Der Vorsprung von 134 Sitzen schrumpfte bei der Wahl 1994 erheblich. Nach dem Übertritt von Vera Lengsfeld, die aus der Bürgerrechtsbewegung der DDR kam und bei den Grünen keine politische Heimat mehr besaß, kam die CDU/CSU-Fraktion auf einen Vorsprung von 12 Mandaten, 5 Stimmen über der »Kanzlermehrheit«. Nachdem Oskar Lafontaine im November 1995 auf dem Mannheimer Parteitag der SPD handstreichartig den Vorsitz seiner Partei an sich riss, folgte eine bis dahin nicht gekannte Obstruktionspolitik der Bundestagsopposition über den Bundesrat, der vor allem die Steuerreform des Jahres 1997 zum Opfer fiel. Insbesondere in der zweiten Hälfte dieser Legislaturperiode wollte in der Koalition – jedenfalls dem äußeren Anschein nach – nichts mehr so recht gelingen. Helmut Kohl mied erkennbar die Wirtschaftspolitik, ein von ihm zustande gebrachtes »Bündnis für

Arbeit« ging im Januar 1996 ohne erkennbare Ergebnisse auseinander. Für die Öffentlichkeit musste vor allem im Hinblick auf die sehr schwierige Arbeitsmarktlage der Eindruck einer gewissen Ratlosigkeit der Regierung entstehen.

»16 Jahre sind genug«

Helmut Kohl hatte Ende 1996 die Dauer der Kanzlerschaft von Konrad Adenauer erreicht und überholt. Diejenigen, die im Jahr 1996 oder später ihr Abitur machten, konnten sich nicht erinnern, in Deutschland jemals einen anderen Kanzler erlebt zu haben. In der Öffentlichkeit bekam der Wechsel jenseits aller parteipolitischen Präferenzen bei immer mehr Menschen einen Selbstzweck. Auch in der CDU machte sich Unmut breit gegen einen Vorsitzenden, der seit fast einem Vierteljahrhundert die Partei geführt hatte. Vor allem die jungen Partei- und Fraktionsvorsitzenden in den Landeshauptstädten organisierten und artikulierten sich auch öffentlich gegen die Politik der Bundesregierung. In der Bundestagsfraktion nahm die Unruhe insbesondere im Jahr 1997 von Woche zu Woche zu.

Unmittelbar nach den parlamentarischen Sommerferien 1997 kam es dann im Adenauerhaus zu einer sehr offenen Aussprache, deren konstruktives Klima allerdings durch spätere Indiskretionen und darauf erfolgende Reaktionen des Kanzlers und Parteivorsitzenden erheblich belastet wurde. Helmut Kohl hatte fast alle kritischen, vor allem jüngere Funktions- und Mandatsträger in eine so genannte »Strategiekommission« berufen, die zunächst den Leipziger Parteitag im Herbst und anschließend die Konzeption des Bundestagswahlkampfes vorbereiten sollte. Für den Parteitag waren bereits erste Papiere erarbeitet worden, die an jenem 26. August 1997 in einer mehrstündigen Sitzung so weit vorbereitet werden sollten, dass sie dem Parteivorstand zur Beschlussfassung vorgelegt werden konnten. Bei mehreren Mitgliedern der Kommission, deren Arbeit von Generalsekretär Peter Hintze koordiniert, die aber vom Parteivorsitzenden geleitet wurde, gab es den dringenden Wunsch nach einer allgemeinen Aussprache über das Erscheinungsbild der Partei in der Sommerpause 1997. Helmut Kohl ließ alle Redner mit zum Teil sehr kritischen Beiträgen ausreden, darunter auch und vor allem den niedersächsischen Oppositionsführer Christian Wulff und den Bundesvorsitzenden der Jungen Union, Klaus Escher. Christian Wulff hatte schon einmal zu Beginn des Jahres 1997 den Rücktritt von Theo Waigel gefordert, Klaus Escher hatte die Junge Union auf einen besonders kritischen Kurs in der Wirtschafts-, Finanz- und Sozialpolitik gegen die Bundesregierung in Stellung gebracht. Er berichtete in der Sitzung von Gesprächen mit Berufskollegen in der Deutschen Bank, die die Bundesregierung einfach nicht mehr ernst nähmen. Helmut Kohl erwiderte gleichwohl sehr behutsam, gestand Fehler und personelle Probleme in der Regierung ein und sagte zu, wenigstens auf der Ebene der Staatssekretäre Schwächen zu beseitigen. Genauso klar und deutlich lehnte er es allerdings ab, in den klassischen Ressorts der Regierung Veränderungen vorzunehmen, insbesondere wollte er keinen anderen Vorsitzenden der CSU am Koalitionstisch sitzen sehen. Er habe »das mit dem Franz-Josef lange genug erlebt«, Vergleichbares wolle er sich für den Rest seines politischen Lebens ersparen.

So wurde die Lage zum Ende des Jahres noch schwieriger. Die von vielen erwartete Regierungsumbildung gab es nicht. Stattdessen folgte ein Schachzug von Helmut Kohl. Er erklärte Wolfgang Schäuble, der eine großartige Rede auf dem Leipziger Parteitag gehalten hatte, nach dem Parteitag beim Verlassen der Messehallen zu seinem Nachfolger 2002. In dieser Vorgehensweise kam eine gehörige Missachtung der Partei und ihres höchsten Beschlussorgans zum Ausdruck, denn mit einer so wichtigen Frage hätte natürlich der Parteitag selbst befasst werden müssen. Schäuble betonte in der darauf folgenden Woche in der Bundestagsfraktion deshalb aus gutem Grund, dass ihm lieb gewesen wäre, der Parteitag in Leipzig wäre mit dem Absingen der Nationalhymne wirklich beendet gewesen. In der Lage, in die ihn Kohl jetzt öffentlich gebracht hatte, war er nicht mehr unabhängig genug: Er war sozusagen befördert worden und gleichzeitig auf eine Zeit sehr viel später verwiesen. Damit verstrich die letzte Gelegenheit, mit einer verbesserten und verjüngten Mannschaft in das Wahljahr 1998 zu gehen.

Schließlich kam zu Beginn des Wahljahres eine bemerkenswerte Fehleinschätzung hinzu, die die Partei über Wochen hin geradezu paralysierte. Helmut Kohl war fest davon überzeugt, dass »der Saarländer« der nächste Kanzlerkandidat der SPD sein würde. Viele in der Partei sahen dies anders, sie wurden allerdings von Helmut Kohl in der Weise beschieden, es sei »geradezu kindisch« zu glauben, Oskar Lafontaine lasse Gerhard Schröder den Vortritt. In der Tat konnte niemand von uns ahnen, mit welchem Geschick und mit welcher Härte Schröder seinen Konkurrenten mit dem Landtagswahlergebnis vom 1. März 1998 in Niedersachsen im Rücken in die Schranken weisen würde. Aber die CDU hätte auf beide Kandidaten vorbereitet sein müssen. Stattdessen war Helmut Kohl und auf seine Weisung hin die Partei völlig auf eine Auseinandersetzung mit Lafontaine fixiert, der als Wunschgegner galt, hatte er doch 1990 als Kanzlerkandidat das seit langem schlechteste Wahlergebnis für die SPD eingefahren. Sein Ansehen in der Öffentlichkeit war auch deutlich geringer als das von Gerhard Schröder. Gegen ihn musste die Partei zu einem Zeitpunkt eine völlig neue Wahlkampfstrategie entwerfen, als es nur noch knapp sechs Monate bis zum Wahltermin waren. Zu allem Überfluss hatte Generalsekretär Peter Hintze alles andere als freie Hand in der Vorbereitung des Wahlkampfes, vielmehr bekam er mit Friedrich Bohl, dem Chef des Bundeskanzleramtes, einen »Koordinator« an die Seite gestellt. Dabei hatte Peter Hintze bereits 1994 bewiesen, dass er Bundestagswahlkämpfe organisieren und gewinnen konnte.

Im Frühjahr und Sommer des Jahres 1998, nach der Aufstellung von Gerhard Schröder zum Kanzlerkandidaten der SPD, sanken die Umfrageergebnisse für die Union in den Keller. Im unmittelbaren Vergleich fiel Helmut Kohl gegen Gerhard Schröder immer weiter zurück. Dagegen schnitt Wolfgang Schäuble in der Kanzlerfrage für die CDU/CSU deutlich besser ab. Uns war insbesondere in der Bundestagsfraktion klar, dass wir mit Helmut Kohl kaum noch eine Chance hatten zu gewinnen. Die SPD machte praktisch keine Fehler. Im Land gab es verbreitet eine Wechselstimmung nach der Devise: 16 Jahre sind genug.

Vor diesem Hintergrund war das Ergebnis der Bundestagswahl sogar noch besser, als wir zwischenzeitlich erwarten mussten. Gegenüber den schlechtesten Umfragen konnte die CDU rund 5 Prozentpunkte im Wahlkampf zulegen. Das Wahlergebnis der CSU in Bayern 14 Tage vor der Bundestagswahl brachte der CSU wieder eine glatte absolute Mehrheit mit hervorragenden 52,9% der Stimmen. Für die ganze Union war diese Vorlage eine enorme Ermutigung.

Und trotzdem ging die Rechnung nicht auf. Das Allensbacher Institut hatte vom Beginn des Wahlkampfes an vorausgesagt, dass der Rückstand unter normalen politischen Bedingungen nicht mehr aufzuholen sei. Das Ergebnis war bedeutungsvoll: Noch nie in der Nachkriegsgeschichte war in Deutschland eine ganze Regierung abgewählt und durch eine vollständig neue Regierung ersetzt worden.

Wäre diese tiefe Niederlage vermeidbar gewesen? Hätte ein frühzeitiger Wechsel im Amt des Bundeskanzlers für die Koalition der Mitte das Blatt noch einmal wenden können? Über diese Frage ist in der Zeit vor und nach der Wahl viel diskutiert und spekuliert worden. Insbesondere mit meinem zu einem engen persönlichen Freund gewordenen Kollegen Hans-Peter Repnik habe ich darüber im Verlaufe des Jahres 1997 und auch noch im Jahr 1998 immer und immer wieder gesprochen. Hans-Peter Repnik gehörte 1989 zu denen, die trotz einiger Angebote nicht bereit waren, sich gegen Helmut Kohl zu stellen. Er hat ihm als Parlamentarischer Staatssekretär im Bundesministerium für wirtschaftliche Zusammenarbeit loyal über viele Jahre gedient. Auch ich selbst gehörte in der örtlichen Lokalpolitik immer zu denen, die die große politische Leistung von Helmut Kohl vom gelungenen Misstrauensvotum 1982 bis zur Wiedervereinigung unseres Landes im Jahr 1990 immer wieder gegen manche Kritik verteidigt hatten. Und trotzdem haben es viele von uns in der Bundestagsfraktion für notwendig gehalten, dass Helmut Kohl einem Nachfolger Wolfgang Schäuble Platz machte. Noch Monate nach der Abwahl von Helmut Kohl war in der Partei und in unserer Wählerschaft die Meinung vorherrschend, mit einem anderen Kanzler und einem anderen Kanzlerkandidaten wäre die Wahl zu gewinnen gewesen. Ich teile diese These heute nicht mehr. Es mag auf den ersten Blick müßig erscheinen, die Diskussion darüber zu vertiefen. Sie ist trotzdem notwendig. Denn findet sich die Partei mit dem Gedanken ab, es habe »nur« am Spitzenkandidaten gelegen, werden die tieferen Ursachen schnell verdrängt sein, uns aber bei der kommenden Bundestagswahl umso härter treffen.

Richtig ist, dass Helmut Kohl bei seiner letzten Wahl einen ungewöhnlich großen Kanzlermalus einbrachte. Die Partei stand in den Augen der Wähler besser da als ihr Kanzler. Doch ich meine heute: Wir hätten vermutlich auch mit einem anderen Kanzler kein wesentlich besseres Ergebnis erzielt, jedenfalls keines, das die Fortsetzung der Koalition aus CDU, CSU und FDP erlaubt hätte. Dafür waren die Konturen der Regierungsarbeit in den letzten Jahren schon zu undeutlich geworden. Dafür konnte auf die Frage »Warum weitere vier Jahre?«

keine schlüssige und jedermann eingängige Antwort geben werden. Die CDU hatte vor allem in der Wirtschaftspolitik keine überzeugenden Konzepte mehr. In der Zeit der Opposition ab 1972 war es der Union gelungen, den Anspruch eines ganzheitlichen politischen Modells mit der Zusammengehörigkeit von Wirtschafts-, Finanz und Sozialpolitik glaubwürdig zu vertreten. Sie konnte sich dabei auf das Ordnungsmodell von Ludwig Erhards Sozialer Marktwirtschaft berufen und aus einem die Tagespolitik überspannenden politischen Grundkonzept Antworten auf die Fragen von Gegenwart und Zukunft geben. Diesen Anspruch hat die CDU in der Zeit der Regierung und insbesondere nach 1990 zunehmend aus dem Blick verloren und schließlich aufgegeben. Die Sozialpolitik ist zwar konstitutiver Bestandteil der marktwirtschaftlichen Ordnung, hat aber in ihrer Funktion als Verteilungspolitik überhand genommen. Nicht Heiner Geißler oder Norbert Blüm haben das Profil der Partei verwässert, sondern das Fehlen eines wirtschaftspolitischen Gegengewichts, das in der Lage gewesen wäre, die Kompetenz der Partei der Sozialen Marktwirtschaft umfassend zu vermitteln. Es geht eben an einer großen Volkspartei und ihren Parteitagen nicht spurlos vorüber, wenn sie mehr als 30 Jahre darauf verzichtet, den Bundeswirtschaftsminister zu stellen. Dieses Amt ist mit nur wenigen gesetzgeberischen Zuständigkeiten ausgestattet. Dafür kann eine überzeugende Persönlichkeit wirtschaftspolitische Zusammenhänge erklären, notwendige – auch unpopuläre – Entscheidungen in langfristige Zusammenhänge stellen und begründen. Schließlich kann sie die Kommunikationsarbeit leisten, die ein Ressortminister mit der Zuständigkeit für einzelne Gruppen der Gesellschaft zwangsläufig nicht zu erbringen vermag. Den Verzicht auf die Besetzung dieses Amtes in einer Zeit des schnellen Wandels in Wirtschaft und Gesellschaft mit einem Minister, der wirtschaftspolitische Kompetenz mit hoher Glaubwürdigkeit und Kommunikationsfähigkeit verbindet, halte ich für einen der größten Fehler, den die Union nach Übernahme der Regierungsverantwortung 1982 bis zum Schluss gemacht hat. Das Amt des Bundeswirtschaftsministers gehört auch in einer Koalition mit der FDP in die Hände der Volkspartei CDU. Helmut Kohl hat wohl auch nie um dieses Ministerium mit der FDP gestritten. Vielleicht wollte er auch verhindern, dass ein unabhängiger Kopf aus der CDU die Möglichkeiten, die sich nach wie vor mit dem Amt des Bundeswirtschaftsministers in Deutschland verbinden, wirklich nutzte.

In der Opposition und für eine zukünftige Regierungsarbeit ist für uns jetzt noch wichtiger geworden als früher: Wir müssen vor allem in der Wirtschaftspolitik Kompetenz zurückgewinnen. Deutschlands Zukunft im globalen Wettbewerb der politischen und ökonomischen Systeme hängt entscheidend von den richtigen Antworten in der Wirtschaftspolitik ab. Dies hat keiner so gut und schnell erkannt wie der frühere Wahlkampfmanager der SPD und anfängliche Kanzleramtsminister Bodo Hombach. Er hat versucht, der SPD ein modernes wirtschaftspolitisches Profil zu geben. Gerhard Schröder hat die Chance ergriffen und mit dem Slogan geworben, nicht alles anders, aber vieles besser zu machen. Beide, Hombach und Schröder, haben versucht, der CDU das Erbe von Ludwig Erhard streitig zu machen. Dagegen hat sich die CDU mit einem modernen, zukunftsfähigen wirtschaftspolitischen Programm verteidigt, weil sie diesen existenziellen Teil ihrer Identität nicht verlieren wollte. In der Formulierung einer glaubwürdigen wirtschaftspolitischen Alternative, verstanden als ein umfassendes politisches Angebot im Sinne der Zusammengehörigkeit von Wirtschafts-, Finanz- und Sozialpolitik, liegt die Chance der Union, bei der kommenden Bundestagswahl wieder das zu werden, was sie in der Geschichte der Bundesrepublik Deutschland gewesen ist: Die bestimmende politische Kraft der Mitte.

Auf dem Weg dorthin müssen neue Antworten auf neue Fragen gegeben werden, die unserem Land und unserer Gesellschaft gestellt sind. Zugleich dürfen wir nicht zulassen, dass die deutsche Geschichte von den Sozialdemokraten umgeschrieben wird. Die SPD wird sich immer wieder darauf berufen, welche schwere »Erblast« sie von der Regierung Kohl übernommen habe. Diese These zieht sich wie ein roter Faden durch die Begründungen aller Maßnahmen, die die Bundesregierung seit der Amtsübernahme für notwendig hält. Die 16 Jahre andauernde, »neoliberale« Wirtschaftspolitik der Regierung Kohl sei gescheitert, wie die Lage auf dem Arbeitsmarkt beweise; die Staatsverschuldung habe nie gekannte Höhen erreicht; die Verbindung von »Kohl und Kapital« habe die Gesellschaft gespalten in immer mehr Wohlhabende, die zu Lasten einer immer größer werdenden Gruppe von Unterprivilegierten lebe; der Sozialstaat sei im Kern beschädigt durch Sozialabbau und steigenden Arbeitsdruck.

Dabei waren sowohl die Rückführung der öffentlichen Ausgaben als auch die Bekämpfung der Arbeitslosigkeit seit der Übernahme der Bundesregierung durch CDU, CSU und FDP im Oktober 1982 Notwendigkeiten, denen sich diese Regierung von Anfang an offensiv gestellt hat. Regelmäßig fehlt bei der Beschreibung der Lage der öffentlichen Finanzen auch jeder Hinweis auf die deutsche Einheit und die hohen Kosten, die vierzig Jahre real existierender Sozialismus uns allen hinterlassen haben. Deshalb muss die Schlussbilanz der 16-jährigen Amtszeit von Helmut Kohl und der von ihm geführten Bundesregierungen hier noch einmal dokumentiert werden, schon damit ein Beitrag geleistet wird gegen die verfälschende Darstellung insbesondere durch die SPD.

Wie notwendig diese ehrliche Schlussbilanz ist, zeigt ein

Blick in eine Publikation, die die Bundesregierung im Sommer 2000 herausgegeben hat unter dem Titel »Zehn Jahre vereint – Deutschland 2000«. Auf knapp 100 Seiten werden alle Größen der rot-grünen Bundesregierung lobend hervorgehoben. Selbst ein Mann wie der Beauftragte des Bundeskanzlers für den Aufbau Ost, den in den neuen Ländern kaum jemand zur Kenntnis nimmt, wird mit seiner Aufgabe ausführlich beschrieben. Natürlich fehlen Willy Brandt, Thierse und die Mitglieder der rot-grünen Bundesregierung nicht. Sechs Fotos zieren den Bundeskanzler Gerhard Schröder. Helmut Kohl kommt dafür gerade einmal auf einem Foto vor, hinter Thierse und Schröder am Bildrand. Im gesamten Text dieses Machwerkes wird er einmal erwähnt: »Mit Bundeskanzler Dr. Helmut Kohl verlässt eine Generation die politische Bühne, deren Biografien von Kriegs- und Nachkriegsära geprägt sind.« Geradezu nachsichtig werden dafür Honecker, Krenz, Schabowski und Erich Mielke in die Geschichte der deutschen Einheit eingeordnet. Ein Leser der WELT schreibt im Mai 2002 von »Geschichtsfälschungen in fast stalinistischer Manier.« Umso wichtiger ist, dass der SPD die Deutungshoheit über die deutsche Geschichte, vor allem über die jüngere deutsche Geschichte, nicht überlassen wird.

CDU und CSU haben der rot-grünen Koalition geordnete Bundesfinanzen übergeben. In den 80er Jahren wurden die Staatsfinanzen saniert, die Staatsquote deutlich zurückgeführt, die marktwirtschaftlichen Grundsätze neu belebt und von der Wirtschaft fast 3 Millionen neue Arbeitsplätze geschaffen. In den 90er Jahren wurde nicht nur die Deutsche Einheit als größte Solidaritätsaktion der deutschen Geschichte finanziert, sondern der Übergang in das 21. Jahrhundert durch zukunftsorientierte Reformen bei äußerster Haushaltsdisziplin vorbereitet. Vor allem die erfolgreichen Kraftanstrengungen, die der damalige Bundesfinanzminister Gerhard Stoltenberg zu einem Zeitpunkt geleistet hat, als die große Herausforderung der

Deutschen Einheit noch nicht absehbar war, dürfen nicht vergessen werden, denn ohne sie wäre die Einheit gar nicht finanzierbar gewesen. Von 1982 bis 1989 wurde der Ausgabenzuwachs im Bundeshaushalt auf nominal 2,5% begrenzt, halb soviel wie der Anstieg des Bruttosozialprodukts. Im Unterschied dazu wuchsen die Bundesausgaben in den 70er Jahren um durchschnittlich rund 9% und damit weit stärker als die gesamtwirtschaftliche Leistung. Die Staatsquote konnte durch konsequente Ausgabenpolitik von 50,1% (1982) auf 45,9% (1989) zurückgeführt werden. In der 13-jährigen Regierungszeit der SPD war die Staatsquote um 12 Prozentpunkte emporgeschnellt, die sozial-liberale Koalition war an der Unfähigkeit zur Haushaltskonsolidierung zerbrochen.

Aufgrund der konsequenten Konsolidierungslinie konnte die Nettokreditaufnahme des Bundes von 37 Milliarden DM im Jahr 1982 auf 19 Milliarden DM im Jahr 1989 halbiert werden. Gemessen am Bruttosozialprodukt war dies ein Rückgang von 2,3% auf 0,9%.

Mit der Deutschen Einheit veränderten sich die Umstände grundlegend. Noch nie seit Bestehen der Bundesrepublik musste in einem Jahrzehnt eine so gewaltige haushaltspolitische Veränderungslast geschultert werden. Dennoch war die Haushaltspolitik von Theo Waigel durch konsequente Ausgabenbegrenzung gekennzeichnet:

Die Gesamtausgaben des Bundes lagen 1998 mit 463 Milliarden DM auf dem Niveau von 1993. Dies ist umso höher einzuschätzen, als in diesen fünf Jahren zusätzliche Leistungen des Bundes zum Wiederaufbau in den neuen Ländern, hohe Zinslasten durch die alleinige Übernahme kommunistischer Erblasten ab 1995, ein stark überproportionaler Anstieg der Sozialausgaben und die Übernahme von 8 Milliarden DM »Kohlepfennig« ab 1996 in den Bundeshaushalt ohne jede Kompensation verkraftet werden mussten. Die deutsche Volkswirtschaft befand sich zum Jahresende in robuster Verfassung, wie auch die Forschungsinstitute in ihrem Herbstgutachten hervorhoben; das reale Bruttoinlandsprodukt des Jahres 1998 stieg um 2,8 %, die außenwirtschaftliche Leistungsbilanz war positiv, die Inflationsrate lag bei 1,1 %. Bei konstanten Gesamtausgaben des Bundes von 1990 bis 1998 sind allerdings die Sozialausgaben stark angewachsen. Hätte die Koalition seit 1989 nicht immer wieder mit konsequenten Reformen die Ausgaben im Sozialbereich wenigstens etwas begrenzt, müssten Steuer- und Beitragszahler heute jährlich weitere 50 Milliarden Euro aufbringen. Von einem Abbau des Sozialstaates, gar von seinem Abbruch kann damit nun wirklich nicht die Rede sein. Im Gegenteil, der steuerfinanzierte Anteil an den Sozialausgaben des öffentlichen Gesamthaushaltes hat auch mit den Einsparungen ein Besorgnis erregendes Maß erreicht.

Die Zinslasten des Bundes sind zwischen 1993 und 1998 von knapp 57 Milliarden DM auf 82 Milliarden DM stark gestiegen. Von diesem Anstieg entfallen aber fast drei Fünftel auf vereinigungsbedingte Zinslasten zur Bewältigung der sozialistischen Erblast; der Bund hat fast 450 Milliarden DM Schulden aus der DDR-Schlussbilanz übernommen und wird sie innerhalb einer Generation tilgen.

Nach wie vor ist eine der vorrangigen Aufgaben der Finanzpolitik der Aufbau Ost. Von 1991 bis 1998 beliefen sich die gesamten staatlichen Nettotransfers für die neuen Bundesländer auf 1.030 Milliarden DM, davon entfielen allein 600 Milliarden DM oder fast 60% auf den Bundeshaushalt. Der Bund hat seine Nettotransfers von 42 Milliarden DM im Jahr 1991 auf 91 Milliarden DM im Jahr 1998 mehr als verdoppelt.

Deutschland hat das Maastrichter Defizit-Kriterium mit 2,7% am BIP im Jahr 1997 ohne Buchungstricks erfüllt. 1998 ist das Defizit auf 2,2% zurückgegangen und dies obwohl die Bundesländer dem Bundesfinanzminister bis zum Ende seiner Regierungszeit den Abschluss einer nationalen Vereinbarung über die Verteilung der Defizitquoten auf Bund, Länder, Gemeinden und Sozialversicherungsträger verweigert haben. So hat der Bund einen erheblich höheren Anteil an der Rückführung der Defizite der öffentlichen Haushalte übernommen als die meisten sozialdemokratisch geführten Bundesländer.

Wie passt das zusammen mit dem Gerede von der »Erblast«? Und warum erfahren die besonderen und einmaligen finanziellen Lasten, die Deutschland zur Überwindung seiner Teilung schultern musste und konnte, in der EU und bei allen unseren europäischen Partnern Anerkennung und Respekt, nur nicht bei den deutschen Sozialdemokraten?

Entgegen allen heute aufgestellten Behauptungen ist im Jahr 1998 auch die Arbeitslosigkeit im Jahresdurchschnitt wieder gesunken. Von Januar bis September 1998 ging die Zahl der Arbeitslosen Monat für Monat in ganz Deutschland um insgesamt fast 800.000 auf 3,96 Millionen zurück. Der saisonbereinigte Rückgang in den letzten zwölf Monaten der Regierung Kohl betrug 8%.

Es gab bei der Regierungsübernahme durch die rot-grüne Koalition keine Erblasten, und es gab auch keine unvorhergesehenen Deckungslücken. Die Lage des Bundeshaushaltes war angespannt, die Ursache dafür lag aber ausschließlich in den erheblichen Aufwendungen für den Aufbau der neuen Länder.

In der Steuerpolitik ist in den 16 Jahren von 1982 bis 1998 einiges gelungen. Auch wenn die Chance, eine grundlegende Steuerreform in der zweiten Hälfte der 90er Jahre durchzusetzen, spätestens mit der Wahl von Oskar Lafontaine zum Vorsitzenden der SPD rapide zurückging, so war es doch richtig, dass auf Drängen der CDU die Vorarbeiten für ein solches Reformwerk aufgenommen wurden. Innerhalb eines Zeitraums von Anfang 1996 bis zum Sommer 1997 war die Reform der Einkommens- und Körperschaftssteuer entscheidungsreif, am 26. Juni 1997 konnte das Gesetz in zweiter und dritter Lesung im Deutschen Bundestag verabschiedet werden. Während des gesamten Beratungszeitraums zeichnete sich immer deutlicher ab, dass die SPD im Bundesrat entschlossen war, alles abzulehnen, was von der Bundesregierung und den sie tragenden Koalitionsfraktionen beschlossen wurde. Die CDU/CSU hätte im Bundestag und im Bundesrat selbst die (allerdings nur in Fragmenten vorhandenen) steuerpolitischen Vorstellungen der SPD einbringen können, sie hätten sie abgelehnt. Es musste in Deutschland eben der Eindruck vermittelt werden, dass der Bundesregierung nichts mehr gelingt.

Die Steuerpolitik steht wie kaum ein anderes makroökonomisches Instrument, das der Staat noch in Händen hält, unter dem Druck des weltweiten Wettbewerbs der Unternehmensstandorte. Darüber wird viel geklagt. Diese Klagen sind allesamt sinnlos, denn es wird keine weltweite Vereinbarung über hohe Steuern für Unternehmen oder überhaupt über die steuerliche Behandlung von Unternehmen und natürlichen Personen geben, die einem Staat wie der Bundesrepublik Deutschland die Orientierung an Steuersätzen erspart, wie sie in anderen, konkurrierenden Ländern bestehen. Die Belastung mit Steuern und Abgaben entscheidet heute maßgeblich darüber, ob neue Unternehmen und damit neue Arbeitsplätze entstehen können oder ob vorhandene Unternehmen und damit bestehende Arbeitsplätze in ihrer Existenz gefährdet werden. Gerhard Stoltenberg hat deshalb richtigerweise unmittelbar nach der Regierungsübernahme im Jahr 1982 mit den Arbeiten an einer ersten Steuerreform begonnen, die genau diesen Anforderungen Rechnung trug. Ökonomisch war seine Steuerreform ein großartiger Erfolg, denn noch nie in der Geschichte der Bundesrepublik Deutschland hat es in wirtschaftlichen Normalzeiten einen solchen Aufbau an zusätzlicher Beschäftigung in den Unternehmen in Deutschland gegeben wie in der Zeit von 1982 bis 1989. Dies war der eindrucksvolle Beleg dafür, dass eine im Kern angebotsorientierte Wirtschafts- und Finanzpolitik, die auf die Stärkung der Wachstums- und Investitionskräfte und die internationale Wettbewerbsfähigkeit der

Volkswirtschaft setzt, dauerhafte Wirkungen auf dem inländischen Arbeitsmarkt erzielt.

An diese Reform wollte und musste die CDU nach der Wiedervereinigung anknüpfen. Ein Steuersystem mit progressiv verlaufendem Steuertarif steht regelmäßig auf dem Prüfstand des Gesetzgebers, denn allein durch die nominale Anpassung der Löhne und Gehälter wächst ein immer größer werdender Teil der Steuerpflichtigen in die Progression hinein. Diese jährlich stattfindende heimliche Steuererhöhung macht eine regelmäßige Korrektur des Tarifs notwendig. Dennoch tat sich die CDU schwer, die erfolgreiche Steuerpolitik der ersten Hälfte der 16-jährigen Amtszeit von Helmut Kohl und seines Finanzministers Gerhard Stoltenberg fortzuführen. Theo Waigel wurde kurz nach seinem Amtsantritt mit der größten finanzpolitischen Herausforderung der Bundesrepublik konfrontiert, die ihn – neben dem Parteivorsitz der CSU – fast vollständig in Anspruch nahm. Die drängenden Aufgaben ließen der deutschen Politik bis 1994 keine Zeit zum Atmen, geschweige denn die Gelegenheit einer gründlichen Vorbereitung einer weiteren Steuerreform. Die deutsche Politik war mit der Bewältigung ihrer Jahrhundertaufgabe Deutsche Einheit und mit der Vollendung des Europäischen Binnenmarktes, gleichzeitig mit der Vorbereitung der Wirtschafts- und Währungsunion mehr als genug beschäftigt.

Von der Debatte um eine »Gerechtigkeitslücke« waren dafür die Bemühungen von CDU und CSU um eine große Steuerreform im Jahr 1997 geprägt. Auf dem Bundesparteitag der CDU im Oktober 1996 in Hannover wurde der Beschluss gefasst, trotz der bereits zur Hälfte abgelaufenen Wahlperiode einen Anlauf zu einer grundlegenden Reform des Einkommensteuergesetzes zu wagen. Wolfgang Schäuble, Hans-Peter Repnik und ich haben die Details innerhalb einer Kommission im Auftrag des Parteipräsidiums der CDU ausgearbeitet.

Diese werden auf dem Parteitag beschlossen und in einer Regierungskommission zusammen mit der FDP kurze Zeit später als »Petersberger Steuerreform« Grundlage des Steuerreformgesetzes der Bundesregierung. Ende Juni 1997 wurde diese Reform nach sorgfältigen, aber auch zügigen Beratungen im Bundestag in zweiter und dritter Lesung verabschiedet. Die SPD und die Grünen hatten trotz ihrer Kritik in den Ausschussberatungen nicht einen einzigen eigenen Vorschlag zur Reform des Einkommensteuerrechts unterbreitet, obwohl besonders die SPD nicht müde wurde, in der Öffentlichkeit die Notwendigkeit einer Reform zu betonen. Die SPD-Mehrheit im Bundesrat blockierte das Gesetz, auch im Vermittlungsverfahren konnte keine Einigung mit der SPD erzielt werden. Zu groß war die Versuchung für die SPD unter Oskar Lafontaine, den beklagten »Reformstau« in Deutschland selbst mit herbeizuführen. Der aufgezeigte Weg dieses neuen Einkommensteuerrechts bleibt gleichwohl richtig und fand über die gescheiterten Bemühungen um ein neues Gesetz hinaus die ganz überwiegende Zustimmung der Wirtschaft und der Wissenschaft. Wir brauchen ein einfaches, transparentes Steuerrecht weitgehend ohne Ausnahmen und mit niedriger Steuerbelastung für alle, für Arbeitnehmer ebenso wie für kleine, mittlere und größere Betriebe. Das Bewusstsein für eine umfassende Steuerreform hat sich weiter entwickelt. Ein solches einfaches Steuerrecht wird kommen. An ihm führt kein Weg vorbei.

Die Oppositionsrolle annehmen

So fällt die Bilanz zum Ende einer langen Regierungsperiode der Union bei aller Kritik im Kern doch positiv aus. Helmut Kohl hat in seiner Amtszeit viel erreicht. Ohne ihn, dies darf man wohl heute schon sagen, wäre die deutsche und die europäische Geschichte im letzten Fünftel des 20. Jahrhunderts anders und gewiss nicht besser verlaufen.

Und trotzdem haben CDU und CSU die Bundestagswahlen 1998 nicht verloren, weil SPD und Grüne so viel besser waren; sondern CDU und CSU haben sie verloren, weil sie einfach nicht mehr gut genug waren. Die Defizite in der Innenpolitik, insbesondere in der Wirtschafts- und Finanzpolitik, waren einfach zu groß geworden. Trotz aller Verbesserungen im letzten Jahr der Regierungszeit hat die Mehrheit der Wähler der Union nicht mehr zugetraut, die strukturellen Probleme des Arbeitsmarktes zu lösen.

Es wird dieses Mal nicht 13 Jahre dauern wie bei der ersten Oppositionszeit, bis die Union wieder an die Regierung kommt. Die Union hat das Wahlergebnis so akzeptiert, wie die Mehrheit der Wähler es gewollt hat; sie ist als Unionsfraktion aus CDU und CSU in der politischen Mitte zusammen geblieben; sie hat ihre inhaltlichen Positionen überprüft und der Wirklichkeit angepasst; sie hat aus der Opposition heraus neue Mehrheiten in den Rathäusern und in den Landesparlamenten zustande gebracht; sie hat über den Bundesrat wieder bestimmenden Einfluss auf die Bundespolitik gewonnen; und sie hat schließlich für die bevorstehende Wahl eine glaubwürdige sachliche und personelle Alternative zur rot-grünen Bundesregierung entwickelt.

Der erste Schritt war schnell getan. Nach einer so verheerenden Niederlage war es schon fast ein Wunder, dass der Union nicht das gleiche Schicksal beschieden war wie zahlreichen bürgerlichen und christdemokratischen Parteien in anderen Ländern Westeuropas. Dort hatten sich nach ähnlichen Wahlniederlagen zum Teil völlig neue Parteienkonstellationen ergeben, die durchweg zu Lasten der Einheitlichkeit des bürgerlichen Lagers gingen, wovon wiederum Sozialisten und Sozialdemokraten wenigstens kurzfristig profitieren konnten. In Italien ist die traditionsreiche DC völlig verschwunden, in Frankreich waren die bürgerlichen Parteien lange ziemlich zerstritten, die Konservativen in Großbritannien haben ihre Wahlniederlage gegen Tony Blair bis heute nicht richtig verarbeitet, in den Niederlanden ist der CDA bis zur gewonnenen Wahl Mitte Mai 2002 zeitweise ohne größere Bedeutung gewesen. In der Union aus CDU und CSU hat es nach der Wahlniederlage von 1998 dagegen weder Richtungskämpfe noch personelle Auseinandersetzungen gegeben. Im Gegenteil, die Union hat schnell und wie selbstverständlich ihre Rolle als Opposition im Bundestag angenommen. Dafür gibt es einige Erklärungen.

Zum einen hat Helmut Kohl sofort die volle Verantwortung für die Niederlage auf sich genommen. Das war eine noble Geste und eine kluge Vorgehensweise zugleich, denn sie ersparte der Partei und ihm selbst eine endlose Debatte über die Ursachen der Niederlage. Vielleicht hat er auch schon sehr früh geahnt, dass die Wahl nicht mehr zu gewinnen war und damit Joschka Fischer bestätigt, der Anfang 1998 auf die Frage, was er denn an Helmut Kohl am meisten bewundere, geantwortet hatte: »Den Mut zu einer letzten Niederlage«. Da er außerdem sofort erklärte, er werde den Parteivorsitz abgeben und hierfür Wolfgang Schäuble vorschlagen, konnte kein Machtvakuum an der Spitze der Partei entstehen. Denn das war wirklich das Wichtigste: eine schnelle und überzeugende Lösung der Führungsfrage in der CDU.

Der nächste Schritt war schwieriger. Schäuble musste dem Anspruch genügen, an der Spitze der Partei und der Fraktion einige neue Führungspersönlichkeiten zu präsentieren. Er holte mit Hans-Peter Repnik seinen engsten persönlichen Vertrauten in die gerade in der Opposition besonders wichtige strategische Position des ersten parlamentarischen Geschäftsführers der Bundestagsfraktion. Hans-Peter Repnik hatte bis dahin in der gesamten letzten Legislaturperiode als stellvertretender Fraktionsvorsitzender die Wirtschafts- und Finanzpolitik zu verantworten und diese Arbeit insbesondere in der Finanzpolitik, die eine enge Zusammenarbeit mit Theo Waigel erforderte, glänzend gemacht. Von Hans-Peter Repnik übernahm ich als einer der stellvertretenden Vorsitzenden der Unionsfraktion die Verantwortung für die Wirtschafts-, Finanz- und Haushaltspolitik.

In der Partei waren die Wahlen noch komplizierter als in der Fraktion, denn mit Norbert Blüm und Erwin Teufel bestanden zwei altgediente stellvertretende Vorsitzende der CDU auf ihrer Wiederwahl, die damit sowohl der satzungsrechtlich zwingenden Kandidatur einer Frau den Weg versperrten als auch die Erneuerung an der Spitze in Frage stellten. In der entscheidenden Sitzung des Landesvorstandes der CDU Nordrhein-Westfalen sprach ich mich mit vielen anderen trotz meiner Vorbehalte für eine Wiederwahl von Norbert Blüm zum stellvertretenden Parteivorsitzenden aus, da an seiner Stelle niemand in Sicht war, der die Arbeitnehmerschaft in dieser Funktion hätte vertreten können. Aus gutem Grund war es seit Jahrzehnten so, dass einer der stellvertretenden Parteivorsitzenden von der Arbeitnehmerschaft in der CDU gestellt wird. Mit dem viertbesten Wahlergebnis aller Kandidaten wurde ich erstmals als Beisitzer in den Bundesvorstand der Partei gewählt.

Die Tagesarbeit beginnt

So war der personelle Neuanfang gemacht. Niemand von uns ahnte, was uns gut ein Jahr später bevorstehen sollte. Nicht viele von uns verfügten über Oppositionserfahrung. Wolfgang Schäuble und Rudi Seiters gehörten zu den wenigen Kollegen, die die Opposition noch aus der Zeit vor 1982 kannten. Ihre Erfahrungen waren in den ersten Tagen und Wochen für uns äußerst hilfreich, denn innerhalb kürzester Zeit waren alle Ministerien in der Hand der SPD und der Grünen. Uns fehlte fast der gesamte fachliche Sachverstand der Ministerialbeamten.

In den Ministerien wurde gründlich aufgeräumt. Den ausgewiesenen Fachbeamten wurde mit großem Misstrauen begegnet, wenn sie im Verdacht standen, einen Rest an Sympathie für die alte Bundesregierung bewahrt zu haben. Vor allem Bundesfinanzminister Lafontaine und der neue Bau- und Verkehrsminister Müntefering wechselten fast die gesamte beamtete Führungsmannschaft in ihren Ministerien aus. Die Kürze ihrer Amtszeit stand in umgekehrtem Verhältnis zu den rücksichtslosen Personalentscheidungen, die beide trafen. Müntefering versorgte einige Vertraute aus der Parteizentrale der SPD mit Abteilungsleiterfunktionen in seinem Ministerium, eine in jungen Jahren ausgeschiedene SPD-Bundestagsabgeordnete wurde ohne jede Qualifikation und Berufserfahrung neue beamtete Staatssekretärin. Oskar Lafontaine ernannte zwei schwache parlamentarische Staatssekretäre und holte zwei beamtete Staatssekretäre an seine Seite, die zur Minderheit der Keynesianer unter den deutschen Wirtschaftswissenschaftlern und -politikern zählten. Der rot-grünen Regierungsarbeit in den ersten Monaten merkte man an, dass es gerade an der kompetenten fachlichen Vorbereitung der Gesetze fehlte.

Insbesondere Oskar Lafontaine machte uns die Arbeit in der Opposition zunächst leicht. Er kam regelmäßig unvorbereitet in die Plenardebatten und dozierte dort über die Weltwirtschaft und Fragen der globalen Finanzpolitik. Trotz der angespannten Haushaltslage steigerte Lafontaine die Ausgaben des Bundes gegenüber den Plänen, die wir noch im September 1998 in den Deutschen Bundestag eingebracht hatten, um 6,9%. Auch die massiven Angriffe des Bundesfinanzministers gegen die Bundesbank und die Europäische Zentralbank gaben uns in der Opposition reichlich Gelegenheit, die Bundesregierung im Plenum und vor der Öffentlichkeit zu stellen. Es wurde auch immer deutlicher erkennbar, dass Oskar Lafontaine die Möglichkeiten des Amtes des Bundesfinanzministers überschätzt und die zahlreichen terminlichen Verpflichtungen auf internationaler Ebene wohl unterschätzt hatte.

Ich bin davon überzeugt, dass Oskar Lafontaine mit dem Zugriff auf das Finanzministerium für sich persönlich die falsche Entscheidung getroffen hatte. Er hätte es in der Hand gehabt, zu Beginn der Legislaturperiode den Fraktionsvorsitz der SPD zu übernehmen. Als Partei- und Fraktionsvorsitzender, der zudem in der SPD mehr Zustimmung bekam als der Bundeskanzler, wäre er der starke Mann der Regierung gewesen, gegen den nichts durchzusetzen gewesen wäre. Aber Lafontaine war noch nie ein Mann des Parlaments, sondern immer ein Mann der Exekutive. Er hatte noch nie eine Parlamentsfunktion ausgeübt und die Möglichkeiten, die ihm als Partei- und Fraktionsvorsitzender gegeben gewesen wären, offensichtlich falsch eingeschätzt. Trotzdem waren wir am 11. März 1999 von seinem plötzlichen Rücktritt von allen politischen Ämtern mehr als überrascht. Die Nachricht schlug nicht nur in Bonn ein wie eine Bombe. Ich war sicher, dass es irgendwann einmal zur Klärung der Machtfrage zwischen Schröder und Lafontaine hätte kommen müssen. Den Zeitpunkt und den Ablauf hätte ich so nicht vorherzusagen gewagt.

Der Nachfolger Lafontaines, der gerade abgewählte hessische Ministerpräsident Hans Eichel, wurde dann zum neuen Bundesfinanzminister ernannt. Zu Beginn seiner Amtszeit vermied er jede öffentliche Festlegung auf Grundfragen der Haushalts- und Steuerpolitik oder Streit mit der Notenbank. Er trennte sich vielmehr von den beamteten Staatssekretären, die Oskar Lafontaine mit in das Finanzministerium gebracht hatte, und berief an ihrer Stelle zwei ausgewiesene Fachleute. Er kündigte ansonsten ein finanzpolitisches Gesamtkonzept für die letzte Kabinettssitzung vor der Sommerpause an, das eine Entlastung mit einem Volumen von 30 Milliarden DM bringen sollte. Auch Eichel befürwortete trotz der Kritik die so genannte »Ökosteuer« und beschwor die angebliche »Erblast« eines hohen Schuldenberges, verschwieg aber vielfach dabei die Folgekosten von vierzig Jahren sozialistischer Misswirtschaft und damit die Kosten der deutschen Einheit.

Spendenaffäre und Führungskrise

Eigentlich waren wir trotz allem mit dem ersten Jahr in der Opposition ganz zufrieden. Wir hatten Tritt gefasst. Im Verlauf des Jahres 1999 hatten wir bei den Wahlen zum Europäischen Parlament das beste Ergebnis bekommen, seitdem es die Wahlen zum Europaparlament gibt. Die CDU hatte bei allen sieben Landtagswahlen gewonnen. Die absolute Mehrheit in Sachsen, Thüringen und im Saarland, Regierungsbildung unter unserer Führung in Hessen und Berlin, Regierungsbeteiligung in Brandenburg und erneut in Bremen – erfolgreicher hätte das erste Jahr nach der verlorenen Bundestagswahl kaum sein können. Im September fanden in Nordrhein-Westfalen Kommunalwahlen statt, bei denen wir mit 50,3% der Stimmen fast 15 Prozentpunkte vor den Sozialdemokraten lagen. Ein Traumergebnis, das auch darin seinen Ausdruck fand, dass die CDU in Nordrhein-Westfalen seit diesem Wahltag mehr Landräte, Oberbürgermeister und Bürgermeister stellte als die CSU in Bayern! So waren nicht nur wir davon überzeugt, dass wir die nächsten Landtagswahlen in Schleswig-Holstein im Februar 2000 und im Mai in Nordrhein-Westfalen, in beiden Ländern gegen verbrauchte und zerstrittene rot-grüne Landesregierungen, gleichfalls gewinnen müssten. Volker Rühe und Jürgen Rüttgers waren schon seit Monaten in den Vorbereitungen, standen uns in der Arbeit der Bundestagsfraktion erst in Bonn und dann in Berlin nur eingeschränkt zur Verfügung, aber jedermann war klar, dass Wahlsiege in Kiel und Düsseldorf die rot-grüne Koalition in Berlin ernsthaft in Gefahr bringen würde, zumal die Union mit zwei weiteren Ländern im Bundesrat eine Mehrheit gehabt hätte.

Über Nacht und wie aus heiterem Himmel kam alles ganz anders: Anfang November wurde der langjährige Schatzmeister der CDU, Walther Leisler Kiep, verhaftet, da er von einem zwielichtigen Geschäftsmann einen Betrag in Höhe von einer Million DM – als Spende an die Partei – in bar erhalten haben soll. Damit kam eine Affäre ins Rollen, die schnell an den Flick-Parteispendenskandal Anfang der 80er Jahre erinnerte, wohl auch Querverbindungen dazu aufweist. Jedenfalls riss sie die CDU in einen ziemlichen Strudel. Die Spendenaffäre band erhebliche Kräfte der Union und der Fraktion. Opposition im Deutschen Bundestag fand so gut wie nicht mehr statt. Dafür tobte monatelang eine Auseinandersetzung in der CDU, an deren Ende ein tiefes Zerwürfnis zwischen Helmut Kohl und Wolfgang Schäuble stand. Zwei parlamentarische Untersuchungsausschüsse, im Bundestag und im hessischen Landtag, versuchten ebenso Licht in das Dunkel dieser Affäre zu bringen wie mehrere Staatsanwaltschaften. Das Ganze wurde angereichert durch parteipolitisch motivierte Angriffe gegen uns alle, insbesondere durch den Grünen Ströbele, dem es erkennbar nicht um Aufklärung geht, sondern um Zerstörung unserer politischen Ordnung.

Wie konnte es zu so etwas überhaupt kommen? Ich will kein abschließendes Urteil abgeben und auch das Verhalten einzelner Personen, auch der Parteivorstände insgesamt nicht bewerten. Ich war in den Jahren, als Helmut Kohl Parteivorsitzender war, nicht im Vorstand der Bundespartei, und ich habe nur die letzten vier seiner sechzehn Amtsjahre dem Bundestag und der CDU/CSU-Bundestagsfraktion angehört. Gleichwohl: Der Führungsstil von Helmut Kohl insbesondere in der Partei hat ganz offensichtlich Kontrollmechanismen außer Kraft gesetzt, die niemals hätten außer Kraft gesetzt werden dürfen. Dafür trägt Helmut Kohl nicht die alleinige, wohl aber die Hauptverantwortung. Wir haben lange Zeit gebraucht, um die finanziellen und die politischen Folgen dieses Fehlverhaltens zu überwinden. Die Partei steht finanziell in einer schwierigen Lage da, so dass wir – auch angesichts der sehr guten finanziellen Ausstattung der SPD – weder 2002 noch vermutlich bei der übernächsten Bundestagswahl im Jahr 2006 von gleichen finanziellen Wettbewerbsbedingungen der beiden großen Volksparteien werden ausgehen können. Die fehlende Waffengleichheit in der finanziellen Ausstattung ist das eine; das andere ist der politisch-moralische Schaden, der uns gerade deshalb besonders trifft, weil die CDU immer als die Partei der Rechtsstaatlichkeit gegolten hat. Die Maßstäbe, die wir für jeden Bürger unseres Landes anlegen, müssen auch für uns selbst gelten, für das politische Führungspersonal im Besonderen. Auch die Wiederherstellung der Integrität der Partei, die natürlich insgesamt schwer beschädigt worden ist, wird seine Zeit brauchen.

Wir haben es trotzdem schneller geschafft als damals gedacht.

Neubeginn in Fraktion und Partei

Ich war auch deshalb davon überzeugt, dass es uns gelingen würde, wieder die führende politische Kraft in Deutschland zu werden, weil die Krise wie ein Katalysator der Erneuerung gewirkt hat. Die Begleitumstände sind alles andere als angenehm gewesen, und das größte persönliche Opfer bringt ohne Zweifel Wolfgang Schäuble. Wir haben immer schon gut zusammengearbeitet, und ich habe ihm seit meinem Eintritt in den Bundestag mehr zu verdanken als jedem anderen in der Politik. Ein Randthema des ganzen Skandals, nämlich ungeklärte Daten der Übergabe einer Spende und die Frage, ob er den obskuren Spender einmal oder zweimal gesehen hat, haben ihn beide Ämter, das des Parteivorsitzenden und das des Fraktionsvorsitzenden, gekostet. Wolfgang Schäuble konnte zum Schluss dem Druck in Partei und Fraktion, der ganz wesentlich von den wochenlangen Spekulationen in den Medien bestimmt war, nicht mehr standhalten. Ich habe aus innerer Überzeugung bis zum Schluss daran festgehalten, ihn in der Öffentlichkeit zu verteidigen. Am 13. Februar war ich zu Gast in der sonntäglichen Talkshow der ARD bei Sabine Christiansen und dort der Einzige, der dieser Überzeugung Ausdruck gab. Ich hatte gleichwohl das Gefühl, dass in der folgenden Woche Entscheidungen von großer Tragweite getroffen werden mussten.

Die Sitzung der Bundestagsfraktion am 15. Februar musste zweimal von der turnusgemäßen Uhrzeit auf später verschoben werden, weil insbesondere im Fraktionsvorstand eine intensive Diskussion um die Auseinandersetzung zwischen der parlamentarischen Geschäftsführerin Brigitte Baumeister und Wolfgang Schäuble geführt wurde. Frau Baumeister wurde vom Vorstand einstimmig aufgefordert, ihr Amt zur Verfügung zu stellen. Sie kam dieser Aufforderung nicht nach, obwohl gerade diese Position vom besonderen Vertrauen zwischen Amtsinhaber und dem Vorsitzenden der Fraktion abhängig ist. Gerade deshalb hat der Vorsitzende der Bundestagsfraktion nach unserer Arbeitsordnung auch das alleinige Vorschlagsrecht zur Wahl der parlamentarischen Geschäftsführer. Brigitte Baumeister hat mit ihrer Weigerung ganz wesentlich dazu beigetragen, dass Wolfgang Schäuble von den beiden Ämtern als Vorsitzender der Partei und der Fraktion zurückgetreten ist. Diese Illoyalität war gewiss nur der letzte Anlass. Der Vorgang zeigt indes auch, wie schwer in der Politik Personalentscheidungen zu treffen sind, wenn Funktionen betroffen sind, die von Abgeordneten eingenommen werden. In jedem Unternehmen wäre ein solcher Konflikt selbstverständlich zugunsten des Vorstandsvorsitzenden entschieden worden; in der Politik muss der Vorsitzende gehen, wenn Vorstandskollegen sich so verhalten.

Mit der Entscheidung von Wolfgang Schäuble war aber noch keineswegs klar, wie es in der Fraktion weitergehen sollte.

Wolfgang Schäuble erklärte am 16. Februar nachmittags, einen Tag nach jener denkwürdigen Fraktionssitzung, in einer Pressekonferenz, dass er nicht mehr für Partei- und Fraktionsvorsitz kandidieren werde. Wir waren am Abend zuvor mit dem Geschäftsführenden Fraktionsvorstand in der thüringischen Landesvertretung zusammengekommen, so, wie wir dies etwa einmal im Monat regelmäßig taten. Uns war fast allen zum Heulen zumute, wir ahnten wenigstens in Umrissen, wie weitreichend die Entscheidungen dieses Tages sein würden. Wir ahnten dagegen nicht, dass wir vom Dach des gegenüberliegenden Gebäudes von mindestens einem Kamerateam gefilmt wurden und diese Bilder am nächsten Tag durch alle Fernsehnachrichten gingen.

In der Fraktion gab es eine Debatte mehr um das Datum der Neuwahl, weniger um die Person des Nachfolgers. Die CSU bestand richtigerweise darauf, bis nach der schleswig-holsteinischen Landtagswahl zu warten, die am 27. Februar stattfand. Beide Parteivorsitzenden, Wolfgang Schäuble und Edmund Stoiber, hatten sich nach kurzer Beratung in den Parteipräsidien darauf verständigt, mich der Fraktion zur Wahl zum Vorsitzenden vorzuschlagen. Mit einigen Veränderungen im Vorstand waren wir Mitte März wieder arbeitsfähig.

Die Diskussion um die Nachfolge an der Spitze der Partei war etwas intensiver.

Zum Abschluss des schleswig-holsteinischen Wahlkampfes hatte Volker Rühe die anwesende Parteiprominenz in den Lübecker Ratskeller geladen. Nur Stoiber, Biedenkopf und ich konnten noch bleiben. Natürlich haben wir an diesem Abend auch über den Parteivorsitz gesprochen. Über dieses Gespräch ist in den Tagen darauf in den Medien wild spekuliert worden. Präsidium und Bundesvorstand der Partei hatten beschlossen, den 20. März als Datum festzulegen, bis zu dem mögliche Kandidaten für den Parteivorsitz vorgeschlagen werden konnten. Auf Regionalkonferenzen sollte bis dahin mit der Basis über die Zukunft der Partei diskutiert werden. An diesen Regionalkonferenzen nahmen – mit einer Ausnahme – immer auch Wolfgang Schäuble als noch amtierender Parteivorsitzender und Angela Merkel als Generalsekretärin teil. Ihr flogen die Herzen der Parteimitglieder zu, und spätestens bei der Regionalkonferenz in Recklinghausen am 28. Februar war klar, dass andere aus der jüngeren Generation keine Chance gehabt hätten. Eine Alternative zu Angela Merkel wäre daher nur denkbar gewesen, wenn sie hätte Generalsekretärin bleiben wollen etwa mit Bernhard Vogel oder Kurt Biedenkopf als Parteivorsitzenden. Darüber waren wir uns im Lübecker Ratskeller vollkommen einig. Keiner dachte auch nur im Traum daran, etwa gegen Angela Merkel als Kandidatin für den Parteivorsitz eine weitere Kandidatur für den Parteivorsitz in Stellung zu bringen. Die Tatsache, dass unser Abendessen in einem voll besetzten Lokal später als »Geheimtreffen« bezeichnet wurde, belegt nur die Absurditäten, die in der Mediendemokratie immer dann zum Vorschein treten, wenn es um Personalentscheidungen geht. Da fühlt sich ja auch jedermann mit eigenem Urteil zur Mitsprache berufen. Die Parteibasis hat die Sache dann faktisch entschieden, Angela Merkel hat ihre Chance frühzeitig erkannt und genutzt. Am 10. April ist sie mit einem überzeugenden Ergebnis zur ersten weiblichen Parteivorsitzenden der CDU Deutschlands gewählt worden.

Das Ringen um eine neue Steuerreform

Für die neue Führung der Partei und der Fraktion bestand die erste große Aufgabe darin, in der Steuerpolitik deutliche Akzente zu setzen. Durch die Landtagswahlen im Jahr 1999 hatte die Bundesregierung ihre Bundesratsmehrheit verloren. Aber mit den Stimmen des abgewählten und nur noch amtierenden hessischen Ministerpräsidenten Eichel gelang es ihr noch, im Bundesrat diejenigen Steuergesetze zu verabschieden, die die Handschrift von Oskar Lafontaine trugen. Im Juni setzte die Bundesregierung eine Kommission unter dem Vorsitz des Steuerabteilungsleiters des DIHT ein, die Vorschläge für eine Unternehmensteuerreform entwickeln sollte. Obwohl eine Reihe von Mitgliedern dieser Kommission zu den gefundenen Ergebnissen schon bald öffentlich auf Distanz ging, wurde im Februar 2000 ein Gesetzentwurf zur Steuerreform in den Bundestag eingebracht, der eine fundamentale Veränderung des Steuersystems einleitete, die wir nur ablehnen konnten und mussten: Die Bundesregierung unterbreitete nicht etwa eine wirkliche Einkommensteuerreform; vielmehr machte sie Vorschläge zur drastischen Absenkung der Körperschaftsteuersätze, bereichert um einige Hilfskonstruktionen zugunsten der einkommenssteuerpflichtigen Personengesellschaften und Einzelkaufleute, die allerdings erst Jahre später in Kraft treten sollten. Da auch noch das körperschaftssteuerliche Anrechnungsverfahren abgeschafft und durch das so genannte »Halbeinkünfteverfahren« abgelöst werden sollte, war klar, was der eigentliche Zweck dieser Reform sein sollte: Im Unternehmen, vor allem in Kapitalgesellschaften verbleibende (»thesaurierte«) Gewinne sollten steuerlich begünstigt, in die Hand der Anteilseigner ausgeschüttete Gewinne sollten steuerlich schlechter gestellt werden. So konnte die Regierung alle Vorurteile ihrer sozialdemokratischen Klientel genauso bedienen wie die Erwartung großer Teile der Wirtschaft, die schon immer der Überzeugung waren, dass Gewinne besser im Unternehmen verbleiben als ausgeschüttet werden.

Wir hatten eine völlig andere Grundüberzeugung. Wir betrachteten es unverändert als einen großen Vorteil des deutschen Steuersystems, dass Einkommen gleichmäßig besteuert wurden – unabhängig von ihrer Entstehung, unabhängig von ihrer Verwendung und unabhängig von der Rechtsform des Unternehmens, in dem sie entstanden waren. Vor allem war die Mehrheit in unseren Reihen, wenn auch nicht alle, davon überzeugt, dass ausgeschüttete Gewinne steuerlich nicht schlechter behandelt werden sollten, um die Mobilität des Unternehmenskapitals nicht zu behindern. Deshalb wollten wir den Grundsatz der Gleichmäßigkeit der Besteuerung im Gesetzgebungsverfahren, spätestens im Vermittlungsverfahren zwischen Bundestag und Bundesrat, retten.

Erwartungsgemäß wurde die Steuerreform von der Bundesregierung im Eiltempo durch den Bundestag durchgezogen und damit der Kritik von Experten kaum Raum gegeben. Zwischen der ersten Lesung Mitte Februar und der Verabschiedung des umfangreichen und handwerklich äußerst nachlässigen Gesetzes lagen noch nicht einmal vier Monate. Schon bald erklärte die Bundesregierung ihre Steuerreform zur »größten aller Zeiten«, was von Teilen der Presse unkritisch übernommen und transportiert wurde. Dabei hätte ein Vergleich zu der Steuerreform, die von Gerhard Stoltenberg 1986 und 1990 vollzogen wurde, schnell die Relationen wiederhergestellt.

Unsere Bedenken gegen die Steuerreform blieben dagegen weitgehend ungehört. Dabei hatten wir trotz der Spendenaffäre zum Jahreswechsel 1999/2000 in einer von den beiden Parteipräsidien unter Führung des bayerischen Finanzministers Kurt Faltlhauser und mir eingesetzten Arbeitsgruppe noch einmal ein eigenes Konzept zur Steuerreform erarbeitet und auch als Gesetzentwurf eingebracht. Im Gegensatz zur SPD, die 1997 in den Beratungen über die damalige Steuerreform keinen einzigen eigenen Vorschlag eingebracht hat, geschweige denn ein eigenes Konzept vorweisen konnte, hatten wir unsere Aufgabe in der Opposition wirklich ernst genommen. Nach der erfolgreichen Arbeit in der Sache hätte eine offensive und überzeugende Öffentlichkeitsarbeit folgen müssen. Wir haben uns stattdessen auf die besseren Argumente in der parlamentarischen Auseinandersetzung verlassen. Das hat nicht gereicht.

So kannten selbst Teile der Wirtschaft und der Wirtschaftspresse unsere bessere Alternative zur Steuerreform nicht, als es in die entscheidende Phase der Auseinandersetzung mit der Bundesregierung ging. Die rot-grüne Mehrheit stimmte im Bundestag dem Gesetz zu, der Bundesrat dagegen lehnte das Gesetz ab und alle (!) 16 Bundesländer stimmten der Anrufung des Vermittlungsausschusses zu. Damit war die Auseinandersetzung um die Steuerreform in den Vermittlungsausschuss von Bundestag und Bundesrat gelangt. Ich hatte dies immer als ein Problem angesehen, da der Vermittlungsausschuss grundsätzlich ungeeignet ist, die Gesetzgebungsarbeit nachzuholen, die im Bundestag und im Bundesrat hätte geleistet werden müssen. Aber die Bundesregierung hatte es von Anfang an genau darauf abgesehen. Bemerkenswert ist in diesem Zusammenhang vor allem die mangelnde Bereitschaft der Grünen, für ihre Überzeugungen in der Steuerreform nachhaltig einzutreten.

Demgegenüber haben wir uns gerade in der Steuerpolitik immer sehr eng mit der FDP abgestimmt. Als die Beratungen des Vermittlungsausschusses am 15. Juni begannen, waren wir uns nicht nur untereinander, sondern auch mit der FDP darin einig, dass wir grundlegende Verbesserungen an der rot-grünen Steuerreform durchsetzen wollten. Vor allem wollten wir den Grundsatz der Gleichmäßigkeit der Besteuerung unter allen Umständen bewahren. In einer Klausurtagung des Präsidiums der CDU in Berlin hatten wir diese Verabredung mit allen von der CDU gestellten Ministerpräsidenten getroffen und zusätzlich vereinbart, dass die unionsregierten Länder, darunter auch die großen Koalitionen, einem so genannten »unechten« Vermittlungsergebnis nicht zustimmen würden. Vor einer endgültigen Beschlussfassung des Bundesrates sollte zudem noch einmal das Präsidium der CDU zusammentreten.

Diese klare Beschlusslage war es, die mich dazu bewog, der Bitte aller Mitglieder des Vermittlungsausschusses auf unserer Seite nachzukommen, die Verhandlungsführung im Vermittlungsausschuss zu übernehmen. Ich hatte dies ursprünglich einem Kollegen der Fraktion oder einem unserer Länderfinanzminister überlassen wollen. Erst in der Vorbesprechung am ersten Verhandlungstag haben wir diese Entscheidung getroffen, die einen Monat später noch für erhebliche Diskussionen sorgen sollte.

Das Vermittlungsverfahren selbst war geprägt von einer grundsätzlichen Auseinandersetzung um die Gleichmäßigkeit der Besteuerung und vor allem um die Beibehaltung des körperschaftssteuerlichen Anrechnungsverfahrens. Die Bundesregierung tat so, als ob diese Position von uns für sie völlig überraschend kam, behauptete sogar, darüber könne im Vermittlungsausschuss gar nicht mehr ernsthaft gestritten werden, da der Bundestag mit seinen Mehrheiten den Wechsel im Steuersystem doch schon beschlossen habe! In der vorletzten Sitzung des Vermittlungsausschusses legte die Bundesregierung dann ein »Kompromissangebot« vor, in dem unsere Einwände in keiner Weise berücksichtigt wurden, hingegen die Lage für den Mittelstand sogar noch einmal verschlechtert wurde. Die Bundesregierung war fest entschlossen, ihre Reform auch gegen alle fachlichen Einwände und trotz der Tatsache durchzusetzen, dass sie im Bundesrat keine Mehrheit hatte.

Wir hatten dagegen in vier ausführlichen Besprechungen unsere Verhandlungslinie abgestimmt und die getroffenen Verabredungen bestätigt. Wichtig war vor allem, dass die großen Koalitionen in Berlin, Brandenburg und Bremen zu den Absprachen standen. Die jeweiligen Koalitionsverträge enthielten so genannte »Bundesratsklauseln«, denen zufolge im Bundesrat eine Stimmenthaltung abgegeben werden sollte, wenn sich die Koalition über ihr Stimmverhalten nicht einigen konnte. Offen war das Stimmverhalten der SPD-PDS-Koalition in Mecklenburg-Vorpommern und der SPD-FDP-Koalition in Rheinland-Pfalz, obwohl die FDP-Bundesspitze bis zuletzt beteuerte, dass Rheinland-Pfalz sich der Stimme enthalten, also ablehnen werde.

Am 30. Juni setzte Rot-Grün im Vermittlungsausschuss mit ihrer Mehrheit das bereits angekündigte »unechte« Vermittlungsergebnis durch. Am 6. Juli stimmte die Koalitionsmehrheit gegen die Stimmen von CDU/CSU, FDP und PDS im Bundestag zu. Am Freitag, dem 14. Juli, stand die Entscheidung im Bundesrat auf der Tagesordnung. Am Montag zuvor tagte das Präsidium der CDU in Hannover auf der Expo. Die Sitzung, zu der auch die Mitglieder des Bundesvorstandes eingeladen waren, stand natürlich ganz im Zeichen der Weltausstellung, wir hatten aber auch hinreichend Zeit, noch einmal über die Steuerreform und die Entscheidung des Bundesrates am folgenden Freitag zu sprechen. Allein die CDU Bremen hatte bereits zuvor darauf hingewiesen, dass die Bundesregierung dem Bremer Senat Angebote zur Kompensation der durch die Steuerreform zu erwartenden Steuerausfälle gemacht habe, die das Land kaum ablehnen könne. Bernd Neumann, der Vorsitzende der Bremer CDU, hatte mich und zuvor Angela Merkel als Parteivorsitzende in einem längeren Brief schon zwei Wochen vorher darauf hingewiesen. Wir mussten also damit rechnen, dass Bremen der Steuerreform zustimmen könnte, zumal der Koalitionsvertrag in Bremen eine Bundesratsklausel enthält, die das Abstimmungsverhalten des Landes im Bundesrat in erster Linie an den Interessen des Landes Bremen ausrichtet. Aber auch mit Bremen war die Bundesregierung weit von einer Mehrheit im Bundesrat entfernt. Von den weiteren vier Ländern, in deren Koalitionen um die Abstimmung im Bundesrat gestritten wurde, nämlich Berlin, Brandenburg, Mecklenburg-Vorpommern und Rheinland-Pfalz, mussten noch mindestens drei auf die Seite der Bundesregierung gebracht werden.

Ich war am Vortag der Bundesrats-Entscheidung im Wahlkreis meines Kollegen Ernst Hinsken unterwegs, als mich die Nachricht erreichte, der Kanzler gebe den großen Koalitionen umfangreiche finanzielle Zusagen für die Zustimmung zur Steuerreform und verhandle bereits mit der PDS. Der stellvertretende Ministerpräsident von Mecklenburg-Vorpommern, ein in Moskau auf der Parteischule ausgebildeter und vor der Wende im Norden führender Mann der SED, sei am Nachmittag zu Verhandlungen in Berlin beim Bundeskanzler. Gleichzeitig verdichteten sich Hinweise, dass auch mit der FDP verhandelt werde, um Rheinland-Pfalz zur Zustimmung zu bewegen.

In der sich offenbar zuspitzenden Lage schien es mir angezeigt, doch schon an diesem Abend nach Bonn zu fahren. Edmund Stoiber war den ganzen Tag über im telefonischen Kontakt vor allem mit Eberhard Diepgen und Jörg Schönbohm gewesen. Ich hatte mit dem Parteivorsitzenden und dem Generalsekretär der FDP jeweils zweimal telefoniert. Alle hatten versichert, dass es bei der verabredeten Linie bleiben werde: Ablehnung der rot-grünen Steuerreform und Verhandlungen in einem zweiten Vermittlungsverfahren, um dann eine wirklich gute Steuerreform durchzusetzen. Für die verbleibende Zeit bis zur Abstimmung am nächsten Tag war vereinbart, dass wir uns gegenseitig sofort unterrichten würden, wenn sich an der Lage etwas ändern sollte.

Schon am späten Nachmittag war in den Nachrichten bekannt geworden, dass die PDS in Mecklenburg-Vorpommern ihren Widerstand gegen die Steuerreform nach Zusagen der Bundesregierung zur Finanzierung einiger Straßenbauprojekte aufgegeben hatte. Am Abend trafen wir zu später Stunde im Bonner Maritim-Hotel zusammen. Dabei waren Angela Merkel, Edmund Stoiber, Kurt Biedenkopf, Hans-Peter Repnik und ich. Gegen Mitternacht kam auch Eberhard Diepgen dazu, es hieß, er sei noch eine Stunde zum Joggen unterwegs gewesen. Biedenkopf und Diepgen berichteten über ein Mittelstandsprogramm, mit dem der FDP in Rheinland-Pfalz die Zustimmung ermöglicht werden solle. Wir fragten nach, ob es konkretere Angaben dazu gebe, insbesondere ob etwas Schriftliches vorliege. Es war niemandem etwas bekannt. Zumindest blieb das, was offensichtlich an anderer Stelle schon besprochen worden war, im Dunkeln. Es war aber mit Händen zu greifen, dass die Bundesregierung bereit war, sehr viel Geld bereit zu stellen, um sich die Zustimmung zur Steuerreform am nächsten Tag zu sichern. So hatte mir Eberhard Diepgen bereits in einem Telefonat einige Tage zuvor gesagt, dass er in einem Gespräch mit dem Bundeskanzler finanzielle Angebote bekommen habe, die ihm eine Ablehnung sehr schwer machen könnten. Er werde mich allerdings sofort unterrichten, wenn er zu der verabredeten Linie nicht mehr stehen könne. Seine Antwort an diesem Abend auf die sehr eindringlichen Fragen, die wir alle ihm stellten, beschränkte sich allerdings darauf zu beschreiben, wie schwierig dies alles für ihn sei. Wie erfuhren weder, welche Angebote Berlin bekommen hatte, noch dass an der Steuerreform irgendwelche Veränderungen seitens der Bundesregierung geplant seien.

Als wir uns am nächsten Morgen zum verabredeten Frühstück trafen, berichtete Jörg Schönbohm, dass die FDP in der Nacht umgefallen sei. Sie habe ein Mittelstandsprogramm in Höhe von mehreren Milliarden DM akzeptiert, Rheinland-Pfalz werde zustimmen. Damit kam es jetzt allein auf unsere Vertreter in den drei großen Koalitionen an. Hartmut Perschau, Bremer Bürgermeister und Finanzsenator, wies den Anspruch auf Solidarität in der Union ziemlich erregt zurück, da Bremen nun von der Bundesregierung das erhalte, was dem Land von den unionsregierten Ländern des Südens seit Jahren vorenthalten werde, nämlich die Besserstellung als Stadtstaat, die Garantie des Status quo im Finanzausgleich, Ersatz der Lasten als Seehafen und die besonderen Kosten der »politischen Führung« – Positionen, die das Bundesverfassungsgericht in seiner Entscheidung über den Länderfinanzausgleich für besonders begründungsbedürftig angesehen und unter den Vorbehalt eines besonderen Gesetzes gestellt hatte. Aber selbst mit Bremen, Mecklenburg-Vorpommern und Rheinland-Pfalz fehlte der Bundesregierung für die entscheidende Mehrheit im Bundesrat immer noch ein Land. Was also würden Berlin und Brandenburg tun?

Diepgen und Schönbohm bewegten sich in der Debatte um die Steuerreform von Anfang an in kleinen Schritten stets auf gleicher Höhe nebeneinanderher. Beide hatten immer erklärt, der eine werde wie der andere stimmen. Diepgen hatte immer auch auf die FDP verwiesen, ohne die er seine Enthaltung nicht durchhalten könne. Worin dieser Zusammenhang bestand, hat er nie erklärt. In Wahrheit brauchten beide, Diepgen und Schönbohm, einen Dritten im Bunde, der genannt werden konnte, um das eigene Abstimmungsverhalten zu begründen: Es hätte ja nichts genutzt zuzustimmen, da die eigenen Stimmen den Ausschlag nicht gegeben hätten. Aber so, wie es jetzt stand, kam es eben auf beide an, auf Berlin und Brandenburg.

Schönbohm erklärte, der brandenburgische Ministerpräsident Stolpe sei in jedem Fall entschlossen, auch gegen das Votum der CDU zuzustimmen. Eigentlich wäre dies ein Grund, die Koalition in Brandenburg zu beenden. Eine entsprechende Erklärung kam von Schönbohm nicht, weder am vorhergehenden noch an diesem Tag. Das war schließlich die Lage, in der Diepgen erklären konnte, auch Berlin müsse dann zustimmen, denn es mache doch nun wahrlich keinen Sinn, eine Steuerreform abzulehnen, für die es eine Mehrheit gebe!

Bis hierher kann man den gesamten Vorgang noch als einigermaßen normal einstufen. Auch frühere Bundesregierungen haben immer wieder einzelne Länder mit besonderen Angeboten zur Zustimmung im Bundesrat gewinnen können. Was die meisten von uns während des Frühstücks aber noch nicht wussten, und was wenig später im Bundesrat zu einer äußerst heftigen Reaktion von Bernhard Vogel, dem thüringischen Ministerpräsidenten, führen sollte, war ein Vorgang, der bis dahin – wir konnten das Verhalten eines Bundesratspräsidenten Wowereit im Zusammenhang mit dem Zuwanderungsgesetz zu diesem Zeitpunkt nicht im Entferntesten ahnen – einmalig war in der Geschichte des Bundesrates: Gegen 11 Uhr wurde in der laufenden Sitzung ein Entschließungsantrag der Länder Berlin, Brandenburg und weiterer, SPD-regierter Länder verteilt, dessen Inhalt zwischen den Antrag stellenden Ländern und der Bundesregierung ausgehandelt worden war. Die Antragsteller drückten in diesem Antrag als Gegenleistung für ihre Zustimmung die Erwartung aus, dass der Spitzensteuersatz im Jahr 2005 um einen weiteren Prozentpunkt auf 42% abgesenkt und Veräußerungserlöse auch von Personengesellschaften einmal im Leben des Inhabers steuerlich begünstigt werden sollen. Das also war das Mittelstandsprogramm! Vor allem aber: Das war neben den individuellen Zuwendungen das Ergebnis regelrechter Geheimverhandlungen der Bundesregierung mit einzelnen Ländern, von denen die nicht beteiligten Länder erst erfuhren, als ihnen der Saaldiener im Bundesrat den Text auf den Tisch legte!

Die Bundesregierung hat sich die Zustimmung der Mehrheit des Bundesrates zu ihrer Steuerreform, mit der unverantwortlichen Zusage von Steuermitteln am Budgetrecht des Parlaments vorbei und mit einem Missbrauch der Institution Bundesrat erkauft. Möglich geworden ist dieser Vorgang aber auch dadurch, dass wir während unseres Frühstücks offenbar gezielt über den Stand der Verhandlungen mit der Bundesregierung im Ungewissen gelassen wurden. Gut ein Jahr später war der Regierende Bürgermeister von Berlin selbst politisch am Ende. Die SPD in seiner großen Koalition hat ihm den 14. Juli 2000 nicht gedankt.

Die Entscheidung und vor allem die Umstände dieser Entscheidung waren ein schwerer Rückschlag für die gesamte Union. Auch wenn wir mit unserer harten Verhandlungslinie zum Ende doch noch mehr erreicht haben, als die SPD jemals aus eigener Überzeugung bereit gewesen wäre zuzugestehen, blieb die Steuerreform im Kern eine gegen die eigentümergeführten, mittelständischen Unternehmen gerichtete, deshalb wirtschaftspolitisch falsche Entscheidung. Uns hätte in einer zweiten Vermittlungsrunde ein besseres Ergebnis gelingen können. Die Chance dazu wurde vertan.

Für mich persönlich war es die erste Niederlage in einer wirklich wichtigen Abstimmung. Bei Wahlen hatte ich bisher immer gewonnen, sei es bei meiner ersten Aufstellung als jüngster Kandidat für das Europaparlament im Jahr 1988 gegen einen Mitbewerber im CDU-Bezirksverband Südwestfalen, sei es bei meiner ersten Bundestagskandidatur im Hochsauerlandkreis gegen zwei Mitbewerber in der eigenen Partei, sei es bei den Bundestagswahlen selbst in meinem Wahlkreis gegen Mitbewerber aus anderen Parteien. Die Abstimmung im Bundesrat konnte ich selbst ab einem bestimmten Zeitpunkt nicht mehr beeinflussen. Trotzdem und verständlicherweise wurde sie besonders demjenigen angelastet, der die Verhandlungsführung der Union übernommen und die Position der Union in der Öffentlichkeit ja auch klar und deutlich vertreten hatte. Ich trat gegen Mittag deshalb vor die Presse und räumte die von den eigenen »Parteifreunden« herbeigeführte Niederlage auch offen ein. Ich brauchte auf die öffentlichen Reaktionen nicht lange zu warten: Hämisch, kritisch, zum Teil von Kollegen aus der Bundestagsfraktion kunstvoll begleitet. Es gab aber auch andere. Zu denen, die sich im Sinne von Solidarität und Unterstützung in der Öffentlichkeit zu Wort meldeten, gehörten Wolfgang Schäuble, Edmund Stoiber, der über das Verhalten seiner Bundesrats-Kollegen besonders erbost war, und die Ministerpräsidenten Erwin Teufel, Roland Koch und Peter Müller. Natürlich denkt man in einer solchen Situation auch über persönliche Konsequenzen nach. Aber schon am Wochenende war mir klar, dass ich mich der Verantwortung nicht entziehen konnte und wollte. Es gibt keinen Spitzenpolitiker in Deutschland, der im Laufe seiner Zeit nicht mindestens einmal auch eine empfindliche Niederlage hinnehmen musste. Die Folgen daraus hat man allerdings auch wieder selbst in der Hand, denn nicht die verlorene Abstimmung entscheidet über den weiteren eigenen Weg, sondern der Umgang mit ihr. Ich war schnell entschlossen, die Arbeit an allen anderen Themen, die vor uns lagen, engagiert wieder aufzunehmen.

Welche Konsequenzen hatten diese Vorgänge nun für uns? Zunächst: Wir haben uns von da an auf die vier von der Union allein regierten Länder und auf die unionsgeführten Landesregierungen in Baden-Württemberg und Hessen, vor allem aber auf die gemeinsame Arbeit in der CDU/CSU-Bundestagsfraktion stützen können und müssen, wenn es um die Politik der Union für Deutschland ging. Die Auseinandersetzung mit der rot-grünen Bundesregierung musste vorwiegend im Plenum des Deutschen Bundestages stattfinden. Die Aufmerksamkeit der Medien ist ohnehin auf den Bundestag gerichtet, weniger auf den Bundesrat. So hat beispielsweise die Tatsache, dass die unionsregierten Länder im Bundesrat weder bei der ersten rot-grünen Gesundheitsreform im Herbst 1999, noch bei der Rentenanpassung nach Inflationsrate zum 1. Juli 2000, noch bei der Verordnung über die Einführung der so genannten »green card« für ausländische Spezialisten der Informationstechnologie alles andere als eine einheitliche Haltung eingenommen haben, in den Medien kaum Aufmerksamkeit erzielt. Allein die Steuerreform und die Abstimmung im Bundesrat darüber stand im Fokus der Öffentlichkeit. Wir haben mit unserer Strategie dazu beigetragen.

Aus den Erfahrungen mit der Steuerreform galt es aber auch, eine weitere Konsequenz zu ziehen. Wir konnten der

Öffentlichkeit unser eigenes Konzept nicht hinreichend vermitteln. Selbst Fachleute in den Unternehmen wussten keine sichere Auskunft darüber zu geben, warum die Union das Konzept der Regierung ablehnte. Kurz gesagt: Wir hatten zwar das bessere Konzept, aber keine Medienstrategie. In der Öffentlichkeit konnte so der Eindruck entstehen, wir wiederholten die Strategie von Oskar Lafontaine, nämlich Blockade im Bundesrat, nicht aus der Überzeugung heraus, die bessere Alternative vorgelegt zu haben, sondern allein zu dem Zweck, einen Erfolg der Regierung zu vereiteln. Selbst Mandatsträger der Union stellten im Nachhinein diese Behauptung auf.

Es reicht also nicht aus, in der Sache selbst gut gearbeitet zu haben. Die für die Mediendemokratie entscheidende Arbeit beginnt erst danach. Die Opposition hat gegenüber der Regierung dabei allerdings einen nicht zu unterschätzenden Nachteil. Der Opposition steht kein Bundespresseamt zur Verfügung mit Hunderten von Mitarbeitern und erheblichen finanziellen Mitteln, die auch ausreichen, um regelmäßig großräumige Anzeigenkampagnen zu starten. Die Opposition muss mit wesentlich bescheideneren Mitteln auskommen. Umso mehr sind Fachkompetenz und Medienpräsenz, schlüssige politische Konzepte und Kreativität in der öffentlichen Darstellung notwendig.

Vielleicht waren wir in der Mitte der Wahlperiode, rund zwei Jahre vor der nächsten Bundestagswahl, mit der Niederlage im Bundesrat am 14. Juli, wie manche Zeitungen schrieben, erst richtig in der Opposition angekommen. Danach haben wir aber auch wirklich die Chance des – erneuten – Neuanfangs nutzen können und mit den Erfahrungen dieser Ereignisse besonders intensiv und zielstrebig daran gearbeitet, die Union wieder zur stärksten politischen Kraft unseres Landes werden zu lassen.

Zweites großes Reformthema: Eine neue Rentenreform

Im Bundestagswahlkampf 1998 hatte die SPD ganz besonders gegen die Rentenreform der Vorgängerregierung mobilgemacht. Diese Rentenreform war erstmals in der Geschichte der Sozialpolitik ohne die Zustimmung der Opposition verabschiedet worden, da Lafontaine schon frühzeitig erkannt hatte, dass sich auch das Thema Rente für den Wahlkampf eignen könnte. Die Regierung musste demgegenüber handeln, denn die dramatische Entwicklung des Verhältnisses zwischen Leistungsempfängern und Beitragszahlern ließ die Beiträge immer weiter steigen, eine unzumutbare Belastung nicht nur für die junge Generation, sondern auch für die Arbeitsplätze in Deutschland, da sich die Belastung mit Lohnzusatzkosten ständig weiter erhöhte.

Es war deshalb der richtige Weg, die Lasten der demografischen Entwicklung durch eine neue Rentenformel mit einem so genannten »demografischen Faktor« gleichmäßig auf die Schultern aller Generationen zu verteilen. Dadurch hätte die Beitragsdynamik gestoppt werden können, die Renten wären weiter gestiegen, aber leicht unterhalb der Steigerung der Nettoeinkommen der Arbeitnehmer.

Gegen diesen demografischen Faktor zogen Lafontaine und Schröder im Wahlkampf mit scharfer Klassenkampfrhetorik, mit Halbwahrheiten und Verleumdungen zu Felde, so dass insbesondere die ältere Generation sehr verunsichert wurde. Schröder bezeichnete unsere Rentenreform wissentlich falsch als »Rentenkürzung« und nannte sie immer wieder »unanständig«, eine Methode der rhetorischen Spaltung der Gesellschaft und der politischen Parteien, der er sich – selbst natürlich immer auf der Seite der »Anständigen« stehend – später als Kanzler noch häufiger bedienen sollte. Die Grünen sahen die Sache etwas differenzierter. Vor allem hatten sie anerkannt, dass es vorerst keinen besseren Korrekturfaktor für die Rente gab, um Generationengerechtigkeit zwischen Jung und Alt wieder herzustellen. Das hinderte sie aber nicht daran, zwei Jahre später einem willkürlichen, manipulationsanfälligen Kürzungsfaktor in einer neuen Rentenreform zuzustimmen.

Zunächst versprach der neu gewählte Bundeskanzler Schröder bei der jährlichen Aschermittwochsveranstaltung der SPD am 14. Februar 1999 in Vilshofen, mit ihm werde es bei der nettolohnbezogenen Rentenanpassung bleiben. Trotz dieser Zusage schon wenige Woche später verkündete er, 1999 und 2000 werde es Anpassungen nur in Höhe der Inflationsrate geben. Aber auch diese Zusage hat die Bundesregierung im Jahr 2000 schon nicht mehr eingehalten. Bei einer Inflationsrate von 1,8% lag die Rentenanpassung nur bei 0,6%. Zum 1. Januar 1999 war zudem die erste Stufe der so genannten »Ökosteuer« auf Benzin, Strom und Heizöl in Kraft getreten. Schröder versprach gleichzeitig, nur diese eine Stufe werde im nationalen Alleingang beschlossen, alle weiteren Stufen nur, wenn es europäische Lösungen gebe. Sie gibt es bis heute nicht, dafür aber inzwischen drei weitere Erhöhungen der Energiepreise durch die »Ökosteuer«. Eine weitere Stufe ist bereits durch Gesetz beschlossen und soll Anfang 2003 in Kraft treten.

Parallel zu diesen ständig gebrochenen Versprechungen versuchte sich der Bundesarbeitsminister an einer neuen Rentenreform. Irgendetwas musste ja geschehen, denn das demografische Problem war auch mit »Ökosteuer« und Anpassungen nach Inflationsrate nicht gelöst. Riester legte ab Mitte 1999 ständig neue Vorschläge auf den Tisch. Jeder wurde mit erheblichem PR-Aufwand vorgestellt und immer wurde die Union aufgefordert, diesem Vorschlag jetzt endlich zuzustimmen, denn in der Rente müsse man doch zu einem parteiübergreifenden Kompromiss fähig sein! Plötzlich entdeckte die SPD im Gegensatz zu ihrem Wahlkampf die Notwendigkeit einer großen Gemeinsamkeit. Zudem erfuhren wir von den beständig neuen Vorschlägen der Regierung regelmäßig erst aus der Presse. Die dortigen Verlautbarungen waren auch immer gleich mit der Aufforderung zur Zustimmung verbunden. Wir sollten also mehr oder weniger allgemein gehaltenen politischen Programmsätzen der Regierung beipflichten, bevor überhaupt ein Gesetzesentwurf vorlag, geschweige denn ein parlamentarisches Gesetzgebungsverfahren abgeschlossen war. Wären wir der Regierung auf den Leim gegangen, wir hätten mindestens vier verschiedenen Rentenreformen zwischen Mitte 1999 und Mitte 2001 zugestimmt!

Uns war aber auch klar, dass wir nicht in der Ablehnung und Kritik der Regierungspolitik stehen bleiben konnten, zumal wir die Rentenreform von 1998 mit der Ankündigung verbunden hatten, es müsse auch die Hinterbliebenenversorgung noch neu geregelt und das langfristig sinkende Rentenniveau durch eine kapitalgedeckte private und betriebliche Altersversorgung ergänzt werden. Deshalb war unsere Strategie von Anfang an darauf angelegt, die wiederholten Lügereien in der Rentenpolitik zum Thema zu machen und gleichzeitig eigene Vorschläge zur Weiterentwicklung der Rentenversicherung zu entwickeln.

Opposition darf sich nicht darin erschöpfen, die amtierende Regierung zu kritisieren. Zwar gehört auch das dazu und überwiegt im Alltag. Aber als Alternative zur Regierung ernst genommen wird eine Opposition nur, wenn sie in der Sache auch Alternativen zur Diskussion stellt. Leider ist der parlamentarische Prozess der Meinungsbildung und Gesetzgebung mittlerweile so entartet, dass im Deutschen Bundestag um Alternativen nur noch selten ernsthaft gerungen wird. Die Regierung will ihre Vorstellungen möglichst schnell und unverändert durchs Parlament bringen. Der parlamentarischen Auseinandersetzung um Sachfragen, ja um notwendige komplexe Einzelfragen, die nicht jeder Zuhörer und Zuschauer auf Anhieb versteht, die zur Lösung eines Problems aber nun einmal dazugehören, geht die Bundesregierung wo immer möglich aus dem Weg. Ihr kommt es auf die Wirkung ihrer Auftritte besonders im Fernsehen an. Ich bin anfangs vollkommen »baff« gewesen zu sehen, dass etwa Lafontaine angesichts dieses Anspruchs keine Probleme damit hatte, sich vor Bundestagsreden, die im Fernsehen übertragen wurden, sogar schminken zu lassen!

Die beiden Parteivorsitzenden Schäuble und Stoiber hatten sich daher unter dem Gesichtspunkt einer konstruktiven Oppositionspolitik im Spätherbst des Jahres entschlossen, der Regierung Gespräche über die Rente anzubieten – vorausgesetzt, wir würden für die »Ökosteuer« und die Manipulationen bei der Rentenanpassung nicht mit in Anspruch genommen. Beide Parteivorsitzenden wollten auf diese Weise die Union wieder an der sachpolitischen Debatte beteiligen. Gegen diese Strategie hat es in der Bundestagsfraktion viele Vorbehalte gegeben, zum damaligen Zeitpunkt war sie aber sicher richtig.

An der Erarbeitung dieser Position wollte ich nach meiner Wahl zum Vorsitzenden möglichst viele Kolleginnen und Kollegen der Fraktion beteiligen. Mir war immer wieder gesagt worden, dass es eine neue Diskussionskultur in der Fraktion geben müsse, viele hätten sich unter dem strengen Regiment von Wolfgang Schäuble nicht zu Wort zu melden getraut. Ich selbst hatte dies nie so empfunden. Aber immerhin führten wir im April und Mai des Jahres 2000 einige sehr tief gehende und ausführliche Debatten. Besondere Verdienste kamen bei der ganzen Behandlung dieses äußerst schwierigen Themas unserem Kollegen Karl-Josef Laumann zu, dem neuen sozialpolitischen Sprecher und einem der wenigen wirklich noch authentischen Arbeitnehmer, der sein Denken und Handeln bis heute ausrichtet an den Erfahrungen als Landmaschinenschlosser in seiner Heimatstadt Riesenbeck im Münsterland. Ohne seine Hilfe und die meines Stellvertreters Horst Seehofer, der mit der Neuwahl des Fraktionsvorstandes die Zuständigkeit für die

Sozialpolitik übernommen hatte, wäre diese Arbeit nicht zu leisten gewesen. Ergänzend dazu legte der Vorsitzende der Arbeitnehmergruppe Gerald Weiß später noch Vorschläge zur Neuordnung der betrieblichen Altersvorsorge vor. So konnten wir in der Fraktion einstimmig einen Text verabschieden, in dem wir unsere Haltung zu allen Fragen einer Rentenreform noch einmal ergänzt haben gebündelt hatten.

Besonders wichtig war uns festzustellen, dass die Rente allein den individuellen Lebensstandard im Alter nicht mehr sichern kann. Dies ist die notwendige Konsequenz aus der Absenkung des Rentenniveaus auf etwa 64% des letzten Nettoeinkommens. Diese Berechnung bezieht sich aber auf den Rentner, der 45 Beitragsjahre aus einem Vollzeitbeschäftigungsverhältnis aufweisen kann. Damit ist auch klar, dass bei unsteter werdenden Erwerbsbiografien und vor allem bei Frauen die Versorgungslücke im Alter noch größer und der Bedarf an privater und betrieblicher zusätzlicher Altersvorsorge noch dringender wird.

In den Rentenkonsensgesprächen mit der Regierung konnten wir denn auch zwei besonders wichtige Forderungen durchsetzen: Die Regierung war zögernd und nach langem Ringen bereit anzuerkennen, dass diese Reform so ausgestaltet werden sollte, dass bis zum Jahr 2030 keine weitere grundlegende Korrektur nötig wäre. Außerdem erkannte sie die Notwendigkeit zusätzlicher kapitalgedeckter Vorsorgeinstrumente an, bei denen auch eine besondere Familienkomponente eingebaut werden musste.

Am 13. Juni 2000 gab es dann das letzte Konsensgespräch zwischen der Bundesregierung und uns. Wir trafen uns unter großem Medienaufgebot im Kanzleramt. Neben den Mitgliedern der Arbeitsgruppe nahmen auch der Bundeskanzler und der Finanzminister auf Seiten der Regierung, die Parteivorsitzenden von CDU, CSU und FDP sowie die Vorsitzenden der Bundestagsfraktionen von SPD und CDU/CSU daran teil. Wir hatten von Vornherein ausgemacht, dass für den Fall, dass es neue Vorschläge seitens der Regierung vor allem zur Förderung der privaten Vorsorge geben sollte, die Sitzung unterbrochen werden sollte, um getrennt zu beraten, und dann gemeinsam die Beratungen fortzusetzen.

Tatsächlich zog der Bundeskanzler nach rund zwei Stunden aus einem größeren Stapel Unterlagen ein einzelnes Blatt Papier heraus, auf dem in nicht mehr als 15 Zeilen Vorschläge zur steuerlichen Behandlung und zur direkten Förderung der privaten Vorsorge enthalten waren. Ich stellte ihm nach einem ersten Blick auf das schwer verständliche Papier zwei Fragen, die die Besteuerungssystematik und die Familienkomponenten betrafen. Beide konnte Schröder nicht beantworten, dafür stünden mir seine Experten zur Verfügung.

Wir unterbrachen dann vereinbarungsgemäß die Sitzung. Wir blieben im kleinen Kabinettssaal, während die Vertreter der Regierung nach draußen gingen. Von dort berichteten uns nach wenigen Minuten unsere Mitarbeiter, dass der Regierungssprecher die wartende Presse unterrichte, der Bundeskanzler habe der Opposition zu deren völliger Überraschung eine finanzielle Förderung der privaten Vorsorge, insbesondere der Familien mit Kindern, in Höhe von 19,6 Milliarden DM angeboten. Die Opposition sei jetzt vollkommen ratlos, denn jetzt könne sie die Rentenreform ja nicht mehr ablehnen.

In Wahrheit hatte die Bundesregierung für die Jahre 2000 und 2001 gar nichts vorgeschlagen, ab dem Wahljahr 2002 sollte die Förderung der Familien mit rund 4 DM im Monat pro Kind beginnen. Erst im Jahr 2008 sollte die Höchstförderung erreicht werden, die Länder waren gar nicht gefragt, in die Finanzierung aber selbstverständlich mit einbezogen worden. Dies alles hinderte große Teile der Medien nicht daran, die regierungsamtliche Version emsig zu verbreiten, Schröder habe fast 20 Milliarden DM für die private Altersvorsorge angeboten, nur die Opposition lehne das alles ab.

Dieser Vorgang allein wäre Grund genug gewesen, die Gespräche mit der Regierung abzubrechen. Mit Spielern kann man nicht seriös verhandeln. Wir wollten aber der Regierung nicht weitere Munition gegen uns in die Hand geben, denn in der Öffentlichkeit war die Meinung vorherrschend, Regierung und Opposition müssten sich in der Rente zusammenraufen. Ich hatte schon in den Vorgesprächen darauf gedrängt, dass wir die Regierung nach diesem Gespräch jetzt auffordern sollten, dem Parlament endlich einen Gesetzentwurf vorzulegen, wir »verhandelten« ja immer noch auf der Basis von Presseerklärungen und allgemein gehaltenen Ankündigungen. So gingen wir denn auseinander mit dem Angebot, auf der Basis eines Gesetzentwurfes im Bundestag die Anstrengungen um einen Konsens fortzusetzen.

Bevor das Bundeskabinett allerdings zu einem entsprechenden Beschluss kam, gab es eine weitere, substanzielle Veränderung in der Politik der Bundesregierung. In der Zwischenzeit waren nämlich die Gewerkschaften aktiv geworden. Der Sozialminister und frühere Vize der IG Metall sah sich immer größer werdendem Druck vor allem seiner Gewerkschaft ausgesetzt. Den Gewerkschaften fällt es bis heute schwer zu akzeptieren, dass die gesetzliche Rente das Lebenshaltungsniveau im Alter allein nicht mehr garantieren kann, sondern kapitalgedeckte Elemente einer zusätzlichen privaten und betrieblichen Altersvorsorge hinzutreten müssen, um die absehbare Versorgungslücke der nächsten Generation, nicht der heutigen Rentner, zu schließen. Im Herbst gab es dann ein Spitzengespräch zwischen DGB und SPD, deren offiziell bekannt gegebenes Ergebnis zunächst war, dass die Bundesregierung vorerst darauf verzichten wolle, das Ladenschlussgesetz weiter zu liberalisieren. Erst später wurde klar, dass die SPD und vor allem der Kanzler den Gewerkschaften weitgehende Zusagen zur Rentenreform gegeben hatten. Dies betraf insbesondere das gesetzlich festzuschreibende Rentenniveau, das nach dem Willen der

Gewerkschaften 68% des letzten Nettoverdienstes der Arbeitnehmer nicht unterschreiten sollte. Gewerkschaften und große Teile der SPD, denen der ganze Kurs von Schröder ohnehin nicht passte, begründeten dies mit der Gefahr, dass eine niedrigere Rente zu sehr in die Nähe der Sozialhilfe geraten würde. Tatsächlich aber war mit dieser Festlegung etwas ganz anderes beabsichtigt: Die ergänzende private Vorsorge wurde wieder in den Hintergrund gedrängt. Denn wenn die Rente in dieser Höhe gesetzlich garantiert wird, fehlt der Anreiz zum Aufbau einer zusätzlichen privaten und betrieblichen Altersversorgung fast vollständig. Die Gewerkschaften hatten ihr Ziel erreicht. Mit uns rückte ein Rentenkonsens aber in immer weitere Ferne.

Nach mehrfachen ausführlichen Aussprachen im Frühjahr des Jahres 2000, an denen sich in jeder Fraktionssitzung bis zu drei Dutzend Kollegen beteiligten, hatten wir Anfang Juni ein Positionspapier zur Zukunft der Alterssicherung in Deutschland beschlossen. Dieses stellten wir als unser Konzept der Regierungspolitik entgegen. Dabei haben wir uns von drei Gerechtigkeitsprinzipien leiten lassen: Ein zukunftsfähiges Rentenkonzept muss das Prinzip der Leistungsgerechtigkeit beachten, das heißt derjenige, der sein ganzes Arbeitsleben Beiträge in die Rentenversicherung gezahlt hat, muss eine an dieser Beitragsleistung orientierte Rente erhalten. Wenn die Rente bezogen auf eine durchschnittliche Lebenserwartung niedriger ausfällt als der zuvor eingezahlte Betrag, dann stellen sich auch im Hinblick auf die Garantie des Eigentums verfassungsrechtliche Probleme. Gleichzeitig muss das Prinzip der Generationengerechtigkeit beachtet werden. Also: Wir dürfen den späteren Generationen nicht mehr zumuten als wir uns selbst heute zumuten wollen. Man könnte dies auch mit Nachhaltigkeit in der Alterssicherung übersetzen. Und schließlich drittens muss Gerechtigkeit innerhalb der Generationen gewahrt bleiben. Wer Kinder erzieht und damit den entscheidenden Beitrag für den Fortbestand des Generationenvertrages in der Rente leistet, muss honoriert werden. Das Bundesverfassungsgericht hat dazu mittlerweile eine Entscheidung getroffen, die direkt zwar nur die Pflegeversicherung betrifft, tatsächlich aber einen größeren Umbau der umlagefinanzierten Sozialversicherungen erfordert, als wir im Sommer des Jahres 2000 voraussehen konnten.

Auf der Basis dieser Prinzipien hatten wir unsere Vorschläge ausformuliert und beschlossen. Dazu gehörten auch noch einmal konkrete Vorschläge zum Ausbau der privaten und der betrieblichen, kapitalgedeckten Altersvorsorge. Vor allem legten wir Wert darauf, dass diese freiwillig und klar getrennt bleiben vom System der gesetzlichen Rentenversicherung. Genau dies ist im rot-grünen Modell nicht vorgesehen, denn die ungekürzte Rente erhält nur, wer bis zu 4% seines Einkommens für private Vorsorge zur Seite legt. Damit finanziert die Verkäuferin mit ihren Rentenbeiträgen, die sich einen so hohen Anteil von ihrem verfügbaren Einkommen für die private Vorsorge nicht leisten kann, die ungekürzte Rente ihres Filialleiters, dem der zusätzliche Aufwand nicht schwer fällt. Es wird ein faktischer Zwang zum Abschluss einer privaten Alterssicherung hergestellt, der gerade für die unteren Einkommensbezieher erhebliche Probleme mit sich bringen wird. Im Zusammenwirken mit den Konsequenzen, die es aus der schon genannten Entscheidung des Bundesverfassungsgerichts zur Berücksichtigung von Kindern zu ziehen gilt und im Hinblick auf die ungeklärte Frage der Besteuerung der Alterseinkommen wird die rot-grüne Rentenreform nicht lange Bestand haben. Sie ist schon heute klinisch tot, was man auch an der geringen Bereitschaft der Bevölkerung, die so genannte Riester-Rente anzunehmen, erkennen kann. Auch wenn es mit den großen Koalitionen im Bundesrat zum Schluss einen Weg zur Verabschiedung der zustimmungspflichtigen Teile der Rentenreform gab, waren die Bundestagsfraktion und die allein oder zusammen mit der FDP von der Union regierten Länder gut beraten, die Rentenreform insgesamt bis zum Schluss abzulehnen. Mittlerweile stellt sich die Frage, ob wir nicht angesichts der dramatischen Konsequenzen aus der Demografie und angesichts der verfassungsrechtlichen Erfordernisse eines familiengerechten Ausgleichs zu einem wesentlich veränderten Rentenkonzept für unser Land kommen müssen.

Landtagswahlen in Baden-Württemberg und Rheinland-Pfalz

Am 25. März 2001 fanden Landtagswahlen in Baden-Württemberg und Rheinland-Pfalz statt. Eine Woche zuvor hatte Roland Koch in Hessen zwei Jahre nach seiner Wahl zum Ministerpräsidenten und im Schatten der Spendenaffäre seine erste Kommunalwahl zu bestehen. Die hessische CDU konnte in 420 von 427 hessischen Gemeinden zulegen, im Durchschnitt 5,4 Prozentpunkte gegenüber der letzten Kommunalwahl fünf Jahre zuvor. Dieses Ergebnis gab vor allem der Landespartei in Baden-Württemberg mit Erwin Teufel an der Spitze Auftrieb. Allerdings gab es sechs Wochen vor der Wahl einen ziemlichen Streit zwischen der Parteivorsitzenden und mir anlässlich eines Plakates sowie eine Phantom-Debatte um die Kanzlerkandidatur der Union, an der ich nicht ganz unschuldig war.

Die Partei hatte an dem Tag, an dem die Fraktion ihre Entscheidung treffen wollte, ob sie der Rentenreform der Bundesregierung zustimmt oder diese ablehnt, der Öffentlichkeit ein Plakat vorgestellt, in dem der Bundeskanzler wie in einer Verbrecherkartei mit drei Fotos von vorn, von rechts und von links abgebildet war. Ich hatte die Parteivorsitzende noch am Tag zuvor gebeten, möglichst gar keine Aktion der Partei zu planen, ohne zu wissen, welches Plakat vorgesehen war. Ich konnte die Aktion nicht mehr stoppen, es gab den hinlänglich bekannten und vorhersehbaren öffentlichen Aufschrei. Die SPD setzte geschickt die Ehefrau des Bundeskanzlers ein, die sich tief besorgt zeigte über eine angebliche Gefährdung ihres Mannes.

Am Rande eines Pressegesprächs in Berlin zwei Tage später wurde ich unter anderem gefragt, ob nicht auch der Fraktionsvorsitzende zu den möglichen Kanzlerkandidaten gehöre. Ich antwortete, der Natur der Sache nach sei das so, aber diese Frage werde eben erst ein Jahr später entschieden und deshalb mache ich mir nun darüber wahrlich keine Gedanken. Daraus wurden am nächsten und übernächsten Tag Schlagzeilen in allen Zeitungen und Nachrichtensendungen bis hin zu der Überschrift: »Merz erklärt sich zum Kanzlerkandidaten der Union«. Meine Äußerungen wurden interpretiert als bewusstes Ausnutzen einer Schwäche der Parteivorsitzenden, und plötzlich war von einem Machtkampf zwischen der Parteivorsitzenden und mir die Rede. Das alles war nun wirklich vollkommener Unfug. Nur einige wenige Zeitungen gaben meine Äußerungen richtig und vor allem vollständig wider. Die Aufregung in Berlin unter den Kollegen und besonders in Baden-Württemberg war trotzdem beträchtlich. Ich hatte auch in meinen zahlreichen Veranstaltungen in beiden Wahlkampf führenden Ländern zunächst einige Mühe, den entstandenen Eindruck zu revidieren. Die einzige Chance dies zu tun lag darin, konsequent und unbeirrt über Sachfragen zu sprechen kam. Nachdem Erwin Teufel seinem Unmut über »die in Berlin« kräftig Luft gemacht hatte, kehrte wieder Ruhe ein und wir gewannen die Wahlen in Baden-Württemberg mit überzeugenden 44,8%. Leider gelang es uns nicht, in Rheinland-Pfalz ein ähnlich gutes Ergebnis zu erzielen.

In Hamburg gewannen dafür am 23. September CDU, »Schill-Partei« und FDP zusammen die Mehrheit gegen Rot-Grün. Dies war ein großer Erfolg für die CDU, auch wenn das eigene Ergebnis der CDU alles andere als überzeugend ausfiel.

Aber entscheidend war und ist: Mit Ole von Beust kann die Union nach vier Jahrzehnten in Hamburg wieder einen Ersten Bürgermeister und einen weiteren Ministerpräsidenten stellen.

Edmund Stoiber wird Kanzlerkandidat der Union

Ende des Jahres 2001 gewannen wir die Zuversicht, dass wir bei der Bundestagswahl 2002 doch nicht so ganz ohne Chance sein würden. Die Umfragewerte zeigten einen langsamen Trend nach oben, bei Rot-Grün machte sich Unruhe breit wegen der hartnäckig hohen Arbeitslosigkeit und eines immer wieder nach unten korrigierten Wirtschaftswachstums. Deutschland rutschte in der Europäischen Union immer weiter nach unten, wir waren Schlusslicht bei den Wachstumsraten der europäischen Staaten. Dafür nahmen zwangsläufig die Haushaltsprobleme wieder zu, die Neuverschuldung stieg wieder an und drohte in die Nähe des nach dem europäischen Stabilitäts- und Wachstumspaktes unzulässigen Wertes von drei Prozent des BIP zu steigen. Es begannen Spekulationen darüber, dass Deutschland aus Brüssel eine Warnung vor einem übermäßig hohen Defizit bekommen würde. Der Ruf des Finanzministers erhielt zunehmend Kratzer, der Bundeskanzler wurde immer häufiger mit seinem Versprechen konfrontiert, die Arbeitslosigkeit unter 3,5 Millionen zu senken.

In den Medien nahmen die Spekulationen über den Kanzlerkandidaten der Union zu. Immer weniger ging es um die Frage, wer gegen Schröder ehrenhaft verlieren würde, immer häufiger darum, wer die besseren Chancen habe. In den Umfragen lag Edmund Stoiber konstant in den meisten Kompetenzwerten vor Angela Merkel. Auch regional gab es nur geringfügige Abweichungen. Im Süden, im Norden, im Westen und Osten, bei Jüngeren und Älteren, bei Männern und Frauen wurde der bayerische Ministerpräsident als der bessere Herausforderer angesehen. Eine Mehrheit in der Bundestagsfraktion sah dies ebenso. Trotzdem hielt Angela Merkel an ihrem Anspruch bis Anfang Januar fest und bat erst am Morgen des 8. Januar in einem bis zuletzt vor allen Gremien geheim gehaltenen Gespräch mit Edmund Stoiber in dessen Privathaus in Wolfratshausen, er möge die Kanzlerkandidatur der Union übernehmen. Sie ersparte der CDU damit eine Zerreißprobe in der am Nachmittag desselben Tages in Magdeburg beginnenden Klausurtagung des Parteipräsidiums und des Bundesvorstandes. So gab es eine große Zustimmung zu dem Vorschlag, Stoiber am ersten Wochenende im Januar 2002 zum Kanzlerkandidaten der Union zu bestimmen.

Testfall Sachsen-Anhalt

Magdeburg war mit Bedacht als Tagungsort der üblichen Klausurtagung zum Jahresbeginn gewählt. Am 21. April fanden in Sachsen-Anhalt Landtagswahlen statt. Dies war der letzte Test vor der Bundestagswahl. Sachsen-Anhalt mit einer vierjährigen Wahlperiode war schon zweimal Wegbereiter für die Bundestagswahlen gewesen: Im Sommer 1994 hatte Peter Hintze seine viel umstrittene »Rote-Socken-Kampagne« nach der Duldung einer SPD-Minderheitenregierung in Sachsen-Anhalt gestartet und damit maßgeblich das Bundestagswahlergebnis zu unseren Gunsten bestimmt. Die Angst vor der PDS ließ sich fünf Jahre nach der Wende bundesweit noch einsetzen. Vier Jahre später verbesserte sich die SPD bei den Landtagswahlen in Sachsen-Anhalt von 34 auf 35,9%. Auch wenn die SPD damit nur genauso viel hinzugewann, wie die Grünen verloren, die damit aus dem Landtag ausschieden, wurde das Ergebnis der SPD im Jahr 1998 als Startsignal für den Wechsel in Bonn gewertet. Das ließ sich auch durchaus so sehen, denn die CDU stürzte bei dieser letzten Landtagswahl vor der Bundestagswahl 1998 um mehr als 12 Prozentpunkte ab, ein Fanal für die Bundespartei.

Umso spannender war für uns die Landtagswahl vier Jahre später, dreieinhalb Jahre nach dem Regierungswechsel im Bund, dreieinhalb Monate nach der Nominierung des Kanzlerkandidaten Edmund Stoiber. Wir alle haben uns in diesem Landtagswahlkampf eingesetzt wie in keinem der Landtagswahlkämpfe zuvor. Keine Stadt, kaum ein größeres Dorf, in dem nicht Bundes- und Landesprominenz der Union im Wahlkampf auftrat. Stoiber kümmerte sich intensiv um den Osten in dieser Zeit mit Schwerpunkt Sachsen-Anhalt. Er wollte zuhören und hinsehen, nicht von oben herab reden und alles besser wissen. Die Botschaft kam an: Als Ministerpräsident habe er die Interessen Bayerns auch gegen die Interessen des Bundes und anderer Länder wahrgenommen und zwar nicht ohne Erfolg. Als Kanzler müsse und wolle er die Interessen des ganzen Landes, ganz besonders die Interessen des Ostens wahrnehmen.

Das Wahlergebnis war eine großartige Bestätigung dieses Kurses: Mit 37,3% legte die CDU um mehr als 15 Prozentpunkte zu. Noch nie hatte es vorher bei Landtagswahlen in Deutschland einen solchen Zuwachs für eine Partei gegeben. Die CDU konnte mit der FDP in Sachsen-Anhalt nach acht Jahren in der Opposition wieder die Regierung bilden. Die SPD erlitt eine schwere Niederlage, die nicht ohne Auswirkungen auf ihre Chancen bei der Bundestagswahl bleiben wird. In Deutschland begann sich wie 1998, nur mit umgekehrten Vorzeichen, Wechselstimmung breit zu machen.

II. Kapitel

Der Kampf um die Mitte – die CDU als moderne Volkspartei

Das Ziel, wieder zur stärksten politischen Kraft in Deutschland zu werden, kann die Union nur erreichen, wenn sie eine schlüssige Antwort auf die Frage gibt: Was macht die Union angesichts der Herausforderungen des beginnenden 21. Jahrhunderts für die Politik in Deutschland unverzichtbar? Oder anders formuliert: Welche Antworten auf die gestellten Fragen kann nur die Union richtig geben?

Zur Beantwortung dieser Fragen ist es wichtig, dass wir uns erneut über unseren Standort im politischen Spektrum der Bundesrepublik Deutschland vergewissern. Was macht die Union heute aus?

Zwischen SPD, den Grünen, der FDP einerseits und der Union andererseits gibt es einen grundlegenden Unterschied in der Definition ihres Selbstverständnisses: Sozialdemokraten und Liberale, die Grünen ohnehin, können ihre politischen Überzeugungen ohne Rücksicht auf einen bestimmten Überbau, ohne Rücksicht auf transzendente Bezüge formulieren. Sie können sich selbst und ihre Politik ganz allein und auch immer wieder anders definieren. Eine Partei, die sich auf das christliche Menschenbild bezieht, kann das nicht. Da steht etwas Festes, etwas Unveränderliches, etwas, das nicht zur Disposition der Partei und ihrer Führung steht. Deshalb sind die Erwartungen an diese Partei von vielen ihrer Anhänger auch besonders groß. Umso größer können aber auch die Enttäuschungen sein. Vielleicht liegt es gerade an diesem Umstand, dass das Verhältnis zwischen den Kirchen und der Union manchmal besonders schwierig ist. Es gibt Beispiele, die diese Schwierigkeit besonders augenfällig machen. So beklagte das Oberhaupt der Berliner Katholiken, Georg Kardinal Sterzinsky, im Frühjahr 2001 in einem Zeitungsinterview im Zusammenhang mit der Diskussion über das Zuwanderungsgesetz, dass die »katholische Kirche die C-Parteien nicht mehr als ihren Partner ansehen kann«. Dabei ist gerade in dem Beschluss, den die CDU auf ihrem kleinen Parteitag am 7. Juni 2001 zur Begrenzung und Steuerung der Zuwanderung gefasst hat, eine Reihe von Positionen der Kirchen zum Ausdruck gekommen, die die CDU bisher so nicht eingenommen hatte.

Vom Kölner Kardinal Meisner wird uns in regelmäßigen Abständen das Recht abgesprochen, eine christliche Partei zu sein, wir werden aufgefordert, das »C« im Namen der Partei zu streichen. Die jüngste Kontroverse entzündete sich an der Berufung unserer Bundestagskollegin Katherina Reiche in das Kompetenz-Team von Edmund Stoiber mit der Zuständigkeit für die Jugend- und Familienpolitik. Katherina Reiche erwartet ihr zweites Kind, will aber den Vater ihrer Kinder erst später heiraten.

Es ist nicht zu übersehen, dass es vor allem in der katholischen Kirche Entfremdungstendenzenen zur Union gibt. Die großen kirchlichen, vor allem die großen katholischen Verbände wie die Katholische Arbeitnehmerbewegung KAB, Kolping, die Christliche Jugend, auch die Schützen- und Traditionsvereine sind längst nicht mehr eine stabile Basis für die Union, aus der sich in großer Zahl engagierte Mitglieder gewinnen lassen. Die Erosion des früher fest gefügten katholischen Milieus macht sich deutlich bemerkbar. Auch nimmt die Zahl derer zu, die nur noch schwache oder keine Bindung mehr zu den Kirchen besitzen, obwohl sie noch Kirchensteuer bezahlen. Jedes Jahr verlassen Menschen in der Größenordnung einer deutschen Großstadt, rund 300 000 Personen, die Kirchen.

Auf der anderen Seite nimmt die Suche nach Orientierung, nach festem Halt, nach Werten und Grundüberzeugungen in einer sich schnell wandelnden Zeit unübersehbar wieder zu. Das Tempo des gesellschaftlichen Wandels, die so genannte »Spaßgesellschaft«, die enormen Anforderungen in der Ausbildung und im Beruf – all das verlangt bei vielen Menschen nach einer ruhenden Mitte, nach einer persönlichen und familiären Umgebung, die Sicherheit und Geborgenheit gibt. In diesem Grundbedürfnis der Menschen liegt eine große Chance für eine Partei, die dem Zeitgeist nicht atemlos hinterherläuft, sondern versucht, gesellschaftliche Prozesse zu gestalten und für das Zusammenleben der Menschen Angebote zu machen, die sich auf ein festes Fundament christlicher Wertüberzeugungen stützen können.

Sozial, liberal und konservativ

CDU und CSU bekennen sich zu drei Wurzeln ihrer Entstehung: zur christlich-sozialen Herkunft, zur wirtschafts-liberalen Orientierung und zur national-konservativen Haltung. Die Bündelung dieser verschiedenen Grundorientierungen zu einer ganzheitlichen Politik hat die Union zur Volkspartei aus christlicher Verantwortung mit moderner Wirtschaftspolitik und fester Bindung an die deutsche Nation in einem immer enger zusammenwachsenden Europa werden lassen. Die Union aus CDU und CSU ist nach dem Zweiten Weltkrieg die erfolgreichste Neugründung einer Partei nicht nur in Deutschland, sondern in ganz Europa. Keine Partei hat in einem europäischen Land so lange und so erfolgreich regiert wie die Union in Deutschland.

Mittlerweile gibt es aber kaum eine vergleichbare Partei in

ganz Europa mehr, die sich bereits in ihrem Namen an erster Stelle eine »christliche« Partei nennt. Die meisten christdemokratischen und bürgerlichen Parteien der Mitte, die in den letzten Jahren Wahlen verloren haben, sind danach in eine existenzielle Krise geraten. Manche traditionsreiche christdemokratische Partei, die nicht nur nationale, sondern europäische Geschichte geschrieben hat, gibt es heute schon gar nicht mehr, wie die Democrazia Cristiana DC Italiens, andere sind über längere Zeit politisch marginalisiert worden wie der Christdemokratische Appell CDA der Niederlande.

Der Kampf um die Mitte

Auch wenn die Union diese Selbstzerstörung nach verlorenen nationalen Wahlen bisher kraft ihres inneren Zusammenhalts vermieden hat, drohen andere Einflüsse und Gefahren, die sie immer wieder vor eine Bewährungsprobe stellt. Die SPD ist seit der Regierungsübernahme im Bund intensiv darum bemüht, der Union den Standort in der Mitte streitig zu machen. So versucht sie immer wieder neu, die CDU als altbackene, konservative Partei ohne Modernität erscheinen zu lassen. Zudem wird erklärt, der historische Auftrag der Union, nämlich die Verortung der Bundesrepublik in einem System freiheitlicher Völker, die sich unter anderem in der Europäischen Union und in der NATO zusammengefunden hätten, sei nunmehr erfolgreich abgeschlossen. Das ganze Denken der Unionspolitiker sei aber unverändert geprägt vom längst überwundenen Gegensatz der früheren Systeme in Ost und West. Daher sei die Union strukturell unbrauchbar für neues Denken in einer neuen Zeit, die jetzt nur von Sozialdemokraten geprägt werden könne. Denn diese allein hätten den Zusammenhang von Innovation und Gerechtigkeit, von Sicherheit im Wandel, von Bewahrung und Erneuerung verstanden. Dieser übersteigerte

Macht- und Alleinvertretungsanspruch kommt durch verschiedene Beiträge führender SPD-Genossen im Parlament und in der veröffentlichten Meinung zum Ausdruck. Besonders der Generalsekretär der SPD sieht die CDU historisch marginalisiert. Der Tenor vieler seiner Verlautbarungen ist: »Warum die CDU nicht mehr gebraucht wird.«.

Politik der SPD ohne Substanz

Tatsächlich bezweckt der ideologische Angriff der SPD zweierlei: Erstens soll auf diese Weise ein Machtanspruch geistig unterfüttert werden, der weit über eine Legislaturperiode hinaus ragt. Zweitens soll auf diese Weise der Schlendrian vertuscht werden, mit dem die rot-grüne Bundesregierung wichtige Probleme unseres Landes verdrängt und liegen gelassen hat. In der Steuerpolitik wurde der Mittelstand benachteiligt, in der Arbeitsmarktpolitik wurden die Anreize nicht richtig gesetzt. Eine tragfähige Reform des Gesundheitswesens wurde vernachlässigt. Ebenso wurde von der Bundesregierung versäumt, spätestens mit den friedenssichernden Einsätzen auf dem Balkan die pazifistischen Träumereien zu beenden und eine den realen Problemen angemessene Außen- und Sicherheitspolitik konzeptionell zu erarbeiten.

Kein Wunder, dass angesichts der deutlichen Risse bei SPD und den Grünen der Bundeskanzler zum letzten Mittel greifen musste, um seine Mehrheit zu sichern. Nach wenig mehr als drei Regierungsjahren musste Schröder am 16. November die Vertrauensfrage stellen, um seine eigene Koalition für einen weiteren Bundeswehreinsatz hinter sich zu zwingen. Mit Daumenschrauben und Brachialgewalt hatte Schröder die Parlamentsmehrheit der rot-grünen Bundesregierung noch einmal gerettet. Aber damit war sein stärkstes Mittel verbraucht. Diese Abstimmung war deshalb der Anfang vom Ende des rot-grünen Regierungsversuchs. Die Anzeichen am Ende der Legislaturperiode sind klar: Der Nimbus vermeintlicher Stärke ist verloren, Vertrauen geschwunden, Schröder ein Kanzler ohne wirkliche eigene Mehrheit in zentralen Fragen unseres Landes.

Bis heute scheint fraglich, ob dies der rot-grünen Bundesregierung selbst klar geworden ist. Denn Selbsttäuschung und moralische Überheblichkeit standen bereits am Beginn der rot-grünen Koalition. Der Ideologieimport aus Großbritannien eines neuen »Dritten Weges« zwischen Sozialismus und Kapitalismus, den der Wissenschaftler Anthony Giddens für Tony Blair formuliert hatte, war kaum mehr als die Anpassung an die von der Union in Deutschland entscheidend geprägte Politik der Sozialen Marktwirtschaft. Dies ging vielen erst im Laufe der Regierungszeit auf. Das »Schröder-Blair-Papier« verschwand schnell in der Schublade, als deutlich wurde, wie sehr das Papier dem Gedankengut der traditionellen Sozialdemokratie, insbesondere dem linken Flügel, widersprach. Auch und gerade nach dem fluchtartigen Rücktritt von Oskar Lafontaine hatte Schröder selbst als Parteivorsitzender nie die Kraft, diese Themen in seiner Partei durchzudiskutieren und zu einem Ergebnis in seinem Sinne zu führen. Die SPD als Programmpartei und als diskutierende Partei hat sich in der deutschen Parteienlandschaft praktisch völlig verabschiedet.

Der Versuch der Marginalisierung der CDU

An die Stelle eigener, langfristig angelegter Sachpolitik trat bei der SPD ein Pragmatismus im Minutentakt, der ausschließlich geprägt ist von Reaktionen auf den jeweiligen Augenblick. Strategisch angelegt war allenfalls der mit der Spendenaffäre der CDU einsetzende Versuch einer Delegitimierung der Politik der CDU insgesamt. Die CDU habe, so wird seit Ende

1999 systematisch intoniert, die strukturelle Mehrheitsfähigkeit verloren, gleite in rein konservatives Terrain ab und »sammle sich in der Vergangenheit«, »schwankend zwischen Deutsch-Nationalem und Zentrumstönen«. Ginge es nach den Vorstellungen einiger Sozialdemokraten, dann »ist für die CDU in der Mitte kein Platz mehr«, weder jetzt noch in Zukunft.

Da reibt man sich doch die Augen. Es muss schlecht bestellt sein um die alte Volkspartei SPD, wenn sie ihr Heil in einem solchen, immer wieder erneuerten Großangriff auf die CDU sucht. Die Union als langjährige Integrations- und Regierungspartei eine »Beliebigkeitspartei, außerhalb der Mitte und am Rand der Gesellschaft«? Demgegenüber die »einzige Partei, die in diese Zeit passt«, die »linke Volkspartei SPD«, und die allein »ist die Mitte«? Ein grandioses Potemkinsches Dorf, das da gebaut wird.

Hier offenbart sich eine ziemlich einseitige Sicht auf die letzten 50 Jahre der Bundesrepublik Deutschland, dic in der längsten Zeit von der Union zusammen mit ihren Koalitionspartnern erfolgreich politisch gestaltet worden ist. Nicht SPD und Grüne, sondern CDU und CSU bilden zusammen, so der Parteienforscher Raschke, »die strukturelle Mehrheitspartei in Deutschland«. Nur zweimal in fünfzig Jahren wurde die SPD die stärkste Partei, ansonsten kürten die Wähler die Union zur staatstragenden Partei. Außerdem zeigt sich bei Teilen der SPD ein Verständnis von »Deutsch-National« und »Zentrum«, das alte sozialdemokratische Vorurteile zur eigenen Nation wie zur christlich-demokratischen Programmatik und Parteienentwicklung freilegt.

Dass die SPD als zweite deutsche Volkspartei die Auseinandersetzung um die Mitte aufnimmt, ist in Ordnung. Dies gehört zur normalen und notwendigen politischen Auseinandersetzung. Unterstellt aber wird die Gleichung: Mitte = übergroße Mehrheit der Gesellschaft = SPD. Diese Gleichsetzung ist in hohem Maße zweifelhaft und hat die Wähler in Deutschland nicht überzeugen können. Die geistige Besetzung der Mitte durch die SPD muss scheitern, weil sie programmatisch und strategisch nicht gelingen kann.

Es geht der SPD offenkundig nicht um die geistige Analyse der gesellschaftlichen und politischen Lage, sondern um die langfristige Sicherung ihrer Herrschaft durch kulturelle Hegemonie. Diese in der Tradition des Sozialismus seit langem bekannte Strategie ist von Tony Blair aufgegriffen und vorgeführt worden: Als Partei muss man medial die alleinige Verkörperung eines modernen »Dritten Weges« behaupten und zugleich begrifflich den parteipolitischen Gegner an den Rand der Gesellschaft drücken. Genau eine solche Marginalisierungsstrategie verfolgt die SPD, indem sie auf verschiedene Weise versucht, die CDU als wandlungsfeindliche, konservative Partei am Rand der Gesellschaft zu stigmatisieren und sich selbst mit der breiten »Mitte der Gesellschaft« zu identifizieren.

Eine solche Strategie scheitert nicht nur, weil sie alle Selbstbehauptungskräfte der CDU hervorruft, sondern vor allem deswegen – wie man tagtäglich sieht –, weil sie mit der Wirklichkeit nicht übereinstimmt. Die CDU hat für die Bundesrepublik Deutschland große Integrationsleistungen vollbracht – und erbringt sie bis heute. Sie bleibt die große Volkspartei, die zur Mitte integriert. Gerade durch den Zusammenschluß von katholischem und protestantischem Milieu nach dem Krieg in einer Volkspartei hat sie in hohem Maß zum Gelingen der der parlamentarischen Demokratie beigetragen. Ihre politisch-kulturelle Leistung besteht darüber hinaus in der immer wieder erneuerten Vermittlung von Tradition und Fortschritt.

In der Tat ist die CDU konservativ: Werte dauerhaft zu bewahren ist ein zentraler Beitrag zum Erhalt unserer Demokratie und schafft notwendiges Vertrauen in Zeiten schnellen Wandels. Zudem gilt für alle Neuerungen der Grundsatz, dass sie aufzeigen müssen, was durch sie besser wird – die Erfahrung lehrt zur Genüge, das sich die Dinge auch zum Schlechteren wenden können. Die CDU hat immer wieder die Balance zwischen Bewahrung und Veränderung gewahrt. Wandel und Beständigkeit, Offenheit für das Neue und seine vorurteilsfreie Prüfung gehören für die CDU zusammen. Sie liefert sich weder blindem Fortschrittsglauben aus noch der Verteidigung des Überlieferten um seiner selbst willen. Weil sie Sinn für das Bewährte und das Innovative zugleich hat, kann sich die CDU besser als andere Parteien den anstehenden Problemen stellen, von der Wahrung der Schöpfung bis zum Wandel der Arbeitswelt, von der Globalisierung bis zur Generationengerechtigkeit, von den Innovationen der Lebenswissenschaften bis zur entstehenden wissensbasierten Informationsgesellschaft.

Hinzu kommt: Die CDU ist nicht nur konservativ, sie ist mehr. Als einzig wirklich moderne Partei hat sie nach dem Krieg die großen geistig-politischen Strömungen des Christlich-Sozialen, des Liberalen und des Konservativen nicht nur dem Anspruch nach, sondern auch tatsächlich zu einer programmatischen und personellen Einheit verbunden. Als große Volkspartei hat sie entscheidend zum Gelingen der parlamentarischen Demokratie beigetragen. Zu Recht hat sich deshalb in der Bevölkerung »das landläufige Bild der CDU als vertrauenswürdige Partei von Maß und Mitte, von Solidität und Verlässlichkeit gefestigt«, wie Parteienforscher feststellen.

Diese Fähigkeit zur politischen Gestaltung auf der Basis von Werten, zur geistigen Orientierung und zur politisch-kulturellen Integration sowie zum Ausgleich beharrender und vorwärts drängender Kräfte macht die CDU zu einer Partei, die für die Lösung der Zukunftsprobleme gebraucht wird. Gerade weil die CDU sich immer wieder aus den Wurzeln heraus erneuert, kann sie für eine verträgliche Gestaltung der enormen wirtschaftlichen und gesellschaftlichen Umbrüche einstehen. Die Arbeit der Zukunftskommissionen in der CDU zu den Bereichen Familie, Bildung, Föderalismus und Sozialstaat sowie später zur Sozialen Marktwirtschaft, Zuwanderung und Inneren Sicherheit zeigt deswegen bis heute mit großer Deutlichkeit: Aus sachangemessener und wertegebundener Politik sind bei der CDU die besseren Konzepte entstanden. Deswegen scheitert jeder Versuch, die CDU als Parteien-Dinosaurier hinzustellen und die SPD mit der Gloriole der allein noch existenzberechtigten Fortschrittspartei zu umranken.

Zudem haben in Wahrheit – neben allen inhaltlichen Unterschieden – die großen Volksparteien ähnliche Probleme zu meistern. Das Schwinden tradierter Milieus, die Erosion selbstverständlicher Parteibindungen, das Auswandern von Engagementspotenzialen weg von Parteien in die kleinteiligen Organisationen persönlicher Teilhabe und direkter Demokratie und die Politik-, Parteien- und Parlamentsverdrossenheit – all das sind Entwicklungen, die beide Volksparteien herausfordern. Wer diese nur einseitig anderen zuschiebt und bei sich selbst ignoriert, wird zunehmend realitätsblind – mit den bekannten Folgen für die eigene Politik.

Verve und Ausschließlichkeit des Anspruchs, die politische Mitte zu bilden, kaschieren zudem die politische Desorientierung der SPD in ihren Regierungsjahren. Macht ging und geht ihr vor politischer Substanz. Dass es sich bei der rot-grünen Regierung nicht um das vielfach beschworene »historische Bündnis« handelt, wurde eigentlich schon durch die Koalitionsvereinbarung offen gelegt. Vor allem aber die Regierungspraxis hat schonungslos die fehlende inhaltliche Orientierung und Konzeptualisierung aus einem Guss aufgezeigt. Entweder wurde von der jetzigen Koalition die früher als falsch verschriene, aber dann doch als richtig erkannte Politik der Union im Grundsatz fortgesetzt wie beispielsweise bei der notwendigen Senkung der Steuersätze – allerdings mit vielen konzeptionellen wie handwerklichen Fehlern und der geradezu grotesken Diskriminierung des Mittelstandes. Oder Probleme wurden falsch angepackt wie bei der Arbeitsmarktpolitik oder der

Rentenpolitik mit der Folge großer Verunsicherung bei den Wählern. Oder aber das politische Handeln beschränkt sich auf ein Minimum wie bei der Gesundheitspolitik, wo der Mangel an tragfähigen Reformen das Gesundheitssystem an den Rand der Funktionsfähigkeit zu bringen droht und seine Substanz gefährdet.

Es gab nur ein einziges, wirklich gemeinsames Projekt von Rot-Grün, die so genannte »ökologisch-soziale Steuerreform«. Gegenüber dem eigentlichen Grundgedanken wurde diese allerdings faktisch so umgestaltet, dass sie kaum wirkliche Lenkungswirkung zeigt. Dass die Ökosteuer vor allem zu einer Finanzierungsquelle für die weiterhin ungelösten Probleme der Rentenversicherung wurde, hat den Gedanken eines nachhaltig schonenden Umgangs mit den natürlichen Ressourcen und einer darauf bezogenen politischen Steuerung erheblich diskreditiert. Das muss sich gerade eine Bundesregierung sagen lassen, die mit einem ganz anderen Anspruch angetreten war. Durch eine falsch konzipierte ökologische Steuerreform war nicht mehr, sondern weniger Nachhaltigkeit die Folge.

Die rot-grüne Bundesregierung war zudem angetreten, »mehr soziale Gerechtigkeit zu schaffen«. Dagegen haben 83% der Deutschen den Eindruck, dass sich die Schere zwischen Arm und Reich in den letzten Jahren vergrößert hat. Die EU-Kommission stellt Deutschland bei der Bekämpfung von Arbeitslosigkeit und Armut schlechte Noten aus, während Ländern wie Dänemark, Frankreich, den Niederlanden und Schweden gute und »zukunftsweisende« Ansätze bescheinigt werden. Im Vergleich der fünfzehn »nationalen Aktionspläne zur Bekämpfung von Armut und sozialer Ausgrenzung«, zu deren regelmäßiger Aufstellung sich die Länder der Europäischen Union verpflichtet haben, liegt Deutschland im unteren Drittel. Vielfältige soziale Schieflagen wurden von der rot-grünen Regierung bei der geringfügigen Beschäftigung, der Familie, der Sozialhilfe, der Rente, der Pflegebedürftigkeit, im Gesundheitssektor und im

Bereich des Sozialen Wohnens geschaffen. Es ist daher kein Wunder, dass ein führender Gewerkschafter der SPD vorwirft: »Die Mitte ist nicht rot, sondern blutleer«.

Wie angesichts des eklatanten Widerspruchs von Anspruch und Wirklichkeit die Partei durch ihren Generalsekretär geradezu unterwürfig Zufriedenheit mit sozialdemokratischer Politik und dem politischen Stil des Bundeskanzlers demonstrieren kann, bleibt das eigentliche Wunder dieser Regierungsphase der SPD. Modernität hat die SPD-Regierung vor allem bewiesen in Hinsicht auf bessere Verkaufsstrategien und mediale Darstellungskunst. Gerhard Schröder ist zweifellos ein Meister der Anpassungsartistik an Demoskopie und Medien. Ein solcher Politikstil liefert sich aber sehr schnell den Moden des Zeitgeistes und den sich schnell wandelnden Stimmungen aus. Das ganze »System Schröder«, so die auf vielfältige Beobachtung gründende Analyse des Journalisten Richard Meng, gehört auf den Prüfstand. Denn statt der Weiterentwicklung einer substanziellen parlamentarischen Demokratie geht es ihm um die Vollendung der »Medienfixierung der Macht«. Zwar ist für Meng der »Entwicklungsschub vom Spaßkanzler zum Zielbild Staatsmann« nach einigen Wirrungen gelungen. Aber die Eindimensionalität des Politikverständnisses trat und tritt nur umso deutlicher zutage. Denn Schröder »empfindet sich selbst als Sachwalter einer im Prinzip alternativlos gewordenen, im Detail aber prozesskonform gestaltbaren historischen Entwicklung, deren Fokus die Moderne ist«. Deshalb gibt es für ihn auch »kein rechts oder links«, sondern nur noch »richtig oder falsch«, und das nicht nur in der Wirtschaftspolitik. Diese inhaltliche Invarianz der Politik, der Schröder anhängt, lässt sowohl die anderen Politikentwürfe innerhalb der SPD oder der Koalition außer Acht als auch die in fast allen Politikbereichen vorgestellten Alternativen der Union und anderer Oppositionsparteien. Diese werden ohne jede Prüfung einfach als unmodern gebrandmarkt. An diesem Punkt zeigt sich auch, wie nahe sich das tatsächliche Politikverständnis Schröders und das ideologische Bild einer »linken Mitte«, das allein die SPD ausfüllt, letztlich sind: zu beiden gehören Eindimensionalität und Verdrängung des parteipolitischen Gegenübers gehören untrennbar dazu.

Angesichts dieser Politik nimmt es nicht Wunder, dass von den drei angestrebten Phasen der Kanzlerschaft Schröders – der »Lernkanzler«, der »Durchsetzungskanzler« und der »Vertrauenskanzler« – keine so richtig bei der Bevölkerung gegriffen hat. Die erste Phase war eine Politik nach Versuch und Irrtum, die zweite scheiterte in vergeblicher Holzmann-Rettung und nur wenig gelungenen Reformen, die dritte ließ die »ruhige Hand« nicht wie die eines erfahrenen Steuermannes, sondern wie die eines erschlafften Ratlosen aussehen. Geschickte Kommunikation kann zwar eine Zeit lang inhaltliche Orientierungslosigkeit und mangelnde Konfliktsteuerung überspielen. Doch sie kann auf Dauer nicht verbergen, dass die dargebotene Politik insgesamt zu substanzlos ist. Wirkliche Qualitäten als politisch Handelnder beweist am Ende nur der, der mit dem »Bohren dicker Bretter« (Max Weber) politische Leidenschaft, Engagement, Durchsetzungs- und Führungsfähigkeit in seiner Person vereinigt.

Verantwortungsethik statt Stimmungsdemokratie

Nach vier Jahren wird immer deutlicher, wie weit die SPD eine von ihren Grundwerten entfernte konzeptionslose Politik der Beliebigkeit nach jeweiligem tagespolitischen Erregungszustand betreibt. Das befördert Stimmungsdemokratie, nicht Verantwortungsethik. Aber nur mit Verantwortungsethik ist eine mittel- und langfristig angelegte, substanzielle und eine ebenso wertgebundene wie sachorientierte Politik möglich.

Dazu gehören auch der Wille und das Können zu einer Regierung, die Stimmungen nicht einfach nachgibt, sondern sie in eine Richtung lenkt. Es geht um die Fähigkeit zu einer politischen Führung mit geistiger Orientierung, mit der Fähigkeit zur Integration und ohne Angst vor dem Wettbewerb um die besten Ideen.

Der exklusive Anspruch auf die »Mitte der Gesellschaft« hindert die SPD natürlich nicht daran, mit der CDU in Koalitionen zusammenzuarbeiten, wenn es ihr – wie in Bremen und Brandenburg, lange Zeit auch in Berlin – auf Zeit opportun erscheint. Aber diese Zusammenarbeit, auch das ständige Werben um einen Konsens in wichtigen innenpolitischen Fragen, der Rentenreform etwa oder der Zuwanderungspolitik, ist nicht der Versuch, mit der Union zur Übereinstimmung in wichtigen Sachfragen zu gelangen, die nicht nach jedem Regierungswechsel wieder neu geregelt werden können. Es ist vielmehr und allein Ausdruck des Bemühens der Sozialdemokraten, die Union bei schwierigen und in der Bevölkerung umstrittenen Entscheidungen entweder mit in die Verantwortung zu ziehen, um sie hinterher für unzureichende Ergebnisse und schlechte Kompromisse mitverantwortlich machen zu können, oder um in den Regierungsfraktionen vorhandene Vorbehalte mit Hinweis auf die Zustimmung der Union zu beseitigen. In beiden Fällen würde die Union zum nützlichen Idioten der SPD und am Ende wirklich überflüssig. Nein, auch wenn es vermeintlich nicht populär ist und der Sehnsucht nach Konsens in der deutschen Bevölkerung widersprechen mag: Die CDU muss Abstand halten und Unterschiede herausstellen, um als Alternative zu Rot-Grün ernst genommen zu werden. Sie muss vor allem die Unterschiede in den Wertorientierungen zum Ausdruck bringen und die eigene Politik danach auch wirklich ausrichten. Wer sich, wie eben die SPD, in ihrem Grundsatzprogramm auf alles beruft, auf den Humanismus, das christliche Abendland und die Aufklärung genauso wie auf den Marxismus – und auch darin seine Wurzeln sieht der steht am Ende für Alles und Nichts.

Ein Vorbild für Christdemokraten kann und darf dies nicht sein.

»Mitte« als Ausgrenzungskriterium

Nach vielen Irrungen und Wirrungen – zudem mit großem personellem Verschleiß – hat die SPD ihr entideologisiertes strategisches Zentrum gefunden: den »Medienkanzler«, das »Machtsystem Schröder«. Aber der Preis ist hoch. Er besteht in der weiteren Enttraditionalisierung und dem Verlust des ideellen und soziokulturellen Kitts, der die sozialdemokratische Partei bisher zusammengehalten hat. Das frühere »Linke« – frei und sozial – ist in den Grundkonsens der Republik eingegangen und Gemeingut der Parteien geworden. Darin liegt jedenfalls nichts spezifisch Sozialdemokratisches mehr. Die Suche nach neuer ideologischer Unterfütterung endete bei der SPD bisher in ergebnisloser Suche: Papiere tauchen auf, erstrahlen kurz im Medienglanz, erzeugen ein Grummeln in der Partei und werden dann zu den Akten gelegt. Innerhalb der SPD ahnt man wohl immer mehr, dass Kurzfristorientierung, Augenblickspragmatismus und wohlgefälliger Populismus nach allen Seiten die Macht auf Dauer nicht sichern werden.

So sucht man neue ideologische Festigung durch die werbewirksame Besetzung der »Mitte«. Das galt schön für den zu reinen Wahlkampfzwecken erfundenen Begriff der »Neuen Mitte«, der jetzt zur »sozialdemokratischen Mitte« mutiert. Diese Mitte – das neue ideologische Herzstück der Sozialdemokratie – definiert die SPD zweifach. Zum Ersten versteht die SPD Mitte als die weitgehende Mehrzahl der Gesellschaft. Doch eine solche »Mitte«, die quantitativ-formal verstanden wird, ist eine begriffliche Schimäre. Sie geht an der Vielschichtigkeit einer hochkomplexen Industrie- und Dienstleistungsgesellschaft zu Beginn des 21. Jahrhunderts schlicht vorbei. Politik funktioniert eben nicht nur jenseits von links und rechts, sondern wird so mehrschichtig und verzweigt wie die pluralistische Gesellschaft selbst.

Zum Zweiten wird »Mitte« und »Links« in eins gesetzt. Die Gesellschaft, so wird behauptet, ist in diese »Linke Mitte« gerückt. Deswegen seien Sozialdemokratie und Gesellschaft deckungsgleich.

Eine solche Sichtweise auf die pluralistische und höchst heterogene Gesellschaft ist äußerst problematisch. Mit der »Besetzungsstrategie« eines zentralen politischen Begriffs in dieser Manier korrespondiert der eindeutige Versuch der Ausgrenzung der CDU. Der SPD und vor allem ihrem Generalsekretär geht es um die kulturelle Hegemonie durch Verdrängung, nicht durch Auseinandersetzung und Wettbewerb. Der Versuch, die CDU zur Partei non grata in der politischen Mitte zu erklären und dort allein die SPD zu installieren, erscheint als eine linke, spezifisch sozialdemokratische Variante des Freund-Feind-Denkens einer Provenienz ganz im Geist von Carl Schmitt.

Ein solches Denken reaktiviert ein nicht nur, aber immer auch in der Sozialdemokratie angelegtes elitäres Politikverständnis. Es ist das altmarxistische Erbe in der SPD, das noch immer ein avantgardistisches Verständnis von Modernität behauptet: Die SPD stehe an der Spitze des Fortschritts, bringe die eigentlichen Interessen der Gesellschaft zum Ausdruck, wisse, was für die Gesellschaft gut ist. Es gibt deswegen die SPD als die gute, fortschrittliche Partei, und es gibt die anderen, die »rückschrittlichen«, unvernünftigen Parteien, die deswegen – wie die CDU – »an den Rand« gehören.

Aber ein solches Modernisierungsverständnis ist linear und eindimensional, ein »one way«. Es ist die Behauptung eines Patentrezeptes für den politischen Umgang in einer weiter entwickelten Demokratie. Die Erfahrung aber lehrt, dass dieser Anspruch in der Regel nicht zu Lösungen der Probleme führt und letztendlich der Sache selbst und der Demokratie schadet. Denn in der behaupteten Identität von SPD und Mitte als der eigentlichen Gesellschaft werden Anklänge an ein identitäres Demokratieverständnis wach, in dem ein ex ante erkanntes Allgemeinwohl mit dem Willen des Volkes zusammenfällt. Die Behauptung: »Mitte ist da, wo die SPD ist. Die linke Volkspartei SPD, das ist die Mitte« ist nicht weit davon entfernt, weil Mehrheit, Mitte und Gesellschaft weitgehend zusammengedacht werden. Verschmelzungsphantasien haben oft einen autoritären Ursprung. Ein solches Denken führt zum faktischen Monopolanspruch auf die Mitte, auf die Politikinhalte, den habituellen Politikstil und nicht zuletzt auf den common sense des Alltags – »unanständig« wird ja von dieser Regierung als Hauptvorwurf gegenüber anderen gebraucht. Zu Ende gedacht führt dieses Politikverständnis zu Einschränkungen von Freiheit, Pluralismus und repräsentativ-parlamentarischer Demokratie.

Politische Mitte als Ort des Wettbewerbs

Deswegen beharrt die Union darauf, dass die Mitte nicht einseitig usurpiert werden darf, sondern gerade in der Mitte der politische Wettbewerb um der Demokratie willen aufrecht erhalten werden muss. Politische Mitte ist zuallererst ein Ort des Wettbewerbs um geistige Orientierung, um politische Programmatik, um durchsetzungsfähige Konzepte. Nicht Monopolisierung, sondern Konkurrenz der großen Volksparteien um die politische Mitte muss deshalb die Devise sein.

Aus diesem Grund ist für die Union Mitte auch nicht das

arithmetische Mittel auf einer Skala von links bis rechts. Ein solches Denken in den Kategorien von Lineal und Zentimeterband ist überholt. Der symbolische Ort der Mitte steht für

- die Geltung von Werten, von Haltungen, von wertgebundener Politik,
- die zutreffende Analyse von Problemen und sachangemessenen Lösungen,
- die Verbindung von Maß und Mitte, die schon von Aristoteles in seiner Tugendlehre als Kunst des richtigen, guten Verhaltens dargelegt wurde.

Politisch-programmatisches und politisch-pragmatisches Handeln muss sich auf alle drei Ebenen beziehen. Das macht die politische Mitte aus. Erst im politischen Wettbewerb um eine solche Mitte wird jene Kreativität wach, die die freiheitliche Demokratie konkurrenzlos macht gegenüber Diktaturen oder autoritären Regimen aller Art. Dabei gehören Konsens, Moderation und neue Partizipationsformen zweifellos zu einer Politik, die vielfältige Ansichten und Interessen zum Ausgleich bringen muss. Aber das ist nur die eine Hälfte der Wahrheit. Wer den strukturellen Wandlungsprozessen am Beginn des 21. Jahrhunderts einen adäquaten Entwicklungs- und Gestaltungsrahmen geben will, der muss ebenso auf Wettbewerb, Auseinandersetzung und Konkurrenz setzen. Teilhabe und Beteiligungsgerechtigkeit beziehen sich schließlich auf beide Seiten. Wir brauchen deswegen sowohl eine Kultur des Miteinander als auch des Gegeneinander, eine Kultur von Konsens und Konflikt, von Kooperation und Wettbewerb.

Aus diesem Grund setzt die Union auf Vielfalt – Vielfalt der individuellen Lebenswege, der gesellschaftlichen Optionen, der Ausgestaltung der Arbeitswelt, der Vielgestaltigkeit von Bildungswegen und Bildungsabschlüssen, der kulturellen Auseinandersetzungsprozesse. Und sie setzt auf Vielfalt in der

Politik: Föderalismus als Stärkung der unterschiedlichen politischen Ebenen, öffentliche Diskurse in den kleinen wie den großen Einheiten, Kreativität durch Wettbewerb. Viele Wege eröffnen den Raum für die Gestaltung der Zukunft. Vielfalt ist Ausdruck von Freiheit. Wer Freiheit will, will die bunte, nicht die eindimensionale Gesellschaft.

Wertegebundener politischer Pragmatismus

Statt populistischem Pragmatismus setzt die CDU auf einen wertegebundenen Pragmatismus im politischen Denken und Handeln. Das ist ein wesentlicher Unterschied zum rot-grünen Politikverständnis, das zwischen Ideologie und Beliebigkeit oszilliert. In der Perspektive eines solchen wertegebundenen politischen Pragmatismus waren und sind für die CDU zwei Einsichten zentral.

Die erste Einsicht bezieht sich auf die Geltungskraft des christlich-humanistischen Menschenbildes. Es beinhaltet das Verständnis vom Menschen als Person in seiner Individualität und Sozialbezüglichkeit. Freiheit ist für die CDU der zentrale Wert, er gibt der Gerechtigkeit und der Solidarität Basis und Kontur. Freiheit bedeutet Selbstentfaltung und Selbstbindung und damit nicht Beliebigkeit, sondern Verantwortung. Das Organisationsprinzip der Freiheit ist die Subsidiarität. Es geht um die Hilfe, die jemand zu seiner Entfaltung braucht, und um die Hilfeleistungen durch die »kleinen Einheiten«, die diese am besten und problemnah erbringen können.

Die zweite Einsicht bezieht sich auf eine der richtungsweisenden Erfahrungen unserer Geschichte. Der Imperativ moderner Politik muss lauten: Niemals religiösen wie irdischen Heilsgewissheiten folgen – sie haben in der Vergangenheit bis in das beginnende 21. Jahrhundert hinein genug Schaden angerichtet. Demgegenüber lässt sich die Union von einem auf Werte gründenden und konzeptionell begründeten politischen Pragmatismus leiten. Es gilt die Erkenntnis Bert Brechts: »Nur belehrt von der Wirklichkeit können wir die Wirklichkeit verändern.« Es geht um eine Politik, die sich auf Werte bezieht, die einen Ordnungsrahmen für Wirtschaft und Gesellschaft gleichermaßen entwickelt und die ihre Ergebnisse, ihre beabsichtigten und unbeabsichtigten Folgen, immer wieder an der Wirklichkeit überprüft. Mir scheint, dass mit dem Fundament wertegebundener Politik die CDU die bessere Aussicht hat, die Probleme des 21. Jahrhunderts zu lösen, als eine SPD, die mit dem Mantel moderner politischer Begrifflichkeit doch nur die Austrocknung ihrer Traditionen, ihre Konzeptionslosigkeit und den substanzentwöhnten, populistischen Politikstil ihres gegenwärtigen Parteivorsitzenden zu kaschieren sucht.

Für die CDU gilt der Satz Konrad Adenauers: »Wenn die anderen glauben, man ist am Ende, so muss man erst richtig anfangen«. Die CDU hat die Kraft dazu und die politische Substanz. Deswegen wird sie ihren Kurs der programmatischen Erneuerung in Oppositions- wie in Regierungszeiten unbeirrt fortsetzen – um der Menschen in unserem Lande willen und im Interesse einer wettbewerbsorientierten, freiheitlichen und damit ernst genommenen Demokratie. »Mitten im Leben« zu stehen – das ist eine beständige Ermahnung und Ermunterung zugleich.

III. Kapitel

Das »C« – Grundorientierung im Wandel der Zeit

Die CDU hat mit der festen Bindung an das christliche Menschenbild eine unbedingte Entscheidung zugunsten einer bestimmten Wertebindung ihrer Politik getroffen. Das christliche Bild vom Menschen und nur dieses, die Überzeugung vom Menschen als Geschöpf Gottes, ist unser verpflichtendes politisches Leitbild.

Nicht erst seit der Wiedervereinigung, aber seit dieser Zeit in besonderer Dringlichkeit, wird die Union darauf hingewiesen, dass sie ihren Anspruch, Volkspartei zu sein, nicht werde aufrechterhalten können, wenn sie sich in einer zunehmend säkularisierten Welt weiter auf das christliche Menschenbild berufe. Umgekehrt wird uns immer wieder von kirchlicher Seite die Berufung auf das Christliche streitig gemacht, da wir uns in unserer praktischen Politik eben nicht mehr ausschließlich am Wort Gottes orientieren. Hat also der transzendente Bezug im Namen der CDU und der CSU überhaupt Zukunft, oder wird er zum möglicherweise dauerhaften Hemmnis auf dem Weg zu neuen Mehrheiten in einer weitgehend säkularisierten Welt?

Das »C« im Parteinamen

Seit der Aufklärung ist Religion keine Staatsangelegenheit mehr, sondern zuerst eine Sache der privaten Sphäre. Dies ist die moderne Grundlage für das friedliche Miteinander von Menschen unterschiedlichen Glaubens in der pluralistischen Gesellschaft. Zugleich stimmt nachdenklich, dass heutzutage, wie Umfragen zeigen, die Mehrheit der Schulanfänger in Deutschland weder das »Vater unser« noch das »Kreuzzeichen« kennt. Es ist ein Hinweis darauf, dass die religiösen Bindungskräfte in unserer Gesellschaft schwinden. Das bleibt auf Dauer nicht ohne Folgen für die Vermittlung wesentlicher Normen und Werte unseres Zusammenlebens. Wenn es richtig ist, dass die Politik – wie übrigens auch die Wirtschaft – von Voraussetzungen lebt, die sie selbst nicht schaffen kann, dann ist die Frage nach den kulturellen und damit auch christlich-kulturellen Grundlagen von herausragender Bedeutung für die Zukunftsfähigkeit unseres Landes. Nur wer neben den materiellen Angelegenheiten auch die Fragen geistiger Orientierung und politischer Kultur ernst nimmt, wird dauerhaft politische Gestaltungskraft entwickeln. Sonst verliert man sich – wie die SPD – im reinen Machtkalkül und driftet in die Beliebigkeit des Zeitgeistes ab.

Als Volkspartei der Mitte erkennt die CDU die Wichtigkeit christlicher Werte und Normen für unser Zusammenleben an und fördert sie. Dies geschieht in dem Wissen, dass das »C« nicht für allgemeingültige, konkrete politische Maßnahmen stehen kann. Aber das »C« mahnt doch zu kritischer Prüfung und ist dadurch eine beständige Herausforderung für die Alltagspraxis und die Entscheidungen der Politik. Als Maßstäbe und kritische Korrektive der Politik geben die Werte der CDU Orientierung, antworten auf Sinnfragen und vermitteln Beständigkeit in einer Welt des schnellen Wandels. Gerade weil durch Globalisierung, weltweiten Wettbewerb, neue Produktionstechniken, weltumspannende Kommunikation in Echtzeit und den Zusammenprall unterschiedlicher Kulturen die Unsicherheiten der Bürgerinnen und Bürger wachsen, erhalten die Grundwerte der CDU eine besondere Bedeutung. Sie sind

Heimat und Kompass zugleich. Politische Heimat, weil sie nicht im Detail, aber im Grundsatz in den wichtigen und oft komplizierten Zukunftsproblemen Orientierung ermöglichen. Zu solchen Zukunftsproblemen zählen: der Generationenausgleich, die Steuergerechtigkeit, eine sichere Energieversorgung, ein effizientes und leistungsfähiges Gesundheitssystem, der Umbau der Bundeswehr, der Abbau der Arbeitslosigkeit, eine wettbewerbsfähige Wirtschaft, weltweiter Schutz der Menschenrechte, globaler Klimaschutz, lebenswerte Städte oder ein richtiger Umgang mit Asyl, Flucht und Zuwanderung.

Die Grundwerte dienen als politischer Kompass, weil die Ausrichtung an den Grundwerten der CDU Grundsatzorientierung mit Urteilsfähigkeit, Nüchternheit und Augenmaß im Hinblick auf eine realistische Erreichbarkeit von Zielen verbindet.

Heimat und Kompass – das gilt auch für das gemeinsame europäische Haus, das wir errichten. Für die CDU als Europapartei ist klar: Der europäische Verfassungsvertrag, der zur Zeit vorbereitet wird, würde ohne die Inspiration eines aus dem Christentum geborenen Verständnisses menschlicher Würde, menschlicher Rechte und fundamentaler Werte ein Torso bleiben. Europa ist nicht dasselbe wie das »Abendland«, dazu gab es zu unterschiedliche Einflüsse. Aber das Christentum gehört wesentlich zum europäischen Erbe. Wer nicht auf den großartigen geschichtlichen Kulturleistungen des Christentums aufbaut, wer nicht auf den kommunikativen Austausch und das Netzwerk kirchlicher Gemeinden in Europa als erste Formen europäischer Öffentlichkeit setzt, wer nicht die vielfältigen Hilfsanstrengungen von Christen in europäischen Projekten ermutigt, der bringt Europa nicht richtig zusammen und wird letztlich auch politisch scheitern.

Katholische Soziallehre und evangelische Sozialethik haben die CDU entscheidend geprägt. Geistige Grundlage unserer Politik ist das christliche Verständnis vom Menschen. Im Ludwigshafener Grundsatzprogramm »Freiheit, Solidarität, Gerechtigkeit« von 1978 heißt es ebenso wie im Hamburger Grundsatzprogramm »Freiheit in Verantwortung« von 1994: »Unsere Politik beruht auf dem christlichen Bild vom Menschen und seiner Verantwortung vor Gott.« Dieser Satz ist im Programm von 1994 um den Satz ergänzt worden: »Für uns ist der Mensch Geschöpf Gottes und nicht das letzte Maß aller Dinge.«

Aus diesem Verständnis heraus bilden die Grundwerte Freiheit, Gerechtigkeit und Solidarität das Fundament unseres politischen Selbstverständnisses. Leidenschaft für das »C« bedeutet deswegen auch Leidenschaft für die Verwirklichung dieser Grundwerte. Gerade wir Deutsche wissen aufgrund bitterer Erfahrungen, dass die Grundwerte und die geistigen Grundlagen des Gemeinwesens nicht selbstverständlich sind. Freiheitliche Demokratie bedarf immer wieder neuer Anstrengungen. Es ist eine besondere Verpflichtung für die CDU, auch in Zukunft diese christlich geprägten Wertegrundlagen, geistigen Orientierungen und lebenspraktischen Haltungen in den Köpfen und Herzen der Bürger zu erhalten und zu stärken. Deshalb bietet sie Christen eine besondere politische Heimstätte und Nichtchristen ein großes Angebot zur parteipolitischen Teilnahme auf dem Boden christlich geprägter Traditionen und politischer Programmatik.

Die CDU ist die Partei, die Freiheit mit Verantwortung, Leistung mit Solidarität, Wettbewerb mit Nachhaltigkeit, Integration mit Subsidiarität verbindet. Im Bereich der Schöpfung heißt das: Im Wissen um Gottes Schöpfung übernimmt die CDU Mitverantwortung für die eine Welt. Sie wendet sich damit gegen einen gedankenlosen Umgang mit dem uns treuhänderisch Anvertrauten. Angesichts der Tatsache, dass wir hinsichtlich der natürlichen Lebensgrundlagen in einer weltweiten Risikogemeinschaft leben, brauchen wir auch eine globale Umweltpartnerschaft. Der weitere inter- und supranational koordinierte Einsatz für eine nachhaltige Entwicklung im

Weltmaßstab zum Schutz der Landschaften, der Arten und des Klimas ist die Antwort auf die Umweltprobleme, die der einzelne Nationalstaat nicht mehr lösen kann. Global denken, vor Ort handeln, dieses Prinzip wird immer wichtiger für eine erfolgreiche Fortsetzung der 1992 in Rio beschlossenen »Agenda-21-Prozesse«.

Im Bereich der Wirtschaft heißt das: Wir bejahen die Soziale Marktwirtschaft als Wirtschaftsordnung auch für das neue Jahrhundert. Wir wollen eine leistungsfähige, wettbewerbsstarke Wirtschaft, die offen für die Chancen von Zukunftstechnologien ist und gerade deswegen auch kritische Prüfung ermöglicht. Soziale Marktwirtschaft heißt auch gerechte Teilhabe am Ergebnis der Wertschöpfung und Partnerschaft im betrieblichen Umgang miteinander. Angesichts der Globalisierung besteht unsere Aufgabe darin, sie zu einer internationalen sozialen Marktwirtschaft auszubauen, die Leistung, Effizienz und soziale Teilhabe auch für Entwicklungsländer ermöglicht. Markt und Menschlichkeit gehören nicht nur in Deutschland und Europa, sondern auch weltweit zusammen.

Im Bereich des Sozialen heißt das: Auch im 21. Jahrhundert bleibt die soziale Sicherheit ein hohes Gut. Wir brauchen aber eine Gesellschaft, die Schutz und Chancen, Zuwendungen und Lasten in eine neue Balance bringt. Angesichts gestiegener Mobilität, der demografischen Entwicklung, der neuen Anforderungen der Wissensgesellschaft und veränderter Erwerbsbiografien müssen die kollektiven Systeme sozialer Sicherheit zukunftsfest gemacht werden. Das setzt eine größere Bereitschaft zu Reform und Veränderung voraus, als bisher zu spüren ist. Die hergebrachten Strukturen waren Antworten auf alte Probleme. Jetzt brauchen wir mehr Wettbewerb, mehr Transparenz und eine moderne Form der Organisation von Solidarität. Dazu gehört die Stärkung der kleinen Einheiten, mehr Respekt für die Unterschiedlichkeit der Menschen und aktivierende Unterstützung anstelle staatlicher Betreuung.

Im Bereich der Politik heißt das: Die Politik muss mit der Veränderungsgeschwindigkeit von Wirtschaft und Gesellschaft mithalten. Der Nationalstaat bleibt unersetzbar, aber er bekommt einen neuen Aufgabenzuschnitt. Das bedeutet verstärkte Anstrengungen für den Aufbau einer auf Menschenrechten beruhenden demokratischen Weltgemeinschaft, die zugleich das Recht auf eigene kulturelle Entwicklung achtet. Die Mitarbeit an einem Menschen und Völker verbindenden Weltethos ist eine Aufgabe nicht nur der Kirchen, sondern auch der CDU. Gerade im Hinblick auf die Verankerung ziviler Normen, Institutionen und Verfahren gehört dazu auch die Stärkung Europas als der ersten politischen Form der künftigen Weltgesellschaft. Gelingen kann das nur, wenn Globalität mit Subsidiarität verknüpft wird.

Es ist deshalb eine genuine Zukunftsaufgabe der Politik zu klären, auf welcher Ebene der internationalen Staatengemeinschaft wie der Europäischen Union was und wie entschieden und gestaltet werden soll. Dabei sind insbesondere die kleinen Lebenseinheiten zu stärken. Denn im »globalen Dorf« wachsen Familie und Nachbarschaft, Bürgergemeinschaften und Kommunen eine neue Bedeutung zu. Den Sinn für diese grundlegenden »kleinen« Formen des Zusammenlebens hat sich die CDU immer bewahrt. Sie ist deswegen besser als andere Parteien gerüstet für die politische Gestaltung einer globalisierten Welt.

Die CDU als moderne Volkspartei verbindet den Staat mit der Gesellschaft. Deswegen arbeitet sie an einer Stärkung des Parlaments wie der exekutiven Einrichtungen. Sie setzt aber zugleich auf eine aktive Bürgergesellschaft mit einer lebendigen Bürgerkultur, die schöpferische Ideen und Eigeninitiative mit dem Gefühl einer Verantwortung für das Gemeinwesen verbindet. Das heißt auch: Die CDU braucht das Engagement der Christen, den »christlichen Citoyen«. Nur wer sich einmischt, kann auch prägen. Den Luxus, nur Zuschauer zu sein, dürfen wir uns aus christlich geformter Verantwortung heraus nicht erlauben. Es ist richtig: Christen leben aus dem Absoluten, dem Nichtverfügbaren. Aber deswegen müssen sie nicht desinteressiert oder fundamentalistisch sein, sondern können mit eigenem Selbstbewusstsein für Toleranz und aktive Gestaltung der Welt eintreten. Das »C« muss als Anspruch und Herausforderung in Politik und Gesellschaft erhalten bleiben.

Wichtiger Bestandteil nicht nur des Christseins in der Welt, sondern auch des politischen Selbstverständnisses der CDU ist das Ringen um den besten Weg für die Lösung der politischen und gesellschaftlichen Probleme. Dieses Ringen ist Ausdruck der Freiheit der Person und der Verantwortungsgemeinschaft der Bürger. Dabei kommt es entscheidend darauf an, den Bürgern etwas zuzutrauen und die freiheitlichen Kräfte kleiner Gemeinschaften zu aktivieren und zu unterstützen. Das ist der Grundansatz der CDU – im Gegensatz zu einer sozialplanerischen Betreuung von oben, die mit der Zeit nur zu einer »Furcht vor der Freiheit« (Erich Fromm) führt. Das Gegenteil ist richtig. Zutrauen in die Möglichkeiten des Menschen in seinem konkreten Lebensumfeld ruft Kräfte und Kreativität hervor. Die CDU hat deswegen immer jeglichen Zentralismus in der Politik als letztlich bürgerfeindlich abgelehnt. Sie hat zugleich die Erinnerung an die zentralistischen Diktaturen als Gegensatz zu einer freiheitlichen Demokratie wach gehalten. Zutrauen zu dem Leistungswillen und der Selbstverantwortung der Bürger heißt überbordende Bevormundung durch den Staat abzulehnen, ohne in die (liberalistische) Falle des Minimalstaates zu laufen. Vielmehr muss der Staat dort stark sein, wo er Rechte und Regeln des Zusammenlebens durchzusetzen hat, und wo er die Eigenleistungen der Bürger aktivieren kann. Ein starker Staat und starke Bürger gehören zusammen. Das sind Grundsätze auch für das 21. Jahrhundert. Auf diese Weise kann es gelingen zu klären, wo Bewährtes zu bewahren ist und wo neue, tragfähige Antworten auf den Wandel unserer Gesellschaft und der Welt insgesamt gefunden werden müssen.

Und noch etwas eint Christentum und die CDU als moderne Volkspartei: Beide wissen um die Bedeutung der »frohen Botschaft«. Sie besagt nichts anderes als dieses: Im Wissen um die Fehlbarkeit der Menschen und die damit verbundenen falschen Entscheidungen, unzulänglichen Handlungen und Irrtümer gibt es doch immer die Möglichkeit des Neubeginns, den Mut zum neuen Aufbruch, die Möglichkeit zu Veränderung und Verbesserung. Dies gehört wesentlich zum »C«, dies macht das »C« im Namen der Partei unverzichtbar.

Volkspartei und christliches Sittengesetz

So ist und bleibt die CDU die große Volkspartei der Mitte. Sie vereinigt verschiedene geistige Strömungen auf dem Fundament gemeinsamer Grundwerte in sich, was zu einem breiten und legitimen Spektrum an Meinungen, Motiven der Mitgliedschaft und politischen Entscheidungen führt. Gerade in deren Integration besitzt die CDU nach wie vor eine spezifische Modernität und politische Gestaltungskraft. Das Christliche gehört zu ihrem genuinen Wurzelwerk, ohne das die CDU als Volkspartei in einem eindimensionalen Politikansatz aufgehen würde. Das »C« hält den Anspruch christlicher Wertüberzeugungen in der Politik mit aufrecht. Das gilt sowohl in Bezug zur katholischen als auch zur evangelischen Kirche, die durchaus unterschiedliche Sichtweisen an die Union herantragen. Es gilt auch für die christlichen Laienorganisationen, für Caritas und Diakonie, für die vielen, aus christlicher Inspiration getragenen Initiativen. Das »C« in Namen verweist auf die CDU als besonderer Ansprechpartner. Man sollte auch die Bedeutung eingeprägter Namen als öffentliche Symbole nicht unterschätzen. Die CDU als große, unterschiedliche Schichten integrierende Volkspartei hält das christliche Menschenverständnis und die christliche Soziallehre in Gedanke und Tat auch dort aufrecht, wo christlicher Glaube nicht mehr vorhanden ist und andere Lebensvollzüge gewählt werden. Das sollte bedenken, wer vorschnell das »C« aus dem Namen der CDU streichen lassen will.

Wir alle wissen, dass man aus dem christlichen Glauben keine parteipolitische Programmatik kausal ableiten kann. Kirche und Volkspartei, christlicher Glauben und das Politische sind verschiedene Bereiche. Gewissheit im Glauben, die Suche nach Mehrheit für als richtig angesehene politische Programmatik und politisches Handeln sind aufeinander beziehbar, aber niemals deckungsgleich. Religion zielt – auch in ihrer Weltbezüglichkeit – auf unabänderliche Wahrheit im Glauben. Politik dagegen muss in allen sachlich gebotenen Entscheidungen stets eine mögliche Revidierbarkeit miteinbeziehen. Der Bereich des Absoluten und der Bereich des Vorläufigen müssen um der Freiheit aller in unserem Gemeinwesen lebenden Bürger willen getrennt bleiben. Die Kirchen können Verbindlichkeit für die Gemeinschaft der Gläubigen beanspruchen, nicht aber für alle Bürger. Und umgekehrt muss die Politik um die Richtigkeit ihrer Entscheidungen ringen, ohne Wahrheit verbindlich vorschreiben zu können. Deswegen mahnt das »C« der CDU unsere Partei zur kritischen Prüfung und ist dadurch eine beständige Herausforderung für die politische Alltagspraxis. Aber sie nimmt keinem Bürger und keinem Abgeordneten die Zumutung des Wissenserwerbs, eigener Reflexion und ethischer Güterabwägung im politischen Raum ab. Die CDU als christlich geprägte Partei bewegt sich im »Vorletzten«, im Raum vor den letzten Dingen, und muss deswegen scheitern, wenn sie in der Politik eine Auffassung »ex cathedra« befehlen würde. Einen solchen Einbruch des Totalitären in die Politik ist kunstfertige Aufgabe der politisch Handelnden.

Manchmal kommt man nicht umhin, diesen eigentlich selbstverständlichen Unterschied von Kirche und Volkspartei, von Glaube und demokratischer Streitkultur ins Gedächtnis zu rufen. Denn vielfach wird doch gerade von der CDU erwartet, Positionen der Kirchen im Verhältnis 1:1 zu übernehmen. Aber was schon im kirchlichen Bereich bei den Gläubigen selbst mit Schwierigkeiten verbunden ist, ist im weltlichen umso problematischer. Volksparteien sind Teil der pluralistischen Gesellschaft. Diese kann, ja darf nicht eine Glaubenswahrheit verbindlich vorschreiben. Sie hat die verschiedenen religiösen Überzeugungen, Sinnantworten und Lebensweisen anzuerkennen. Deswegen spielen wertebezogener Minimalkonsens, Wahrhaftigkeit, Toleranz und rechtlich festgelegte Verfahren der Willensbildung bei uns eine so große Rolle. Sie sind Ausdruck einer freiheitlichen Demokratie.

Hinzu kommt ein beständiger Wandel in Wissenschaft, Arbeitswelt und alltäglichen Lebensbedingungen, der immer neue Interpretationen überkommener Wertungen, Denkhaltungen und Sichtweisen notwendig macht. Anthropologisch gesprochen ist der Mensch ein homo quaerens – der Fragende, ein homo explorans – der Entdecker, ein homo investigans – der Forscher. Der Mensch hat gerade dadurch sein Überleben in der Naturevolution gesichert, dass er mit seinem Wissens- und Erkundungstrieb seine vergleichsweise mäßigen körperlichen Kräfte kompensieren konnte. So ist der Wissensdrang des Menschen bereits im Skript des homo sapiens eingeschrieben: Zur conditio humana, zum Menschsein selbst gehört die unstillbare Sehnsucht, die Welt zu entdecken, zu verstehen und zu gebrauchen, gehört die forschende Neugier, die in der beständigen Erweiterung des Wissens und dem Verschieben bestehender Grenzen in Erkenntnis, angewandter Forschung und Technologie zum Ausdruck kommt. Als biologisches wie als Kulturwesen unterliegt der Mensch dem Zwang, Wissen zu erwerben, Sinn zu geben und bisherige Beschränkungen zu überwinden. Seine Freiheit liegt darin, sich diesem Wissen nicht blind auszuliefern, sondern von Neuem verantwortungsvollen Gebrauch zu machen. Dazu gehört die ethische Bestimmung der Möglichkeiten und Grenzen des Wissens und Handelns. Die Politik der Union ist auch deshalb erfolgreich, weil sie sich auf dieses Verhältnis von Wissenschaft, Erkenntnis und angewandten Technologien einerseits, auf deren ethische Beurteilung und Reflexion auf der Basis des christlichen Weltverständnisses und christlichen Sittengesetzes in seiner weitesten möglichen Auslegung andererseits immer eingelassen und zur politischen Wirkung gebracht hat. Nur so können Christen und Nichtchristen in einer Partei mit dem »C« im Namen zum Wohle des Ganzen miteinander arbeiten und das Gemeinwesen gestalten.

Bewährungsprobe Bioethik

Das gilt auch für den Bereich der Lebenswissenschaften. Dass angesichts der Fortschritte in Wissenschaft und Technik vor allem der letzten zweihundert Jahre die Menschen ihre eigene Entwicklung bereits nachhaltig beeinflussen, steht außer Frage. Mit der Entschlüsselung des Genoms und der Fortentwicklung biotechnologischer Verfahren, biomedizinischer Diagnostik und möglicher Therapien wird ein weiteres Kapitel menschlicher Entwicklung aufgeschlagen. Neue Erkenntnisse ermöglichen Fortschritt in Bewusstsein und Handeln, erfordern aber zugleich neue ethische Reflexion und Normfestsetzung.

Darauf muss die CDU wie die anderen politischen Parteien reagieren mit der Neubestimmung einer Politik des Lebens. Die Parteien haben Verantwortung zu übernehmen nicht für die Mitglieder ihrer Partei, sondern für alle Mitglieder unserer pluralistischen Gemeinschaft.

Die zentrale Frage lautet: Wie kann ein wertplurales und liberales politisches Gemeinwesen wenigstens auf Zeit zu einigermaßen tragfähigen Regelungen in Bezug auf die Anwendung neuer naturwissenschaftlicher Erkenntnisse und biomedizinischer Therapiemöglichkeiten gelangen, die den Wertvorstellungen und Rechtsansprüchen der einzelnen Gesellschaftsmitglieder so weit wie möglich Rechnung tragen? Hier kann es keine im Vorhinein eindeutige Antwort geben. Denn eine hochdifferenzierte und hochkomplexe Wirklichkeit erlaubt, zumal wenn es um den Vorstoß in bisherige wissenschaftliche, ethische oder religiöse Grenzbereiche geht, immer weniger einfache oder eindeutige Antworten. Die Schlichtheit von Schwarz oder Weiß, Ja oder Nein kommt vielleicht menschlichen Bedürfnissen nach Übersichtlichkeit entgegen, ist aber kein Ausweis für Richtigkeit. Komplexe Sachlagen erfordern differenzierte Antworten, und zwar um des Menschen willen. Vielfach haben wir es mit sehr schwierigen Abwägungsprozessen zu tun. Deren Notwendigkeit stellt sich immer wieder neu. Vor allem dann, wenn mit den Lebenswissenschaften ein solches Neuland betreten wird, bei dessen Bewertung man sich gerade nicht auf eine lange und zugleich klare Tradition der Menschheitsethik berufen kann.

»Wir bekennen uns zur Würde des Menschen. Würde und Leben des Menschen – auch des ungeborenen – sind unantastbar.« So steht es im alten und im neuen Grundsatzprogramm der CDU. Wenn wir uns daran halten, hat dies praktische Konsequenzen für unsere Politik gerade in der Ausgestaltung der Rahmenbedingungen für die Gentechnik wie die Biomedizin.

Die Diskussion darüber ist in der CDU langsamer in Gang gekommen als in anderen Parteien. Ende 2000 wurde im Parteivorstand der CDU vereinbart, dass die wesentlichen programmatischen Vorarbeiten von der Partei und nicht in der Fraktion geleistet werden. Dies entspricht ja auch der angemessenen Arbeitsteilung zwischen Partei und Fraktion. Die Fraktion muss die tägliche Auseinandersetzung mit der Regierung suchen, die Partei die langfristigen politisch-strategischen Linien entwickeln. Den mühsamen Weg zurück zur Sacharbeit habe ich im ersten Kapitel beschrieben. In der Mitte des Jahres 2001 sah sich die Union dem Vorwurf ausgesetzt, eine führungslose innerparteiliche Debatte habe mit der gesellschaftlichen Debatte nicht Schritt gehalten. In der Tat haben die Grünen und auch der Bundespräsident viel früher und eindeutiger Position bezogen als die Union. Von Seiten der Bundesregierung trat nur die Bundesjustizministerin mit einer eigenen klaren Position hervor, die sie auch schon 1990 eingenommen hatte, als das Embryonenschutzgesetz verabschiedet wurde. In der SPD lagen die Auffassungen dagegen mindestens ebenso weit auseinander wie in der Union, der Bundeskanzler empfahl, das Thema »ohne ideologische Scheuklappen« zu behandeln und berief zunächst in guter Tradition der von ihm geführten Bundesregierung einen »Nationalen Ethikrat«. Nur die FDP tat sich leicht in einer Haltung, möglichst viel, wenn nicht alles zu ermöglichen, was die moderne Wissenschaft so hergibt.

Der CDU fehlt es nicht an programmatischen Aussagen. Allerdings muss es auch immer wieder gelingen, diese Aussagen auf die wissenschaftlichen Neuentwicklungen zu beziehen und ihnen in der Praxis angemessene Wirkung und Geltung zu verschaffen. Dazu bedarf es des politischen Willens, in Auseinandersetzungen mit denjenigen Positionen einzutreten, die einseitig auf Arbeitsplätze setzen und ethische Beurteilungen vorschnell ausblenden, oder die mit dem Hinweis, im Ausland werde doch ohnehin fast alles ermöglicht, auch in Deutschland alle Fesseln abstreifen wollen, ohne sich der konkreten Begründungspflicht in der öffentlichen Diskussion zu stellen.

»Im Zentrum aller Debatten,«, so stellt Robert Leicht fest,

»geht es um die unausweichliche Frage: Welchen moralischen und rechtlichen Status hat der menschliche Embryo? Und zwar vom ersten Tag an. Zellhaufen oder menschliches Leben, Subjekt eigener menschlicher Würde oder Objekt fremder menschlicher Zwecke? Wer sich um eine klare Antwort drückt, argumentiert auch sonst im Trüben, zuweilen mit Absicht.«

Mit der Abfassung des Embryonenschutzgesetzes gab es vor gut zehn Jahren in Deutschland einen Konsens darüber, dass menschliches Leben mit der Kernverschmelzung beginnt. Nach geltendem Recht ist seitdem das Klonen von Menschen ebenso verboten wie Eingriffe in die menschliche Keimbahn, die verbrauchende Forschung an embryonalen Stammzellen und die so genannte Präimplantationsdiagnostik PID. Am Verbot des Klonens und des Eingriffs in die menschliche Keimbahn wird bis auf wenige Ausnahmen in der Wissenschaft und in der Politik bis heute weitgehend festgehalten. Dagegen findet seit Jahren eine intensive Debatte über die Forschung an embryonalen Stammzellen und über die Zulassung der PID statt, obwohl immer noch große Übereinstimmung in Wissenschaft und Politik darüber besteht, dass menschliches Leben mit der Vereinigung von Ei- und Samenzelle beginnt. Allerdings wird der befruchteten Eizelle zunehmend nicht mehr die uneingeschränkt schützenswerte Würde des »Menschen« zuerkannt. Dieses wird in Positionen deutlich, die beispielsweise in einem hypothetischen Gedankenexperiment danach fragen, wen man denn aus einem brennenden Labor retten würde, wenn die Zeit knapp wird, zehn befruchtete Eizellen im Reagenzglas oder ein daneben liegendes Neugeborenes.

In Bezug auf das tatsächliche oder vermeintliche Zeitspektrum zwischen dem Beginn des menschlichen Lebens und dem Stadium, wo ihm unbedingt zu schützende Würde zugesprochen wird, wird eine tiefergehende und noch lange nicht abgeschlossene Debatte geführt. Sie ist verbunden mit Fragen nach dem Status, der Geltung und der zeitlichen Zuordnung von menschlichem Leben, nach Menschsein, Person, Persönlichkeit, nach der Potenzialität menschlichen Lebens oder der Gradualität menschlicher Entwicklung. In diese inzwischen sehr komplexe Diskussion einbezogen sind Naturwissenschaftler, Mediziner, Philosophen, Theologen, Soziologen, Juristen und Politikwissenschaftler. Die Diskussionsfronten verlaufen dabei durchaus zwischen Wissenschaftlern innerhalb desselben Fachbereichs und mit jeweils ernsthaften, prüfungsfähigen Argumenten. Hinzu kommt, dass hier zwei große philosophische Traditionen aufeinandertreffen, die durch unterschiedliche Sichtweisen beispielsweise des Verständnisses von »Person« gekennzeichnet sind. Nach der angelsächsischen Tradition, deren Ausgangspunkte Hobbes und Locke sind, ist das Personsein gekoppelt an die Fähigkeiten zu Selbstbewusstsein, Selbstbewegung und Selbstbestimmung. In der kontinentaleuropäischen Tradition, die sich mehr auf Aristoteles und Thomas von Aquin stützt, wird Person verstanden als zoon politikon, als animal sociale. Der Mensch als ein auf Gemeinschaft mit anderen fundamental angelegtes Wesen ist damit auf Kommunikation angelegt. »Die menschliche Person konstituiert sich nicht selbst, sondern sie ist von vornherein ein Schnittpunkt von Beziehungen, ein Selbstand, der nur aufgrund von Beziehungen erfasst werden kann«, so der christliche Moraltheologe Dietmar Mieth.

Beide Sichtweisen führen zu unterschiedlichen Ergebnissen in Bezug auf die anstehenden biomedizinischen und bioethischen Fragen. Allerdings müssen sich das eher individualbezogene und das eher sozialbezogene Verständnis der Person nicht ausschließen – möglicherweise ergeben sich in der künftigen Diskussion vermittelnde Positionen. Die Entdeckung neuer Gen-Welten jedenfalls und deren angemessenes wissenschaftliches Verständnis wie die ethische, philosophische, theologische, juristische und medizinische Bewertung wird eine erhebliche Herausforderung bleiben. Das gilt erst recht, wenn andere Kulturen und Religionen im Weltmaßstab zu ihren Positionen befragt werden. Ein solches interdisziplinäres, interkulturelles und interreligiöses Gespräch wird immer notwendiger, wenn es gelingen soll, weltweit gemeinsame Maßstäbe für Forschung und Entwicklung im Bereich der Gentechnik und Biomedizin zu entwickeln.

Die Würde des Menschen

Artikel 1 unseres Grundgesetzes bestimmt die Unantastbarkeit der Würde des Menschen. Dieses Grundrecht ist durch nichts einzuschränken, es steht unter keinem verfassungsrechtlichen oder einfachgesetzlichen Vorbehalt. Anderes dagegen gilt für das Recht auf Leben und körperliche Unversehrtheit in Artikel 2 des Grundgesetzes. In die biologisch-physische Existenz des Menschen darf aufgrund eines Gesetzes eingegriffen werden, etwa bei der Notwehr und der Nothilfe. Wenn also die befruchtete Eizelle zwar ein menschliches Lebewesen ist, diesem Lebewesen aber noch keine Menschenwürde zukommt, etwa weil es noch nicht die »Fähigkeit zur Selbstachtung« besitzt, verliert dann der Embryo den unbedingten Schutz des Artikels 1 und unterliegt er nur noch dem relativen Schutz des Artikels 2 unseres Grundgesetzes?

Wer den Beginn menschlichen Lebens und den Zeitpunkt, von dem an ein Mensch Träger seiner Würde ist, voneinander trennt, der muss wissen, dass damit die Gefahr entsteht, dass nicht nur am Beginn menschlichen Lebens, sondern auch während und am Ende des Lebens der bisher absolute Schutz unseres Grundgesetzes relativiert wird. Nicht nur dem Embryo, auch dem schwer Geisteskranken, dem schwer behinderten Kind, dem im Alter schwer Demenzkranken kann mit solchen Einschränkungen die unbedingt schützenswerte Unantastbarkeit seiner Würde und seiner Person abgesprochen werden.

Und anders, als manche Befürworter eines abgestuften Schutzes behaupten, hat das Bundesverfassungsgericht dazu Festlegungen getroffen, die eben nicht nur den Embryo im Mutterleib schützen, sondern auch auf die befruchtete Eizelle anwendbar sind, wenn es feststellt: »Es ist nicht entscheidend, ob der Träger sich dieser Würde bewusst ist oder sie selbst zu wahren weiß. Die von Anfang an im menschlichen Sein angelegten potenziellen Fähigkeiten genügen, um die Menschenwürde zu begründen.«

Folgerichtig verbietet das Embryonenschutzgesetz die Einpflanzung der befruchteten Eizelle bei einer anderen Frau als der, von der die Eizelle stammt. Ein Kind von zwei Müttern ist damit ausgeschlossen, der Weg der Evolution von der Befruchtung bis zur Geburt mit dem Mann untrennbar verbunden, von dem die Samenzelle stammt, und mit der Frau, von der die Eizelle stammt.

Die tradierte Überzeugung, dass menschliches Leben mit der Verschmelzung von Ei und Samenzelle beginnt, muss beachtet werden, wenn es um die Zulässigkeit der PID geht. Denn natürlich geht es bei PID in der Konsequenz nicht um die Diagnose, sondern um die Folgen daraus, nämlich um die Entscheidung über Einpflanzung oder Vernichtung der befruchteten Eizelle. Wollen wir uns wirklich anmaßen zu entscheiden, welche genetischen Defekte der befruchteten Eizelle ihre Vernichtung erlauben? Die Bilder haben wir wohl vor Augen, Kinder mit schwersten körperlichen und geistigen, genetisch bedingten Defekten. Ihre Spätabtreibung wäre nach geltendem Recht in vielen Fällen erlaubt gewesen. Aber genauso wie die schweren genetischen Defekte werden im Reagenzglas auch andere genetische Dispositionen feststellbar sein. Wo ist die Grenze, wer trifft die Entscheidung? Wer garantiert, dass der Selektion nicht Tür und Tor geöffnet wird?

Bei der Entscheidung dieser schwierigen Fragen werden uns schließlich die Regeln über die Indikation des Schwangerschaftsabbruches nicht weiterhelfen. Die Indikation, auf die die Befürworter der PID mit der großen Emphase der Barmherzigkeit Bezug nehmen, nämlich die medizinische Indikation in § 218 a Absatz 2 Strafgesetzbuch, die einen Schwangerschaftsabbruch bislang sogar bis zum 9. Monat erlaubt, beruht auf der Abwägung zweier als gleichwertig angesehener Rechtsgüter, nämlich dem des Lebensrechts des ungeborenen Kindes und dem des Lebens der Mutter. Aber gerade diese Abwägung zwischen zwei gleichwertigen Rechtsgütern fehlt doch bei der PID! Dem Schutzrecht der befruchteten Eizelle kann kein gleichwertiger Anspruch der Eltern auf Geburt eines gesunden Kindes entgegengehalten werden, so verständlich der Wunsch vieler Eltern ist, ein Kind zu bekommen, und umso mehr, ein gesundes Kind zu bekommen, wenn die erblich bedingte Gefahr einer schweren Behinderung des Kindes besteht. So hart das klingt: Es gibt keinen verbindlichen Anspruch, schon gar nicht einen Rechtsanspruch auf ein Kind oder gar ein gesundes Kind. Die Alternative für die betroffenen Eltern besteht nicht in PID oder Abtreibung, sondern in einer eigenverantwortlichen Risikoabschätzung und im Zweifel einer Entscheidung gegen die künstliche Befruchtung und damit für den Verzicht auf ein Kind oder für die Akzeptanz eines behinderten Kindes. Auch die Deutsche Bischofskonferenz und der Rat der Evangelischen Kirche in Deutschland sind sich einig in ihrer klaren Haltung zu PID. Wer nicht den Kirchen folgen mag, lässt sich vielleicht mit Robert Leicht überzeugen: »Wer dem menschlichen Embryo nicht von Anfang an rechtlichen Schutz gewährt, findet später keinen überzeugenden Zeitpunkt mehr, von dem an dieser Schutz gelten soll.«

Wertorientierung und Gewissensfreiheit

Politik muss beständig um die Einsicht in die richtige Interpretation von Werten und in das richtige Handeln ringen, und wenn es gut geht, kommt es zum tragfähigen politischen Kompromiss. Nicht die eine absolute Wahrheit, sondern unterschiedliche Antworten gehören zur Politik. Das ist nichts Verwerfliches, sondern macht im Gegenteil ihren humanen Kern aus. Denn die praktische Vernunft, die sachliche Erkenntnisse wie moralische Erwägungen heranzieht, vollzieht sich in Demokratien im öffentlichen Austausch der Argumente und deren kritischer Prüfung. Nur so kommt die sachlich angemessene Klärung und die Vielfalt der Perspektiven, ethischen Aspekte und Wertungen, kurz: umfassende Aufklärung als Basis politischer Entscheidung, zustande. Gerade wer sich vor öffentlicher Diskussion und der argumentativen Prüfung scheut, narkotisiert die politische Vernunft. Ein fairer Streit unterstellt jedenfalls nicht dem, der anderer Auffassung ist, auch nicht dem wissenschaftlichen Forscher, unethische oder gar schlechte Motive (und sich selbst nur gute und ethisch richtige), sondern räumt die strittigen Punkte ein. Wir haben es ja nicht nur mit neuen Wertungswidersprüchen zu tun, sondern auch mit ganz neuen Erkenntnissen und Fragestellungen.

Wenn alles so klar wäre, bräuchten wir keine Diskussion. Aber gerade das ist nicht der Fall. Die bisherigen kontroversen ethischen wie verfassungsrechtlichen Reflexionen und Bewertungen zeigen, wie unfertig und vorläufig unsere Antworten noch sind. Es geht um die Frage, wann menschliches Leben beginnt und ab welchem Zeitpunkt man von einem Menschen sprechen kann. Es geht darum, ob frühe Lebensstadien ebenso zu schützen sind wie geborenes Leben, wie man mit »überzähligen« Embryonen umgehen soll und ob man international gewonnene Stammzelllinien importieren und zum Zwecke medizinischer Therapiemöglichkeiten erforschen darf – und um viele Fragen mehr. Was den Menschen ausmacht, wann das menschliche Leben beginnt, ab wann es schützenswert ist, ob sich Zellen als Menschen oder zum Menschen hin entwickeln, was menschliche Würde ist und was angesichts neuer naturwissenschaftlicher Erkenntnisse diese konkret ausmacht, all das steht im Raum des Politischen nicht ein für alle Mal, zeitunabhängig und unabänderlich fest, sondern bedarf ständiger Reflexion, Bewährung und Neubegründung in der Wissenschaft wie in der Politik. Denn wie es nicht nur ein einziges konkretes theologisches Menschenbild gibt, so gibt es auch nicht nur eine einzige rechtliche Auffassung vom Beginn des Menschen und seiner Würde. Deswegen ist das Ringen um ein auch unter neuen äußeren Umständen zutreffendes Verständnis von Menschenwürde und Menschenrechten keine »Verfassungslyrik«, sondern Ausdruck der Suche nach neuer Bindungskraft und Legitimität der freiheitlichen Verfassung unseres Gemeinwesens.

Gerade weil wir erst am Beginn neuer naturwissenschaftlicher Erkenntnisse stehen und nicht wissen können, was wir noch alles künftig wissen werden, gebietet es die Klugheit, mit Vorsicht zu reagieren. Das heißt auch: Hilfreich sind weder moralischer Rigorismus noch gleichgültige Beliebigkeit, sondern die tastenden, vernunftorientierten Versuche der Bestimmung von Möglichkeiten und Grenzen. Die nationale wie weltweite jahrelange Debatte, die vielfältigen Ethikkommissionen und umfangreichen verbandlichen wie politischen Gremienarbeiten zeugen jedenfalls von ausgeprägter Sensibilität und Verantwortungsbereitschaft im Hinblick auf die neuen Chancen und Irrwege in Forschung und Entwicklung der Lebenswissenschaften.

In Bezug auf die Entscheidungen zur biomedizinischen Forschung an Stammzellen hat sich in vielfältigen Abwägungsprozessen inzwischen weltweit eine Art politischer und forschungsethischer Konsens herausgebildet. Er besteht darin, in restriktivem Maß und in ethischer Begleitung Forschung an embryonalen Stammzellen zuzulassen. Das bindet Deutschland nicht. Unser Land muss seine eigene Entscheidung treffen. Aber nicht nur aufgrund der wissenschaftlichen, wirtschaftlichen, rechtlichen und kulturellen Verflochtenheit mit anderen Ländern, sondern auch aus Achtung vor deren nach langen Abwägungen getroffenem Urteil ist es politisch klug und sinnvoll, die dortigen Entscheidungen nicht völlig zu ignorieren. Und ebenso klug ist es, die ganze Bandbreite an Sichtweisen und Urteilen aus allen Teilen unserer Gesellschaft zur Kenntnis zu nehmen. Die CDU/CSU-Bundestagfraktion hat einen intensiven gedanklichen Austausch mit Experten aus dem wissenschaftlichen, wirtschaftlichen, philosophischen und theologischen Raum gesucht und mehrere Anhörungen durchgeführt. Sie hat besonders die Positionen der Kirchen in ihre eigene Willensbildung und Entscheidungsfindung miteinbezogen, ohne dass daraus ein Präjudiz für die Entscheidungen der einzelnen Abgeordneten folgen kann. Denn diese müssen der individuellen Urteilsbildung und Gewissensentscheidung vorbehalten bleiben.

Im Deutschen Bundestag stand im Januar und noch einmal im Frühsommer 2002 die Entscheidung für den Import von bestehenden Stammzellen an. Die Beurteilungen dazu im Pro und Contra gingen quer durch die Fraktionen. Wissenschaftlich, ethisch und politisch sind unterschiedliche Urteile möglich und legitim. Nicht nur andere Meinungen, sondern auch unterschiedliche Wertsetzungen auszuhalten, ist eine der schwierigsten und doch unerlässlichen Aufgaben freiheitlicher Demokratien. Darin zeigt sich deren Reife. Es gilt anzuerkennen: Auch diejenigen, die zu anderen Schlussfolgerungen kommen als man selbst, handeln aus ethischen Überlegungen und Abwägungen heraus.

Der Achtung vor dem Gewissen kommt dabei eine herausragende Rolle zu. Sie gehört zum Besten europäischer Tradition. Sie ist Ausdruck der Freiheit vor Gott und den Menschen. Gerade deshalb darf man das Ergebnis seiner Befragung nicht verächtlich als »bloße Privatentscheidung« abtun. Im Gegenteil, der Gewissensentscheidung gebührt Respekt und Anerkennung gerade in der Politik. Natürlich geht es dort legitimerweise um Interessen, um Macht, um Strategie und Taktik. Aber ebenso geht es um das Gemeinwohl, um Werthaltungen und eben um Gewissensfreiheit. Das Grundgesetz hat dies aus wohl erwogenen Gründen im Artikel. 38 festgelegt. Daran müssen sich auch Fraktionsvorsitzende halten, die keinem Abgeordneten eine Gewissensentscheidung abnehmen dürfen.

Wer sich daran nicht hält, wer machtstrategischen Überlegungen den Vorrang einräumt, wird in den eigenen Reihen ein Fiasko erleben – wie die Grünen bei der Abstimmung über die Vertrauensfrage am 16. November 2001. Eigentlich waren acht Abgeordnete gegen die Entscheidung der Entsendung der Bundeswehr nach Afghanistan. Mindesterns vier Stimmen wurden aber für die Kanzlermehrheit gebraucht, um die Regierung nicht scheitern zu lassen. Wie löste man dieses Problem? Nach langen Diskussionen innerhalb der Fraktion »die Grünen« stand dann die Kanzlermehrheit mit Hilfe einer Aufteilung in genau vier zu vier. Dies wurde eine »politische Auswahl« genannt und alle acht meinten, ihrem Gewissen und der Regierung zugleich gefolgt zu sein. Ludwig Uhland hätte seine Freude gehabt an solchen Abgeordneten: »Zur Rechten sah man wie zur Linken, acht halbe Grüne niedersinken ...«

Die Achtung vor der Gewissensentscheidung gilt auch für die, die gerade aus christlicher Haltung heraus für die Möglichkeit der Forschung an embryonalen Stammzellen eintreten, um künftige medizinische Therapien für Kranke zu ermöglichen. Die Kultur des Helfens und Heilens ist genuin christlich und Teil einer Kultur der Lebensfreundlichkeit. Sie darf nicht als »pathetische christliche Rhetorik« denunziert werden.

Und ebenso gilt die Achtung vor der Gewissensentscheidung für die, die ebenfalls aus christlicher Sicht die Forschung an embryonalen Stammzellen ablehnen. Gerade diesen hat aber die Papst-Enzyklika »Evangelium Vitae« durch die Möglichkeit einer Abwägung einen wichtigen Weg für ihre Entscheidung gewiesen. Dort heißt es in Bezug auf die damalige Abtreibungsdebatte, »dass es einem Abgeordneten, dessen persönlich absoluter Widerstand gegen die Abtreibung klargestellt und allen bekannt wäre, dann, wenn die Anwendung oder vollständige Aufhebung eines Abtreibungsgesetzes nicht möglich wäre, gestattet sein könnte, Gesetzesvorschläge zu unterstützen, die die Schadensbegrenzung eines solchen Gesetzes zum Ziel haben und die negativen Auswirkungen auf dem Gebiet der Kultur und öffentlichen Moral vermindern. Auf diese Weise ist nämlich nicht die Mitwirkung an einem unerlaubten Gesetz gegeben; vielmehr wird ein legitimer und gebührender Versuch unternommen, die ungerechten Aspekte zu begrenzen.« Diese Möglichkeit der Abwägung gilt nicht nur für den Bereich der Abtreibung, sondern auch für die Entscheidung über den Import embryonaler Stammzelllinien. Die Enzyklika stellte damit für mich die Grundlage dafür dar, einer restriktiven Regelung zuzustimmen, nachdem das auch von mir befürwortete Verbot eine Mehrheit nicht erhalten hat, das geltende Embryonenschutzgesetz nach ganz überwiegender Auffassung einen uneingeschränkten Import aber gestattet hätte.

Was allen Abgeordneten auch in Zukunft zu tun aufgegeben bleibt, ist der gewissenhafte, verantwortungsbewusste Umgang mit den uns zufallenden Möglichkeiten der neuen Lebenswissenschaften. Das gilt auch für den »christlichen citoyen«. Er lebt nicht nur in der kirchlichen Gemeinde, sondern zugleich in der demokratischen Gesellschaft. In ihr kann und soll er sich mit seinen eigenen Meinungen einbringen und sie politisch mitgestalten. Das geht oft nicht ohne Spannungen, gerade wenn wie bei der »Importfrage« von Stammzelllinien zentrale Wertfragen berührt sind. Aber ohne den christlichen Bürger wäre unsere Gesellschaft ärmer. Für diese Einsicht steht die CDU. Deswegen haben viele Christen mit ihren unterschiedlichen Ansichten auch in einzelnen Wertfragen ihre Heimat in der Union. Und weil sie aus dem Gehaltensein im christlichen Glauben heraus die Freiheit des Menschen und seine moralisch-praktische Urteilsfähigkeit bejahen, haben sie ihre Heimat auch in unserer parlamentarischen Demokratie – dem Ort des Vorletzten, an dem sich gerade deshalb menschliche Freiheit als Sinn von Politik bewährt.

IV. Kapitel

Eine Ordnung für die Welt von morgen

Zu Recht ist in den letzten Jahren immer wieder kritisiert worden, dass der Union, insbesondere der CDU, der wirtschaftspolitische Kompass abhanden gekommen sei. Anders als in der ersten Hälfte der 16-jährigen Regierungszeit der Union fehlte nach dem tiefen Einschnitt der deutschen Einheit, die die gesamte Gesellschaft unseres Landes zu gestalten und zu bewältigen hatte, die langfristig ausgerichtete Perspektive in der Wirtschaftspolitik. Wir haben zugelassen, dass in unseren eigenen Reihen das Wort »Ordnungspolitik« zum Fremdwort wurde und ordnungspolitische Überzeugungen gerade dort als lästig empfunden wurden, wo sie – wie in der Rentenpolitik – als Entscheidungsgrundlage besonders wichtig gewesen wären. »Jetzt geht es um die Menschen und nicht um Ordnungspolitik!« – mit diesem Schlachtruf konnte Norbert Blüm in der Bundestagsfraktion und auf Parteitagen der CDU immer wieder Entscheidungen durchsetzen, von deren langfristiger Richtigkeit bei weitem nicht alle von uns überzeugt waren. Es fehlte eben immer wieder das personifizierte Gegengewicht, ein Wirtschaftspolitiker, der überzeugend deutlich machen konnte, dass Ordnungspolitik und Mitmenschlichkeit gerade keine Gegensätze sind. Eine menschliche Gesellschaft wird überhaupt erst möglich, wenn ein zugrunde liegendes Ordnungsmodell Orientierung gibt.

Diese Orientierung brauchen wir in Deutschland genauso

wie in der Europäischen Union. Und gute Gründe sprechen dafür, dass wir uns auch intensiv darum bemühen müssen, weltweit einheitliche Regeln und Vertragswerke für die zu einer globalen Ökonomie zusammenwachsenden Kontinente zu schaffen.

Die Entwicklung der Ordnungspolitik

Gerade in Deutschland kann diese Orientierung auf einem Fundament aufbauen, das keinen Vergleich zu scheuen braucht. Die wichtigsten und weltweit anerkannten Grundsätze einer modernen freiheitlichen Wirtschaftsordnung, wie sie bis heute besteht, sind in Deutschland zum Teil schon während des Zweiten Weltkrieges entwickelt worden.

Aber ist Ordnungspolitik nicht längst ein unbekanntes Wort in Deutschland geworden? Ist ordnungspolitische Orientierung vielleicht sogar hinderlich auf dem Weg hin zu politisch »richtigen« Entscheidungen? Sind es politische Dogmatiker, die den politischen Pragmatikern den Weg zu verstellen suchen? Oder stehen wir nicht gerade am Beginn eines neuen Jahrhunderts vor der großen Herausforderung, unsere Gesellschaftsordnung daraufhin zu überprüfen, ob sie den Aufgaben standhält, die zu bewältigen sind? Und wenn wir zu einem Ergebnis gelangt sind: Kann uns ein ordnungspolitisches Konzept genügend Orientierung für die praktisch zu lösenden Aufgaben geben?

Was ist Ordnung? Das sollten wir uns zunächst selbst fragen. Es waren wohl in der Antike Cicero und im Mittelalter der heilige Augustinus, die in ihrer Zeit die wichtigsten Versuche gemacht haben, Ordnung zu definieren. Für den einen ist es die »Komposition von Dingen an den ihnen passenden und zukommenden Stellen«, für den anderen ist es die »Zusammenstellung gleicher und ungleicher Dinge durch Zuweisung des einem jeden gebührenden Ortes«.

Doch während »Ordnung« – gewiss im Sinne einer ständischen und hierarchischen Ordnung – im Mittelalter noch der Leitgedanke einer ganzen Epoche war, ist die Neuzeit die Epoche des »Ordnungsschwundes«. Aus der hierarchischen Ständeordnung wird eine Gesellschaft freier und gleicher Bürger. Diese billigen ihrem Staat nur noch ein Minimum an letzter normativer Gemeinsamkeit zu, akzeptieren Grundwerte eher zögerlich, fordern Grundrechte dafür umso mehr ein, die dann von Institutionen gesichert werden sollen, denen selbst nur eingeschränkte Kompetenz im doppelten Sinn des Wortes zugestanden wird.

So hat sich der Zerfall der klassischen Ordnungsphilosophie im letzten Jahrhundert zu Abneigung gegen diesen Begriff gesteigert. Mit Ordnung wird bis heute eher Unfreiheit und autoritäre Politik, »Ruhe und Ordnung« im Sinne nicht des Rechtsstaates, sondern des Obrigkeitsstaates verbunden.

Gleichwohl hat es im 20. Jahrhundert außerordentlich erfolgreiche Versuche gegeben, das Denken in Ordnungen zu erneuern. Die katholische Soziallehre hat den Menschen in den Mittelpunkt gestellt. Er sei Ursprung, Träger und Ziel – principium, subjectum et finis – aller gesellschaftlichen Einrichtungen. Im Spannungsverhältnis zwischen Individualität und Sozialität sind die Sozialprinzipien des gesellschaftlichen Zusammenlebens entwickelt worden. Vor allem gegen die kollektivistischen Ideologien, gegen den sozialistischen Kommunismus ebenso wie gegen den Faschismus, hat Pius XI. in der Enzyklika »Quadragesimo Anno« das Subsidiaritätsprinzip entwickelt. Es war schließlich Oswald von Nell-Breuning, der aus Subsidiaritätsprinzip, Solidaritätsprinzip und Gemeinwohlverpflichtung die »Baugesetze der menschlichen Gesellschaft« formuliert hat.

Walter Eucken und seinen Mitautoren der Zeitschrift »Ordo« ist es schließlich zu verdanken, dass eine Ordnungspolitik überzeugend formuliert wurde, die bis heute zu Recht als die theoretische Fundierung unseres marktwirtschaftlichen Modells gilt. Es ist der daraus entstandene »Ordo-Liberalismus«, der Freiheit und Verantwortung in eine bis heute gültige und dem Menschen und seiner Individualität angemessene innere Beziehung zueinander setzt. Der Ordo-Liberalismus unterscheidet sich gerade in seinem klaren Bekenntnis zu Freiheit und Ordnung, zu Wettbewerb und seiner Bindung an regulierende Prinzipien, zu Markt und Machtbegrenzung vom libertären »laissez-faire«.

Im Spannungsfeld zwischen Ordo-Liberalismus einerseits und christlicher Soziallehre wie protestantischer Sozialethik andererseits entwickelte sich durch die wegweisenden Arbeiten von Alfred Müller-Armack die Soziale Marktwirtschaft mit ihrem bis heute überzeugenden Konzept der Integration von Wirtschafts-, Sozial- und Gesellschaftspolitik. Es entstand eine Ordnung, die Marktmechanismen und Wettbewerb mit den Prinzipien der Subsidiarität, Solidarität und Gemeinwohlverpflichtung verbindet.

So konnten die Verfasser des Grundgesetzes ebenso wie der Wirtschaftsrat auf umfassende Vorarbeiten zurückgreifen, als sie sich daran machten, die Ordnung unseres Grundgesetzes zu formulieren und die Soziale Marktwirtschaft aufzubauen. Die Grundrechte des Grundgesetzes beruhen dabei ebenso auf ordnungspolitischen Werturteilen über die Freiheit des Menschen wie die institutionellen Entscheidungen zum Staatsaufbau der Bundesrepublik Deutschland dem Prinzip der Subsidiarität Rechnung tragen. Grundrechtskatalog, Kompetenzverteilung, föderalistischer Staatsaufbau der Bundesrepublik Deutschland und die Soziale Marktwirtschaft sind ordnungspolitische Entscheidungen, die in der Bevölkerung der Bundesrepublik Deutschland seither verwurzelt sind. Nachdem auch die Generation der 68er die Vorzüge nicht nur dieses Systems, sondern vor allem die Quellen des Wohlstands für sich selbst entdeckt hat, wird sie gegenwärtig im Grundsatz wohl niemand in Frage stellen.

Sinnkrise der Marktwirtschaft – Was ist zu tun?

Wie aber ist es dann zu erklären, dass eine größer werdende Zahl von Menschen in Deutschland der Demokratie, ihren Institutionen und vor allem unserem Wirtschaftssystem zunehmend kritisch gegenüberstehen? Woran liegt es, dass auf die Frage: »Trauen Sie der Demokratie und der Sozialen Marktwirtschaft zu, die Probleme unseres Landes zu lösen?« in den alten Bundesländern wenigstens noch gerade die Hälfte mit Ja antwortet, in den neuen Bundesländern mit weiter abnehmender Tendenz aber gerade noch jeder Vierte? Müssen wir bei einem solchen Befund nicht schon von einer Sinn- und Akzeptanzkrise sprechen, die es immer schwerer macht, politisch »richtige« Entscheidungen zu begründen und durchzusetzen?

Aus meiner Sicht gibt es mindestens drei Gründe für diese Entwicklung:

- Schon in den Schulen wird Sinn und Inhalt der unseren Staat und unser Gemeinwesen tragenden Ordnungen nicht mehr ausreichend vermittelt. Ein – ich gebe zu, völlig unzureichender, nicht repräsentativer – Test bei meinen eigenen Kindern hat ergeben: Zwischen erster und letzter Klasse der zum Abitur führenden Schule ist über die Sozialprinzipien als Bausteine unserer Gesellschaft und über die Wertordnung der Sozialen Marktwirtschaft praktisch nicht gesprochen worden. Walter Eucken, Franz Böhm, Wilhelm Röpke, Alfred Müller-Armack, ja selbst Ludwig Erhard und das, was sich mit ihrem Modell der Sozialen Marktwirtschaft als

Grund- und Wertentscheidungen, eben als Ordnung verbindet, ist den allermeisten Schülern in Deutschland wohl völlig fremd. Warum aber sollen Erwachsene Ordnungen verstehen, sogar aktiv mit tragen, wenn sie während ihrer Schulzeit davon nichts gehört haben?

- Ich will aber die Fehler nicht nur bei anderen suchen. Auch wir Politiker begründen unsere politischen Entscheidungen häufig nicht im Kontext eines größeren Zusammenhangs. Der Punktualismus siegt zu oft über ein in sich geschlossenes politisches Konzept. Dies war anders nach 1949, dies war auch anders in der Zeit nach dem Regierungswechsel 1982, wenigstens bis zum Jahr der Wende 1989. Die heutige Bundesregierung hat dagegen auf eine ordnungspolitische Fundierung ihrer Arbeit von Anfang an keinen Wert gelegt, wie sich an der Entwertung und Verstümmelung des Bundeswirtschaftsministeriums besonders augenfällig, aber bei weitem nicht allein zeigt.
- Die dritte, vermutlich gravierendste Ursache für den Verlust an ordnungspolitischer Ausrichtung unserer Politik liegt aber vermutlich in der ständigen Ausweitung der Staatstätigkeit. Mit dem Verweis auf »soziale Gerechtigkeit«, mit der behaupteten Notwendigkeit, eine »Gerechtigkeitslücke« schließen zu müssen, mit dem Anspruch, Chancengleichheit zu verwirklichen statt Chancengerechtigkeit herzustellen, haben sich Staat und Gesellschaft in immer mehr Lebensbereiche eingemischt. In jedem einzelnen Fall gut begründet, zumindest gut begründbar, stellt die Summe der Fehler heute den entscheidenden Grund dar für die Krise unseres Sozialstaates. Im Kern geht es um eine ständige Überforderungskrise der öffentlichen Haushalte einschließlich der sozialen Sicherungssysteme. Durch die mangelnde Bereitschaft unserer Gesellschaft, auch und gerade von uns Politikern, Ansprüche zurückzuweisen, Begrenzungsentscheidungen zu treffen, ist die Aufgaben- und mit ihr die Ausgabenstruk-

tur der öffentlichen Hand völlig aus dem Ruder gelaufen. Ohne Besinnung auf die Prinzipien unserer Gesellschaftsordnung und ohne deren konsequente Anwendung werden diese Probleme nicht zu lösen sein.

Die Besinnung auf die Prinzipien und die Wiederherstellung einer inneren Ordnung verlangen die Neujustierung zwischen den Sozialprinzipien.

Wenn Solidaritätsprinzip und Gemeinwohlverpflichtung die »Bausteine« unserer politischen und ökonomischen Ordnung sind, so stellt sich die Frage: Welches der genannten drei ist der wichtigste Baustein? Welchem gebührt der Vorrang? Oder sind alle drei gleich in ihrer Gewichtung?

Die Enzyklika »Quadragesimo Anno« gibt auch darauf eine Antwort: Das Subsidiaritätsprinzip sei das wichtigste aller Sozialprinzipien, weil ohne seine Beachtung die anderen Prinzipien nicht richtig angewendet werden können. Ohne Subsidiarität gibt es keine Solidarität, ohne Solidarität kein Gemeinwohl. Zwischen den Sozialprinzipien aber hat es in den letzten Jahrzehnten eine deutliche Verschiebung des Schwerpunktes gegeben. Mit steigendem Wohlstand sind die Ansprüche an den Staat nicht etwa zurückgegangen. Sie sind kontinuierlich gewachsen, gleichzeitig ist die Bereitschaft zur Eigenverantwortung zurückgegangen. Der Beginn dieser Entwicklung lässt sich ziemlich klar bestimmen. Die sozialstaatliche Verteilungsmasse ist in den siebziger Jahren sprunghaft gestiegen, und sie wurde schon in dieser Zeit mit einer scharf ansteigenden Staatsverschuldung finanziert. In den achtziger Jahren konnte wenigstens der Anstieg gebremst werden, in der ersten Hälfte der neunziger Jahren hat vor allem die Überwindung der deutschen Teilung dazu beigetragen, dass dieser Weg nicht weiter beschritten werden konnte. Erst nach 1996 wurde der Staatsverbrauch am Sozialprodukt wieder zurückgeführt. Mit dem Regierungswechsel 1998 ist diese Entwicklung leider wieder unterbrochen worden. Mit der Umfinanzierung der Rentenversicherungsbeiträge durch die so genannte »Ökosteuer«, einer Rentenreform, die schon bald wieder nachgebessert werden muss und mit einer Steuerpolitik, die nur wenigen Entlastung bringt, dafür Arbeitnehmer und Mittelstand immer höher in die Progression hineinwachsen lässt, wird der Staatsanteil am Bruttoinlandsprodukt eben nicht sinken, sondern günstigstenfalls auf hohem Niveau in der Nähe von 50% bleiben.

Was also ist heute zu tun? Wir alle, der Staat, unsere Gesellschaft und mit ihnen alle Repräsentanten, müssen zunächst der Mentalität entgegentreten, jeder habe ein Recht auf möglichst kurze Arbeitszeit, möglichst gutes Einkommen, Anspruch auf steigenden Urlaub und verbesserte Qualität seiner Freizeit, umfassenden sozialen Schutz und eine krisensichere Gesellschaft. Unsere Probleme lassen sich nicht mit noch weniger Arbeit und noch höheren Sozialtransfers lösen.

Eine grundsätzliche Neuausrichtung ist erforderlich. Für diese Neuausrichtung müssen wir gemeinsam werben, denn sie muss zwangsläufig Besitzstände in Frage stellen. Diese Neuausrichtung muss sich am Subsidiaritätsprinzip in allen seinen Ausprägungen orientieren. Das Subsidiaritätsprinzip besteht nämlich aus drei Einzelsätzen:

- Jede einzelne Person und jede kleinere gesellschaftliche Einheit, z.B. die Familie, hat nicht nur das Recht, sondern auch die Pflicht, all das selbst zu tun, was in ihren Kräften steht.
- Zeigen sich diese Kräfte als – vorübergehend – zu schwach, dann soll ihr die nächst übergeordnete Ebene durch gezielte »Hilfe zur Selbsthilfe« mit dem Ziel zur Seite stehen, die eigene Leistungsfähigkeit zu stärken und nach Möglichkeit wieder herzustellen.
- Wenn diese Hilfe zur Selbsthilfe ihr Ziel erreicht hat, die

»Subvention« also die Not abgewehrt und die eigenen Kräfte wieder hergestellt hat, dann müssen die Hilfen auch wieder eingestellt werden.

Wenn wir das so verstandene Subsidiaritätsprinzip in allen seinen Bestandteilen ernst nehmen, dann müssen alle sozialstaatlichen Leistungen anhand folgender Maßstäbe überprüft werden:

Welche bisherigen Sozialleistungen sind durch zumutbare Eigenleistungen zu ersetzen? Welche Solidarleistungen sind um der Würde und der damit zusammenhängenden Rechte des Menschen willen auch in Zukunft unverzichtbar? Welche zusätzlichen Solidarleistungen sind trotz geringer werdender Verteilungsmasse insgesamt von der sozialen Gerechtigkeit gefordert?

Vor allem für die vor uns liegenden Reformen der sozialen Sicherungssysteme und des Arbeitsmarktes ergeben sich die Antworten auf der Basis einer solchermaßen ordnungspolitisch formulierten Ausgangslage sehr viel einfacher als bei Verzicht auf diese »Leitplanken«.

Leitbild für die CDU: Soziale Marktwirtschaft

In der CDU gab es Anfang der neunziger Jahre eine intensive Debatte darüber, ob die Soziale Marktwirtschaft nicht eine Ergänzung um eine umweltpolitische Komponente benötige. In der Grundsatzprogrammkommission unter dem Vorsitz von Reinhard Göhner wurde dieses Thema intensiv diskutiert. Auf dem Hamburger Parteitag kam es zu einer kontroversen Debatte um die Frage, ob wir in Zukunft von der »Ökologischen und Sozialen Marktwirtschaft« sprechen und dies auch so in unser Grundsatzprogramm aufnehmen sollten. Ich hatte mich schon in der Programmkommission gegen diese Ergänzung und Veränderung des Begriffs Soziale Marktwirtschaft ausgesprochen, nicht weil ich gegen die Einbeziehung der Umweltpolitik gewesen wäre, sondern weil ich die Verwässerung und Beschädigung eines Begriffs befürchtete, der einen großen Teil unserer wirtschaftspolitischen Kompetenz ausmacht und ein unverwechselbares Markenzeichen der Union ist. Programmkommission und Parteitag haben anders entschieden. Im Sprachgebrauch des Alltags hat sich der neue Begriff nicht durchgesetzt.

Auch heute braucht Deutschland keine »Neue Soziale Marktwirtschaft«, sondern eine Rückbesinnung auf die Grundsätze der Sozialen Marktwirtschaft. Die Erneuerung der Sozialen Marktwirtschaft auch und gerade dort, wo ihre Regeln und wo ihre innere Ordnung außer Kraft gesetzt worden sind, das ist die Aufgabe, vor der wir stehen.

Unser Ordnungsmodell ist und bleibt das von Ludwig Erhard in die politische Praxis eingebrachte Leitbild der Sozialen Marktwirtschaft, die ihre Überlegenheit über alle anderen ökonomischen Systeme längst bewiesen hat. Die Soziale Marktwirtschaft ist und bleibt der dritte Weg zwischen Sozialismus und Kapitalismus, sie war das Kennzeichen einer erfolgreichen Wirtschaftspolitik der Union über viele Jahrzehnte. Ein halbes Jahrhundert nach der erfolgreichen Einführung der Sozialen Marktwirtschaft in Deutschland sind die so genannten »Modernisierer« in der SPD angetreten, der CDU dieses Markenzeichen mit dem Argument streitig zu machen, die Union habe Ludwig Erhard und die soziale Gerechtigkeit zugunsten eines ungezügelten, neoliberalen Turbokapitalismus verraten. So ist es höchste Zeit, dass sich die CDU auf ihre wirtschaftspolitischen Grundsätze besinnt, dass sie unter veränderten globalen Rahmenbedingungen definiert, welche Orientierung die Soziale Marktwirtschaft heute geben kann.

Dabei kommt es für die Union entscheidend darauf an, gerade jetzt dem vermeintlichen oder tatsächlichen Zeitgeist zu widerstehen. Wir dürfen nicht opportunistisch werden. Wir dürfen unter keinen Umständen der Versuchung erliegen, es jedermann recht machen zu wollen.

Eine sozialdemokratisch geführte Bundesregierung braucht keine CDU als sozialdemokratische Opposition. Soziale Marktwirtschaft ist weit mehr als eine Entscheidung zugunsten von Markt und freiem Unternehmertum. Unser wirtschaftspolitisches Leitbild der Sozialen Marktwirtschaft beruht auch nicht auf einer allein wirtschaftsliberal geprägten ökonomischen Sicht von Angebot und Nachfrage. Unser Leitbild orientiert sich am christlichen Menschenbild und hat demzufolge einen festen anthropozentrischen Bezug. Deshalb waren wir nie »Arbeitgeberpartei«, genauso wenig sind wir »Arbeitnehmerpartei«. Im Mittelpunkt unserer Betrachtung steht der Mensch, der eine möglichst freie Entscheidung treffen können muss. Er zeigt sich im Wirtschaftssystem als Anbieter wie als Verbraucher, als Produzent und als Konsument. Der Ausgleich zwischen ihnen erfolgt über den Marktmechanismus. Letztlich gilt, worauf Ludwig Erhard immer wieder hingewiesen hat: »Marktwirtschaft ist, was dem Verbraucher dient.«

Mit der von Erhard gewählten Formulierung wird deutlich, dass nicht der Markt, sondern der Mensch im Mittelpunkt unserer Wirtschaftsordnung steht. Das Konzept der Marktwirtschaft ist von seinen geistigen Vätern bewusst als Ordnung errichtet worden, der ein Menschenbild zugrunde liegt, und in der es möglich sein soll, erfolgreiches Wirtschaften mit sozialer Verantwortung, demokratischen Freiheiten und letztlich mit der Würde des Menschen zu verbinden. Wilhelm Röpke, Alexander Rüstow, Walter Eucken, Franz Böhm ging es wie Alfred Müller-Armack und Ludwig Erhard um eine politische Ordnung, in der das natürliche Gewinnstreben des Einzelnen in den Dienst der Gemeinschaft gestellt wird, indem – anders als im »Nachtwächterstaat« des ungezügelten Liberalismus – Regeln für den Wettbewerb aufgestellt und Institutionen errichtet werden, die Willkür, Machtmissbrauch und ungerechtfertigte Privilegien verhindern. Sie sahen gleichzeitig im sittlich begründeten persönlichen Engagement des Einzelnen für das Gemeinwohl erst die Voraussetzung erfüllt für ein menschenwürdiges Miteinander im demokratischen und sozialen Rechtsstaat. Wir verdanken Wilhelm Röpke die Erkenntnis, dass die Soziale Marktwirtschaft »jenseits von Angebot und Nachfrage« einen politischen Ordnungsrahmen erfordert, in dem die Wirtschaftsordnung eine notwendige, aber nicht ausreichende Bedingung für eine menschenwürdige Gesellschaftsordnung darstellt:

> »Recht, Staat, Sitte und Moral, feste Normen und Wertüberzeugungen (...) gehören zu diesem Rahmen nicht minder als eine Wirtschafts-, Sozial- und Finanzpolitik, die jenseits des Marktes Interessen ausgleicht, Auswüchse beschneidet, Macht begrenzt, Spielregeln setzt und ihre Innehaltung überwacht. (...) Marktwirtschaft ist eine notwendige, aber keine ausreichende Bedingung einer freien, glücklichen, wohlhabenden, gerechten und geordneten Gesellschaft. (...) Das schließliche Schicksal der Marktwirtschaft (...) entscheidet sich jenseits von Angebot und Nachfrage.«

Auf diesem Weg hat Deutschland seit 1948 bis heute bemerkenswerten Erfolg gehabt. Es war kein »Wirtschaftswunder«, das ausgehend von der Aufwärtsentwicklung der 50er Jahre Wohlstand, Vollbeschäftigung und ein hohes Maß an sozialer Gerechtigkeit in Deutschland ermöglicht hat. Es war der Fleiß der Arbeitnehmer, die noch nicht von leichtfertigen Versprechungen um ständige Arbeitszeitverkürzungen geblendet waren. Es war das Engagement und der Einsatz von Unternehmern, die noch nicht Manager waren, sondern eigenverantwortliche Eigentümerunternehmer, und es war die Wirtschaftsordnung, die beiden, Arbeitnehmern und Unternehmern, die partnerschaftliche Entwicklung hin zu gemeinsamen Zielen ermöglichte.

Natürlich verlief auch diese Zeit nicht ohne Konflikte. Im Gegenteil, der DGB rief ein halbes Jahr nach der Abschaffung der Bewirtschaftung und der Einführung der DM – erfolglos – zum Generalstreik auf. Die SPD unter Kurt Schumacher bekämpfte seit 1949 in jedem Wahlkampf die Wirtschaftspolitik von Ludwig Erhard und brauchte mehr als zehn Jahre, bis sie die Soziale Marktwirtschaft, wenn auch widerstrebend, akzeptierte. Aber Ludwig Erhard und seine Freunde standen fest zu den Grundentscheidungen, die sie getroffen hatten, und konnten Jahr um Jahr deutlicher den Erfolg und die Richtigkeit der von ihnen entworfenen und in die Praxis umgesetzten Politik unter Beweis stellen. Es muss eine auch für die handelnden Personen selbst faszinierende politische Chance gewesen sein, ein theoretisches Modell einer neuen Politik zu entwerfen und dann selbst in die Tat umsetzen zu können. Die Schriften von Ludwig Erhard zeugen davon, wie tief seine eigene Überzeugung war, richtig zu handeln. Eine solche Überzeugung, verbunden mit profunder Kenntnis der Sache, über die man spricht und für die man Verantwortung trägt, überträgt sich auf Zuhörer und Anhänger. Nicht zuletzt deshalb war Erhard zu seiner Zeit so erfolgreich.

Es gab einen zweiten Zeitabschnitt in der Geschichte der Bundesrepublik Deutschland, der vergleichbar war mit dem Zeitabschnitt nach 1948. Helmut Kohl konnte am 1. Oktober 1982 durch ein konstruktives Misstrauensvotum Bundeskanzler werden, weil die FDP den wirtschafts-, finanz- und sozialpolitischen Kurs der sozialliberalen Koalition von Helmut Schmidt nicht mehr mittragen konnte. Deshalb wechselte der größere Teil ihrer Bundestagsfraktion von der SPD hin zu einer Koalition mit der CDU/CSU. Diese Koalition war zwar nicht im Detail auf die Übernahme der Regierungsgeschäfte vorbereitet. Anders als mit der SPD gab es aber eine größere Übereinstimmung vor allem in den wirtschaftspolitischen Grundsatzfragen. Davon zeugt bis heute das als »Wendepapier« bekannt gewordene Memorandum des damaligen Bundeswirtschaftsministers Otto Graf Lambsdorff und die erste Regierungserklärung von Helmut Kohl am 13. Oktober 1982. In beiden Dokumenten kommt der Wille der seinerzeit neu begründeten Regierungskoalition zum Ausdruck, der Sozialen Marktwirtschaft in Deutschland wieder verstärkt zur Geltung zur verhelfen, nachdem die SPD-geführte Bundesregierung die Staatsverschuldung in den 13 Jahren ihrer Verantwortung von 56 Milliarden DM auf 320 Milliarden DM hat steigen lassen und die Staatsquote bei 50,1% lag. Dabei war nicht – wie in den Jahren nach 1990 mit einer erneut ansteigenden Staatsquote auf bis zu 50,3% im Jahr 1996 – eine ähnliche Jahrhundert-Aufgabe wie die der deutschen Wiedervereinigung zu leisten gewesen. Die Leistungen der Koalition von CDU, CSU und FDP in der Zeit nach 1982 sind im Kapitel I schon im Einzelnen beschrieben worden. Die Ziele einer sinkenden Staatsquote, rückläufiger Neuverschuldung und deutlich zunehmender Beschäftigung konnten nur erreicht werden, weil diese Koalition zu Beginn ihrer Amtszeit einen klaren, ordnungspolitisch fundierten Weg der Erneuerung der Sozialen Marktwirtschaft beschritt. Dieser Kurs wurde von zwei Ressortministern, nämlich Lambsdorff als Bundeswirtschaftsminister und Gerhard Stoltenberg als Bundesfinanzminister, getragen, die beide über ein hohes Maß an Klarheit, fachlicher Kompetenz und Autorität in ihren Ministerien verfügten, die ihrerseits fachlich erstklassig besetzt waren. In dieser Zeit stimmte der wirtschaftspolitische Kompass der Bundesregierung von Helmut Kohl.

So muss die Union die Partei der Mitte in Deutschland bleiben, die die Dialektik des Klassenkampfes auch im Zeitalter der Globalisierung überwindet. Diese Aufgabe wird gegen eine SPD zu leisten sein, die im Bild der Öffentlichkeit praktisch vollkommen verschwindet und dafür von einem Vorsitzenden geführt wird, der sich als Kanzler direkt an das Volk wendet. Gerhard Schröder wird zwar immer wieder unter den Druck der eigenen Parteifunktionäre geraten, bestimmte, ideologisch vorgeprägte Entscheidungen durchzusetzen. Darüber wird er sich aber auch in Zukunft entweder in der Weise hinwegsetzen, dass er Auswege aufzeigt, die die Partei selbst nicht gehen kann und will. Ein solches Beispiel war das Angebot an alle Befürworter der Vermögensteuer, diese Steuer in Zukunft auf Länderebene zu erheben – ein Vorschlag, der zuvor die förmliche Aufhebung des immer noch bestehenden Vermögensteuergesetzes des Bundes erfordert hätte, was die rot-grüne Koalition natürlich nicht zustande bringt. Oder aber er wird sich zur Belustigung der Öffentlichkeit über seine Genossen und deren Vorschläge mokieren und politische Vorschläge auf diese Weise ins Leere laufen lassen – wie die geplante Erhöhung der Mineralölsteuer über die beschlossenen 6 Pfennig pro Jahr hinaus mit dem Hinweis, er, Schröder, sei der »Kanzler aller Autos«. Das hat die Bundesregierung unter dem selben Kanzler natürlich nicht daran gehindert, wenige Wochen später gleich vier weitere »Ökosteuer«-Stufen zu beschließen. Dieser Politikstil ist es, der die Menschen an der Politik verzweifeln lässt, der die Glaubwürdigkeit »der Politiker« schlechthin untergräbt.

Wenn wir 2002 die Bundestagswahlen gewinnen wollen, muss der marktwirtschaftliche Kompass der Union wieder justiert sein. Es ist meine feste Überzeugung, dass die Menschen in Deutschland in ihrer Mehrheit bereit sind, uns auf einem Weg der Erneuerung der Sozialen Marktwirtschaft zu folgen. Die Enttäuschung über Rot-Grün sitzt tief. Sie wendet sich dann in Zustimmung zur Union, wenn wir konzeptionell genügend vorbereitet sind. Zu einem überzeugenden Konzept gehört die ganzheitliche Betrachtung der Wirtschafts-, Finanz-

und Sozialpolitik, der Arbeitsmarktpolitik und der Familienpolitik sowie, auch und gerade für uns unverzichtbar, der Umweltpolitik. In der Mediendemokratie gehört ein gutes Kommunikationskonzept dazu, das uns in der zweiten Hälfte der letzten Wahlperiode praktisch ganz gefehlt hat. So haben die Menschen die Politik der Union eher als Bedrohung empfinden müssen: längere Arbeitszeiten durch ein gelockertes Ladenschlussgesetz, weniger Geld durch eine Änderung der Lohnfortzahlung im Krankheitsfall, Gefahr für den Arbeitsplatz durch die Änderung des Kündigungsschutzgesetzes, höhere Steuern für die Nachtschwester und den Fernpendler – die Beispiele ließen sich fortsetzen. Diese Erfahrung zeigt: Es müssen Zusammenhänge erklärt und positive Entwicklungen aufgezeigt werden. Es lässt sich nachweisen, dass überall dort, wo Wettbewerb besteht, die Produkte besser, die Preise niedriger und die Beschäftigtenzahlen höher sind als dort, wo Monopole existieren und der Staat es besser zu können meint. Die von der früheren Regierung gegen die damalige Opposition durchgesetzte Liberalisierung der Telekommunikationsmärkte und die – wenn auch langsamer vonstatten gehende – Öffnung der Energiemärkte zeigen doch gerade in Deutschland besonders deutlich: Die marktwirtschaftliche Ordnung in den früheren Monopolbereichen ist ein riesiger Erfolg. Warum wird darüber nicht lauter gesprochen? Warum sind dies nicht Lehrbeispiele in unseren Schulen für den Sinn und den Erfolg der Marktwirtschaft? Genauso müsste mit zukünftigen Reformen geworben werden: Vertrauen wir dem Wettbewerb! Vertrauen wir jedem einzelnen Menschen mehr als anonymen Apparaten! Die Perspektiven einer guten Entwicklung auf dem Arbeitsmarkt, bei der Lohnentwicklung, bei sozialer Gerechtigkeit können auch durch Betroffene selbst vermittelt werden. So etwas kann man vorbereiten! Und die, die das kritisieren, müssen als die erkennbar sein, die dem Fortschritt für alle im Wege stehen.

Im fünften Kapitel will ich beschreiben, wie eine marktwirtschaftlich orientierte Politik der Union diesen Weg konkret gehen kann.

Weichenstellung in Europa für die Soziale Marktwirtschaft

Zuvor gilt es aufzuzeigen, dass die Marktwirtschaft längst über den Wirkungsbereich unseres Landes hinaus einen großartigen Siegeszug hat antreten können. Mittlerweile gilt das Ordnungsprinzip der Marktwirtschaft auch als bestimmendes Prinzip der Wirtschafts- und Gesellschaftspolitik in ganz Europa. Jedenfalls ist es in den europäischen Verträgen fest verankert.

Wer die Verträge daraufhin untersucht, in welcher Form der von Ludwig Erhard und Alfred Müller-Armack für das Wirtschaftssystem der Bundesrepublik Deutschland geprägte Begriff der Sozialen Marktwirtschaft Eingang gefunden hat, wird zunächst enttäuscht. Den Begriff der Sozialen Marktwirtschaft als Bezeichnung für ein Wirtschaftssystem, welches die Chancen des freien Marktes mit der sozialen Verantwortung von Eigentum, Kapital und Gewinn verbindet, sucht man in den Europäischen Verträgen vergeblich. Im »Glossar der Begriffe« der Europäischen Union finden sich zwar die Bezeichnungen »Sozialcharta«, »sozialer Dialog«, »Sozialpartner« und »Sozialpolitik« ebenso wie der Begriff des »gemeinsamen Marktes«, des »europäischen Binnenmarktes« und einer »offenen Marktwirtschaft«, der Begriff Soziale Marktwirtschaft hat dagegen in die Vertragstexte keinen Eingang gefunden.

Für diesen Befund finden sich in der Literatur im Wesentlichen zwei Begründungen: Im EWG-Vertrag von 1957 waren sozialpolitische Vorschriften nur vereinzelt enthalten. Die Gründer der EWG waren mehrheitlich der Überzeugung, dass das Funktionieren des gemeinsamen Marktes quasi automatisch zu einer Angleichung der Sozialsysteme und zu einer Erhöhung der sozialen Standards in den Mitgliedstaaten führen würde. In Artikel 3 i) EWG-Vertrag war als Aufgabe der Gemeinschaft zwar die Gründung des Europäischen Sozialfonds vorgesehen, um die Beschäftigungsmöglichkeiten der Arbeitnehmer zu verbessern und zur Hebung ihrer Lebenshaltung beizutragen. Aber die entsprechenden Artikel im Kapitel über die Sozialvorschriften (Art. 117 bis 122) enthielten keine Kompetenz der Gemeinschaft, Recht im Bereich der Sozialpolitik zu setzen. Die Mitgliedstaaten verpflichteten sich lediglich, ihre Sozialordnungen aufeinander abzustimmen und in sozialen Fragen zusammenzuarbeiten.

Eine weitere Begründung kann darin gesehen werden, dass die Mitgliedstaaten der Europäischen Union darauf verzichten wollten, sich in der gemeinsamen europäischen Wirtschaftspolitik auf ein System festzulegen, das zwar in Deutschland ein hohes Maß an sozialer Stabilität und wirtschaftlichem Wohlstand generiert hatte, gleichwohl als Modell für die gesamte Europäische Union angesichts der unterschiedlichen wirtschaftlichen Traditionen der Mitgliedstaaten nicht akzeptiert worden wäre. Dies ist der eigentliche Grund dafür, dass in der europapolitischen Diskussion der vergangenen Jahrzehnte zuerst der Begriff der »offenen Marktwirtschaft« reüssierte, dessen wichtigstes Kennzeichen der Wettbewerb war, und dann mit Beginn der 70er Jahre auch der Begriff der »sozialen Dimension« Eingang in die europapolitische Debatte fand. Dies war die Konsequenz aus der gewachsenen Überzeugung, dass Fortschritte in der europäischen Arbeits- und Sozialpolitik nicht von selbst aus dem gemeinsamen Markt erwachsen würden.

So wurden eine Reihe von Richtlinien im Bereich der Sicherheit und des Gesundheitsschutzes der Arbeitnehmer am Arbeitsplatz, im Bereich des Arbeitsrechtes und zur Gleichstellung von Männern und Frauen im Arbeitsleben erlassen. An der grundsätzlichen Unterordnung der europäischen Arbeits- und Sozialpolitik unter die wirtschafts- und wettbewerbspolitischen Zielsetzungen des EG-Vertrages änderte sich dadurch aber zunächst nichts. Auch die Einführung eines Artikels 118 a) in den EWG-Vertrag durch die Einheitliche Europäische Akte (EEA) von 1987 als Mindestvorschrift über Sicherheit und Gesundheit am Arbeitsplatz brachte nur geringen Fortschritt.

Dennoch setzte sich mit der Einheitlichen Europäischen Akte die Erkenntnis durch, dass die Menschen den Binnenmarkt nur dann akzeptieren würden, wenn er sozial ausgestaltet ist. Die soziale Dimension und mit ihr die Sozialpolitik rückte auch deshalb in den Vordergrund, weil mit der Festlegung eines Termins für die Verwirklichung des Binnenmarktes zum 1. Januar 1993 und dem damit einhergehenden verschärften Wettbewerb Sozialdumping zu Lasten der Arbeitnehmer befürchtet wurde. Es ist insbesondere der unionsgeführten Bundesregierung zu verdanken, dass sie die »soziale Dimension des Binnenmarktes« in die europäische Politik einbrachte. Eine wichtige Etappe in diesem Zusammenhang war der Europäische Rat von Hannover im Juni 1988, der unter dem Vorsitz von Bundeskanzler Helmut Kohl die Bedeutung der sozialen Verantwortung auf dem Weg zum europäischen Binnenmarkt unterstrich. Auf dem Europäischen Rat in Straßburg im Dezember 1989 schließlich wurde dann der von der EG-Kommission ausgearbeitete Entwurf einer »Gemeinschaftscharta der sozialen Grundrechte der Arbeitnehmer« von 11 Mitgliedstaaten angenommen, lediglich Großbritannien lehnte die Charta ab.

Die Sozialcharta stellte zunächst kein bindendes Gemeinschaftsrecht dar, sondern war juristisch als politische Absichtserklärung zu werten, deren politische Zielsetzungen dennoch Gewicht erlangten. Mit der Einberufung der Regierungskonferenz zur Politischen Union durch den Europäischen Rat von Dublin im Juli 1990 eröffnete sich die Chance, Grundsätze zur europäischen Wirtschafts-, Arbeits- und Sozialpolitik auch in den EWG-Vertrag aufzunehmen. Dabei ging es auch darum, die Unterordnung der Sozialpolitik unter die Vorschriften mit wirtschafts- und wettbewerbspolitischer Zielsetzung zu beenden und stattdessen eine am Subsidiaritätsprinzip orientierte Sozialpolitik im EWG-Vertrag zu verankern. Ziel war die Einführung eines konkreten arbeits- und sozialpolitischen Zuständigkeitskatalogs zum Erlass von Mindestvorschriften durch die Gemeinschaft. Dieses Ziel konnte nach dem Regierungswechsel in Großbritannien im Mai 1997 erreicht werden. Großbritannien stimmte im Rahmen der Verhandlungen zum Vertrag von Amsterdam einer Übernahme des Sozialabkommens, dem zwischenzeitlich auch die drei neuen EU-Mitglieder Schweden, Finnland und Österreich beigetreten waren, in den EG-Vertrag zu.

Zusammenfassend kann man sagen, dass die Vorstellung von einer »offenen Marktwirtschaft« die europäischen Verträge seit ihrer Abfassung in den 50er Jahren bis heute im Sinne einer Wettbewerbsordnung prägt. Durch die Übernahme des Sozialabkommens von Maastricht in den EG-Vertrag und die Schaffung eines eigenen Beschäftigungskapitels im Vertrag von Amsterdam ist die gleichberechtigte soziale Dimension im Binnenmarkt verwirklicht worden. Die Übernahme des Sozialabkommens ist auch eine Antwort auf den durch die Schaffung des EU-Binnenmarktes deutlich gestiegenen Wettbewerbsdruck. Gemeint ist damit eine am Modell der Sozialen Marktwirtschaft orientierte Politik des Wettbewerbs und verbindlicher sozialer Normen, die von den Mitgliedstaaten nicht unterschritten werden dürfen. Damit ist die Soziale Marktwirtschaft im europäischen Kontext fest verankert.

Eine globale Soziale Marktwirtschaft?

Wenn die Soziale Marktwirtschaft in Deutschland und Europa so erfolgreich implementiert ist, kann sie dann nicht auch Vorbild sein für eine globale Ordnung? Müsste die Globalisierung nicht eine große Chance eröffnen für eine globale Soziale Marktwirtschaft?

Kein Thema hat in den letzten Jahren so sehr die politische Diskussion beherrscht, zu keinem wirtschaftspolitischen Thema wurden in den letzten Jahren so viele Bücher geschrieben wie zur Globalisierung. Die meisten Bücher waren schon vom Titel her darauf angelegt, die vorhandenen Sorgen und Befürchtungen zu bestätigen und zum Nutzen der Auflage zu steigern: »Die Globalisierungsfalle«, »Die Krise des globalen Kapitalismus«, »Der Globalisierungskomplex«, »Der Mensch im Globalisierungskäfig«, »Der Mythos vom globalen Wirtschaftskrieg«, »Der entfesselte Markt«, »Politik ohne Macht«, »Die Diktatur des Profits« – die Reihe ließe sich beliebig fortsetzen. Eines ist vielen Titeln gemeinsam: Sie formulieren Angstszenarien. So ist eine der größten Chancen für unser Land, nämlich die weltweite Öffnung der Märkte, zum Inbegriff des Risikos der Zukunft geworden. Und wenn man die Medienberichte über die großen Treffen der Staats- und Regierungschefs dieser Welt sieht und hört, dann könnte man den Eindruck bekommen, dass die zeitweise orientierungslose Linke in Europa wieder ein Thema gefunden hat, das sich zum gewaltigen und teilweise gewalttätigen Protest gegen die verhasste politische und ökonomische Ordnung unserer Zeit bestens eignet. Der im Chaos der Straßenschlachten versinkende G 7/G 8-Gipfel von Genua Ende Juli 2001 – mit einer großen Zahl Verletzten unter den Polizisten und friedlichen Demonstranten und einem Toten auf Seiten der gewalttätigen, vermummten Krawallchaoten – war sicher noch nicht das Ende dieser neuen Protestbewegung. Nach Vietnam, Notstandsgesetzen, Nachrüstung und Kernenergie jetzt also die globale politische und wirtschaftliche Zusammenarbeit als neues Thema eines überwiegend linken Protestes?

Eigentlich müssten alle Länder dieser Welt und gerade Deutschland aus den Erfahrungen der letzten fünfzig Jahre ein vitales Interesse daran haben, auch in Zukunft weltweit auf offene Märkte zu stoßen und dort Schritt zu halten mit der technischen, aber auch mit der ökonomischen Entwicklung hin zur Informations- und Wissensgesellschaft. Wir erleben seit geraumer Zeit Veränderungen in zweierlei Richtung. Zum einen beschleunigt sich der Prozess der weltweiten Marktintegration nicht zuletzt durch das Internet in einer nie gekannten Weise allein deshalb, weil Produkt-, Qualitäts- und Preisinformationen von jedem Ort der Welt an jedem Ort der Welt in Sekundenschnelle verfügbar sind. Dadurch verschärft sich der Wettbewerb so rasant, dass sich die Vermarktungsstrukturen für fast alle Produkte völlig verändern. Gleichzeitig entsteht aus der Methode der Wissensvermittlung selbst über das Internet ein ganz neuer Wirtschaftszweig der virtuellen Informationsindustrie, die den Anteil der Dienstleistung an der Wertschöpfung auch unserer Volkswirtschaft sprunghaft steigen lässt. Es entstehen Unternehmen, die nichts anderes tun, als das Wissen über Produkte und Dienstleistungen anderer Unternehmen an weitere Unternehmen oder Endverbraucher zu vermitteln. Das Internet ist so zum Symbol der Globalisierung und der Informationsgesellschaft zugleich geworden. Es entsteht eine »new economy«, die sich in wesentlichen Elementen von der Wirtschaftsordnung unterscheidet, die wir seit der Industrialisierung kennen.

Es ist verständlich, dass allein wegen der Geschwindigkeit der Entwicklung Ängste und Vorbehalte entstehen. Gerade ältere Menschen kommen mit der technischen Entwicklung nicht mehr mit und fragen, welchen Platz sie denn in einer so veränderten Arbeitswelt noch haben. Sie stellen zum Teil die Veränderung selbst und deren Notwendigkeit in Frage. Und es wäre ja auch wirklich erstaunlich, wenn nicht das bisher Vertraute im Beruf und in der Arbeitswelt in Schutz genommen würde vor der Kraft der »dynamischen Zerstörung«, die von der gegenwärtigen Entwicklung und ihren Auswirkungen auf fast alle Lebensbereiche ausgeht. Aber schon Schumpeter hat die schöpferische Kraft beschrieben, die in der Zerstörung alter Strukturen liegt. Deshalb ist es eine zutiefst politische Aufgabe und Verpflichtung, den Prozess der Veränderung, den wir gegenwärtig wieder erleben, zu verstehen, selbst anzunehmen und ihn gleichzeitig der Bevölkerung zu erklären, damit er von uns allen gemeinsam gestaltet werden kann.

Die rot-grüne Bundesregierung geht einen anderen Weg. Zu Beginn ihrer Regierungszeit konnte man noch hin und wieder den Eindruck haben, wenigstens der Bundeskanzler sei bereit, die Wirklichkeit zur Kenntnis zu nehmen und die Chancen zu sehen, die mit der Globalisierung verbunden sind. Wenn er denn je den Anspruch an sich selbst gestellt hat, kraftvoll die Führung seiner Regierung und vor allem seiner Partei zu übernehmen und beide in Richtung Öffnung, Wahrnehmung der Wirklichkeit und Gestaltung des Wandels zu führen, so ist nach dem ersten chaotischen Regierungsjahr 1999 in den Jahren 2000 und 2001 vor allem eines erkennbar geworden: Die Bundesregierung hat sich in ihrer Wirtschaftspolitik vornehmlich auf den schwachen Euro und einen davon getragenen starken Export verlassen, um die Probleme im eigenen Land in den Griff zu bekommen. Dabei ist Deutschland bei Wachstum und Beschäftigung im europäischen Vergleich kontinuierlich zurückgefallen. Kein Land in Europa hat im Jahr 2001 ein so geringes wirtschaftliches Wachstum gehabt wie Deutschland. Die rote Laterne ist zum Symbol für den ökonomischen Niedergang des Landes unter Rot-Grün geworden. Nur mit Mühe und subtilen Drohungen an die Adresse der europäischen Partner konnte die Regierung Schröder im Frühjahr 2002 verhindern, dass Deutschland die nach dem europäischen Stabilitätspakt angezeigte Warnung der Kommission vor einem zu hohen staatlichen Defizit in Form eines so genannten »blauen Briefes« bekommt. In der Tat weisen die öffentlichen Haushalte, also Bund, Länder, Gemeinden und Sozialversicherungen, im Jahr 2002 einen negativen Finanzierungssaldo von fast drei Prozent aus. Die Gefahr besteht, dass die für konjunkturell schlechte Zeiten bestimmte Obergrenze bei zurückgehenden Steuereinnahmen, anhaltend hoher Arbeitslosigkeit und weiter niedrigem Wachstum sogar überschritten wird.

Wie reagiert darauf die Bundesregierung? Je näher die Bundestagswahl rückt, umso lauter werden ihre Warnungen vor der Globalisierung. Am 16. Mai 2002 gab der Bundeskanzler im Deutschen Bundestag eine Regierungserklärung zu nachhaltiger Entwicklung ab. Wenige Tage vorher hatte sich der Bundespräsident in einer nur wenig beachteten »Berliner Rede« geradezu emphatisch zur neuen internationalen Solidarität der Globalisierungsgegner geäußert. Beide Reden, die gewiss inhaltlich und vom Zeitablauf her intensiv aufeinander abgestimmt waren, bestätigen in geradezu fataler Weise den Umgang eines großen Teils der politischen Klasse unseres Landes mit einem der wichtigsten Themen unserer Zeit. Statt die Bürger zu informieren und sie vorzubereiten auf notwendige Veränderungen, werden sie beruhigt und eingelullt. »Mit uns wird alles nicht so schwierig«, lautet die Kernbotschaft, die Kritiker hätten doch wenigstens zum Teil Recht, sie stellten jedenfalls die richtigen Fragen. Jochen Buchsteiner setzt sich in der Frankfurter Allgemeinen Sonntagszeitung mit beiden Rednern kritisch auseinander und stellt zutreffend fest: »Die Botschaft, die Rau und Schröder aussenden, stellt die Realitäten, die in Deutschland über Jahre hinweg mühsam anerkannt wurden, auf den Kopf. Präsident und Kanzler definieren das Subjekt zum Objekt: Die Globalisierung erscheint nicht länger als eine historische Gegebenheit, die den Bürgern eine Anpassungsleistung abverlangt, sondern als Phänomen, das die Bürger (nach) ihren Bedürfnissen anpassen sollen. Nicht der Deutsche soll die Globalisierung fürchten, sondern die Globalisierung den Deutschen.« Das wahre Motiv dieser Beschwichtigungen und gar nicht so neuen deutschen Hybris, dass sich die Welt nach unseren Bedürfnissen und Ansprüchen auszurichten habe, erkennt Buchsteiner schließlich im Versagen der Regierung vor den Herausforderungen in der nationalen Politik: »Weil sich die Regierung unfähig zeigt, die notwendigen Reformen umzusetzen, entzieht sie gewissermassen deren Notwendigkeit die politische Begründung.«

So wenig sich die Dinge gleichen, so kann bei der Lösung unserer strukturellen Probleme vielleicht doch ein Blick zurück in die Entstehungsgeschichte der Wirtschaftspolitik der Bundesrepublik Deutschland helfen. Gegen das allgemeine Krisengerede hatte Ludwig Erhard nämlich zu einer Zeit, in der in Deutschland wahrlich noch kein Wohlstand herrschte, ein besonderes Rezept. Er ließ sich niemals in seiner positiven Grundstimmung erschüttern, dass der Aufbau einer leistungsstarken Volkswirtschaft wieder gelingen werde, wenn die richtigen politischen Grundentscheidungen getroffen würden. Mit dem Titel »Wohlstand für Alle« erschien 1957 das für eine breite Öffentlichkeit bestimmte, wohl wichtigste politische Buch von Ludwig Erhard. Zu diesem Zeitpunkt waren die Erfolge seines Ordnungsmodells der Sozialen Marktwirtschaft längst erwiesen. Die Union erzielte in diesem Jahr bei den Bundestagswahlen die absolute Mehrheit und das beste Wahlergebnis in ihrer Geschichte. Adenauer hatte diplomatische Beziehungen mit der Sowjetunion aufgenommen, die letzten Kriegsgefangenen waren heimgekehrt, die Volkswirtschaft wuchs kräftig, es herrschte Vollbeschäftigung. Gegen allen Pessimismus hatten Adenauer und Erhard mit ihrem klaren Kurs, ihrer Glaubwürdigkeit und ihrem Optimismus gesiegt.

Geschichte wiederholt sich nicht, und dennoch gibt es Parallelen zur heutigen Zeit. Ludwig Erhard würde heute vermutlich ein Buch schreiben mit dem Titel »Arbeit für alle« und nachweisen, dass die Soziale Marktwirtschaft nicht nur Wohlstand, sondern auch ein hohes Maß an Beschäftigung auch und gerade unter den Bedingungen der Globalisierung und der Informationsgesellschaft versprechen könnte, wenn wir uns denn auch auf dem Arbeitsmarkt zu mehr Freiheit und zu weniger Regulierung durchringen könnten. Aber noch immer herrscht – insbesondere bei verschiedenen deutschen Gewerkschaften, angeführt von der IG Metall – die Vorstellung vor, dass das vorhandene Volumen an Arbeit nur möglichst »gerecht« und unter Zuhilfenahme staatlicher Regulierung verteilt werden müsse, um das Problem der Arbeitslosigkeit in den Griff zu bekommen. Allenfalls über eine »Stärkung der Massenkaufkraft« lasse sich die vorhandene Arbeit selbst steigern. Daher müssten die Lohnabschlüsse auch deutlich über dem Produktivitätszuwachs liegen. Oskar Lafontaine hat diese Vorstellung auf die Henry-Ford-Formel zugespitzt: »Autos kaufen keine Autos«, und dafür viel Zustimmung erfahren. Das bemühte Festhalten an vorhandenen Arbeitsplätzen wird begleitet durch erhebliche Vorbehalte gegen den technischen Fortschritt, durch den die Arbeit wegrationalisiert werde. Konsequenterweise wird ausländische Konkurrenz des »Lohndumpings« geziehen, wenn sie die Arbeit nicht zu gleichen Bedingungen wie im Inland bietet, wird die Modernisierung der Arbeitswelt zuallererst verdächtigt, Arbeitsplätze wegzurationalisieren, statt neue zu schaffen.

Dabei müsste verantwortliche politische Führung der deutschen Bevölkerung gerade in schwierigen Zeiten deutlich machen: Die Globalisierung findet statt – mit oder ohne uns Deutsche, ob wir wollen oder nicht. Sie ist längst Realität, denn die rasante Entwicklung etwa der weltweiten Kommunikation wird nie wieder zurückgenommen werden. Das Internet ist da und wird bleiben. Gerade diese Technik verschärft den Wettbewerb, dem wir uns stellen müssen, es gibt dazu keine Alternative mehr. Längst finden Ausschreibungen über das Internet statt, Zulieferverträge etwa in der Automobilwirtschaft werden über Auktionen im Internet weltweit angeboten und abgeschlossen. Dabei findet ein globaler Wettbewerb um das beste Produkt, die schnellste Lieferung und den niedrigsten Preis statt. Wer im Geschäft bleiben will, muss mithalten. Wenn deutsche Firmen dies können sollen, müssen die politischen Rahmenbedingungen stimmen. Da helfen schöne Reden über die Ängste der Menschen nicht weiter. Im Gegenteil: Diese Reden suggerieren eine Sicherheit, die es nicht gibt. Sie verunsichern mehr, als dass sie Sicherheit gäben, denn die Menschen erkennen die Wirklichkeit und misstrauen ihren Politikern, die diese Wirklichkeit verdrängen. Auch so entsteht Politikverdrossenheit.

Ganz anders dagegen bereiten sich Amerika und Asien auf die neue Welt vor: Während unser Blick noch auf das krisengeschüttelte Japan gerichtet ist, entwickeln sich China und Indien zu weltweit handelnden Industrienationen. China baut den Transrapid, über den wir seit zwei Jahrzehnten diskutieren. Indien bildet die Ingenieure in der Informationstechnologie aus, die uns fehlen. Amerika wendet sich seit langer Zeit politisch und wirtschaftlich dem Pazifik zu und erkennt dort seine Chancen – wirtschaftlich, politisch und strategisch. Europa gilt als der alte Kontinent mit einem kranken Mann Deutschland, ein Kontinent in Erstarrung und mangelnder globaler Handlungsfähigkeit. Europa ist, so sieht man es in Amerika und China gleichermaßen, nicht die globale politische Größe geworden, die es einst werden wollte.

Nun mag diese Betrachtung von außen ja zu wenig Rücksicht nehmen auf den schwierigen Prozess der politischen und ökonomischen Integration, auf den langen Weg der Einigung in schwierigen politischen Fragen, auf die großen Herausforderungen, die unser Land mit der Überwindung seiner Teilung ebenso zu bestehen hatte wie die Europäische Union mit der schrittweisen Öffnung nach Osten. Aber wahr ist eben auch, dass diese Prozesse alle viel zu lange dauern, dass die Europäische Union seit Jahren, seit dem Ausscheiden des Kommissionspräsidenten Jacques Delors, in einer permanenten politischen Führungskrise steckt, dass der globale politische Einfluss der Union zu gering ist, und dass vor allem der Motor nicht mehr läuft, der Europa seit fünf Jahrzehnten immer wieder vorangebracht hat, nämlich das enge deutsch-französische Verhältnis und das eng abgestimmte, gemeinsame Vorgehen beider Gründerstaaten in allen wichtigen politischen und wirtschaftlichen Initiativen.

Fortschritt bei diesen Mühen der Ebene setzt aber eine deutsche Regierung voraus, die die Realitäten zur Kenntnis nimmt, die den Menschen Mut und Selbstvertrauen gibt und die vor allem wirklich führt statt zu beschwichtigen.

V. Kapitel

Mehr Freiheit für mehr Gerechtigkeit

Welche Konsequenzen ergeben sich aus diesen Erkenntnissen nun für Deutschland? Konkret: Wie muss sich die Union in der Wirtschaftspolitik orientieren, um glaubwürdig das Ziel einer höheren Beschäftigung mit steigendem Wohlstand, sozialer Gerechtigkeit, Geldwertstabilität, schonendem Umgang mit den Ressourcen dieser Welt und globaler Verantwortung zu vereinbaren?

Die wichtigste Erkenntnis müsste sein, dass es auch in hoch entwickelten Industriegesellschaften grundsätzlich genug Arbeit gibt. Auch in Deutschland ist genug Arbeit vorhanden, allerdings gegenwärtig nicht überall zu bezahlbaren Preisen. Deshalb müssen auch für die Organisation der Arbeit verstärkt Marktmechanismen wirken können.

Die Marktteilnehmer brauchen ein höheres Maß an Autonomie bei der Festlegung der Arbeitsbedingungen. Vereinheitlichte Lohn- und Arbeitsbedingungen in großen Tarifbezirken bis hin zur Allgemeinverbindlichkeit im ganzen Land, betriebs- und branchenübergreifend, sind nicht mehr zeitgemäß. Geschäftsleitungen und Betriebsräte in zahlreichen Betrieben vor allem in den neuen Ländern wissen dies und schließen abweichende Vereinbarungen zur Sicherung der Beschäftigung ab, obwohl sie damit zumeist gegen ein gesetzliches Verbot verstoßen.

Die weitere globale Arbeitsteilung sichert und verbessert

Beschäftigung. Darauf hat bereits Adam Smith vor über 200 Jahren hingewiesen. Die These ist durch zunehmenden Wohlstand und zunehmende Beschäftigung weltweit eindrucksvoll belegt. Gerade Deutschland hat davon als exportorientiertes Land großen Nutzen gehabt. Die Beschäftigungswirkungen treten allerdings dort verstärkt ein, wo weitgehend offene Arbeitsmärkte mit hoher Flexibilität bestehen. Deshalb konnte Deutschland seit Beginn der 70er Jahre von der weltweit zunehmenden Beschäftigung nicht mehr in gleichem Maß profitieren wie andere Industrienationen.

Auch der technische Fortschritt ermöglicht neue Arbeitsplätze. Neue Arbeitsplätze entstehen aber nicht immer dort, wo alte Arbeitsplätze wegfallen. Deshalb werden jahrzehntelange Zugehörigkeiten zum selben Betrieb in der selben Branche sehr viel seltener werden. Stattdessen werden die Berufs- und Erwerbsbiographien unregelmäßiger. Sie werden vor allem ergänzt durch Phasen der Ausbildung und Neuqualifizierung nach den ersten Berufsjahren und während der gesamten Dauer der Erwerbstätigkeit.

Darauf hat sich insbesondere das System der Sozialversicherung einzustellen. Es führt kein Weg an einem wesentlich höheren Maß an persönlicher Verantwortung für die kleinen Lebensrisiken vorbei. Die kollektiven Systeme der Vollabsicherung haben ihre Zeit hinter sich. Sie werden langfristig zu flexiblen, wettbewerbsorientierten Systemen umgebaut, die eine Absicherung für die großen Risiken garantieren, darüber hinaus aber auf der Grundlage der Freiwilligkeit und der individuellen Bedürfnisse Angebote unterbreiten.

Mehr Flexibilität und mehr Freiheit für den Einzelnen sind nur möglich, wenn der Staat weniger Einfluss auf die Finanzierung und Verwendung des erwirtschafteten Sozialproduktes für sich beansprucht. Deshalb muss gerade in Deutschland die nach der Wiedervereinigung erneut gestiegene Staatsquote konsequent gesenkt werden. Die Zielgröße sollte bei etwa 40%

liegen. Dies erfordert eine Neuabgrenzung und Konzentration auf die Kernaufgaben des Staates für Bund, Länder und Gemeinden. Denn nicht der Staat, sondern nur privatwirtschaftliche Unternehmen schaffen Wohlstand und Arbeit für Alle.

Einheit der Wirtschafts-, Finanz-, Sozial- und Familienpolitik

Die Union konnte in den letzten Jahren einen Kompetenzvorsprung vor den Sozialdemokraten insbesondere deshalb wieder erreichen und ausbauen, weil sie glaubhaft für die Einheit der Wirtschafts-, Finanz- und Sozialpolitik eingetreten ist. Die Menschen trauten der Union in Deutschland mehrheitlich eher zu, mit einer guten Wirtschafts- und Finanzpolitik auch für den erwarteten sozialen Ausgleich zu stehen. An diese Tradition muss die Union in der Regierungsverantwortung wieder anknüpfen. Sie muss vor dem Hintergrund von Binnenmarkt, Europäischer Wirtschafts- und Währungsunion und voranschreitender Globalisierung sagen, welchen Platz Deutschland und seine Volkswirtschaft im 21. Jahrhundert einnehmen soll: den im mäßigen Mittelfeld oder an der Spitze der Industrienationen. Die Antwort aus unserer Sicht kann natürlich nur darin liegen, dass Deutschland wieder einen Spitzenplatz anstrebt. Dafür aber müssen Bedingungen erfüllt und Voraussetzungen geschaffen werden, von denen wir zum Teil weit entfernt sind.

Diese Bedingungen sind nur zu erfüllen, wenn wir begreifen, dass eine gute Wirtschaftspolitik aus der einheitlichen Betrachtung aller ökonomischen Rahmendaten besteht, der Einnahmen- und Ausgabenseite der öffentlichen Haushalte ebenso wie der großen Sozialsysteme und deren wechselseitigen Wirkungen und Abhängigkeiten. Die Altersvorsorge ist nicht ohne einen neuen steuerpolitischen Rahmen zu reformieren. Die Gesundheitspolitik dient natürlich zuerst einem möglichst freiheitlichen System von Gesundheitsdienstleistungen, sie hat gleichzeitig mit den Kosten der Arbeit zu tun und steht nicht zuletzt wiederum im Zusammenhang mit einem schnell wachsenden Markt mit vielen Arbeitsplätzen.

Die Wahrheit vor allem anderen ist: Es wartet in dieser Welt niemand darauf, dass wir den Spitzenplatz einnehmen, noch hilft uns jemand dabei. Wir müssen das schon selber wollen und auch erreichen.

Wie viel darf der Staat für sich verbrauchen?

Bei der einheitlichen Betrachtung der Wirtschafts-, Finanz- und Sozialpolitik kommt der Frage eine zentrale Bedeutung bei, wie stark der Staat Einfluss nehmen darf auf Finanzierung und Verwendung der erwirtschafteten Leistungen. Die Antwort auf diese Frage bestimmt den Rahmen unserer zukünftigen Politik. Soll der Staat – also Bund, Länder, Gemeinden und Sozialversicherungen – die Hälfte oder gar mehr von dem Sozialprodukt, das die Menschen dieses Landes erarbeiten, durch seine Hände laufen lassen oder müsste es nicht deutlich weniger sein? Unsere Antwort darauf, die sich am Leitbild der Sozialen Marktwirtschaft orientiert, muss lauten: Die Staatsquote muss deutlich unter 50% liegen. Eine Volkswirtschaft mit einer Staatsquote von 50% oder darüber ist keine im Kern privatwirtschaftlich organisierte Marktwirtschaft mehr, sondern eine Staatswirtschaft mit abnehmendem privaten Sektor. Das war der zutreffende Befund im Jahr 1982 zum Ende der Amtszeit der sozialliberalen Koalition. Dieses war – mit vielen plausiblen Gründen – auch wieder die Lage im Jahr 1997, als die Staatsquote in Deutschland erneut die 50%-Marke überschritten hatte. Es gibt keinen optimalen Wert für die Marktwirtschaft, aber in der Nähe von 45% sollte die Staatsquote in wirtschaftlichen Normalzeiten schon liegen. In der Nähe von 40% wäre besser, denn es lässt sich nachweisen, dass die Dynamik und die Fähigkeit, neue Beschäftigung zu schaffen, einer Volkswirtschaft umso größer sind, je geringer die Inanspruchnahme des Bruttoinlandsproduktes (BIP) durch staatliche Ausgaben ist.

Bei einem BIP von annähernd 2 Billionen oder 2000 Milliarden Euro wird die Dimension der Aufgabe, der wir uns stellen müssen, schnell klar: Die Absenkung der Staatsquote um rund 8 Prozentpunkte gegenüber dem Jahr 2002 würde den Verzicht auf öffentliche Ausgaben in Höhe von etwa 160 Milliarden Euro im Jahr erfordern. Wenn dieses Ziel allein dadurch erreicht werden soll, dass die öffentlichen Ausgaben bei anhaltendem Wirtschaftswachstum »nur« nicht weiter steigen, dann dürften die Haushalte von Bund, Ländern, Gemeinden und Sozialversicherungen bei einem jährlichen Wirtschaftswachstum von nominal 3% über einen Zeitraum von mehr als sechs Jahren keinerlei Ausgabenzuwachs aufweisen. Dies nimmt sich auf den ersten Blick als nicht besonders schwierig aus, dürfte in einem Land, das auf beständigen Zuwachs an Wohlstand und Lebenshaltungsniveau eingerichtet ist, aber gleichwohl als dramatisch empfunden werden. Dagegen wirkt der gewonnene Freiheitsraum mit einem höheren verfügbaren BIP pro Kopf nicht so überzeugend. Wenn wenigstens ein Inflationsausgleich bei den öffentlichen Ausgaben garantiert würde, dauerte der Prozess der Absenkung der Staatsquote bei gleichen zugrunde gelegten Daten nicht sechs Jahre, sondern zehn Jahre. Trauen wir uns in Deutschland zu, die öffentlichen Haushalte über eine Dekade so stabil zu halten, dass sie nur einen Inflationsausgleich gewähren, während gleichzeitig ein stabiles Wirtschaftswachstum die Spielräume für private Investitionen und Arbeitsplätze erhöht? Es wäre das Mindeste, was wir leisten müssten, um den Anschluss an die Dynamik der Volkswirtschaften zurückzugewinnen, die in den letzten Jahren auf ganz unterschiedliche Weise gezeigt haben, dass es einen Weg hin zu mehr Beschäftigung sehr wohl gibt.

Ziele definieren und Verantwortung organisieren

Im sozialstaatlichen Modell der Bundesrepublik Deutschland bedarf es dazu besonderer Überzeugungskraft. Die deutsche Gesellschaft ist – ganz anders als die amerikanische – anfällig für Neidkomplexe; sie ist – ganz anders als die britische – nicht bereit, politische Konflikte zu ertragen und auszutragen; und sie ist – ganz anders als etwa die französische – nicht bereit, größere Wohlstandsunterschiede hinzunehmen. Die deutsche Bevölkerung aber ist offen für Grundsatzdebatten und in ihrer Mehrheit wohl auch bereit, einem Weg zu einem politisch definierten Ziel zu folgen. Helmut Kohl hat dies im Wahlkampf 1983 bewiesen. Ebenso wie bei Adenauer und Erhard waren die Menschen mehrheitlich bereit, einen Aufbruch zu wagen, weil ihnen glaubwürdig vermittelt wurde, dass es etwas Besseres zu erreichen gelte. Die Sozialdemokraten haben den Wählern Erfolg ohne Anstrengung versprochen. Dieser Erfolg hat sich nicht eingestellt. Im Gegenteil, die Enttäuschung ist groß. Das Ziel von Gerhard Schröder hieß: Ich will Kanzler werden. Unser Ziel muss lauten: Wir wollen mit den Menschen in Deutschland spätestens in zehn Jahren Vollbeschäftigung erreichen und auch unter stark veränderten Bedingungen, denen wir uns stellen müssen, Wohlstand für alle sichern. Den Weg zu diesen Zielen wollen wir im Dialog miteinander erarbeiten. Dabei muss jeder seine Verantwortung tragen und öffentlich dafür einstehen: die Politik ebenso wie die Tarifvertragsparteien, jeder an seinem Platz, nicht alle am runden Tisch. Der runde Tisch organisiert Verantwortungslosigkeit. Wir organisieren Verantwortung.

Eine Steuerpolitik für Wachstum und Beschäftigung

In der Steuerpolitik können wir am weitesten auf die Vorarbeiten aus der Vergangenheit zurückgreifen. Die erfolgreiche Geschichte der großen Steuerreform von 1986/88/90 habe ich im ersten Kapitel dieses Buches schon beschrieben, auch die Gründe für das Scheitern einer zweiten Reform nach der Wiedervereinigung. Die rot-grüne Bundesregierung steht heute längst nicht mehr als der Reformmotor in der Steuerpolitik da, als den sie sich gerne ausgibt, seitdem es im Jahr 2000 wenigstens im Bereich der Körperschaftsteuer eine Tarifkorrektur nach unten gegeben hat, die viele Unternehmen allerdings durch die Verschlechterung der Gewinnermittlungsvorschriften, vor allem durch die teilweise drastische Verlängerung der Abschreibungszeiträume, weitgehend selbst bezahlen.

Gleichzeitig hat es durch die Absenkung des Körperschaftssteuersatzes auf 25% dramatische Auswirkungen auf die öffentlichen Haushalte gegeben, die die Bundesregierung völlig unterschätzte, als sie im Jahr 2000 ihre Reform durchsetzte. Sie hat nämlich versäumt, eine angemessene Übergangsfrist in das Gesetz hineinzuschreiben, innerhalb derer die mit dem früher höheren Körperschaftssteuersatz vorbelasteten Eigenkapitalbestandteile nur schrittweise aufgelöst und ausgeschüttet werden dürfen. Die Folge ist, dass die Unternehmen seit dem Jahr 2001 Körperschaftssteuerguthaben in einem solchen Umfang auflösen und sich die Körperschaftssteuer erstatten lassen, dass die Körperschaftssteuer von 23,6 Milliarden Euro im Jahr 2000 auf eine Erstattung (!) der Körperschaftssteuer im Saldo von 400 Millionen Euro weggebrochen ist. Natürlich gibt es Unternehmen, die noch zur Körperschaftssteuer herangezogen werden. Andere aber bekommen vor allem durch einen regen internationalen Verlustehandel oder durch die Auflösung bereits früher zu einem höheren Satz versteuerter Eigenkapitalanteile Körperschaftssteuer in erheblichem Umfang erstattet. Im ersten Halbjahr 2002 haben mehrere Bundesländer, die für die Erhebung aller Steuern unabhängig von deren späteren Verteilung zuständig sind, mehr Körperschaftssteuern erstatten müssen, als sie eingenommen haben. Die Einnahmeposition in den Haushalten des Bundes und der Länder ist zu einer Auszahlungsposition geworden. Man stelle sich einen kurzen Augenblick vor, eine unionsgeführte Bundesregierung hätte ein solches Ergebnis zu verantworten! Wo sind die deutschen Gewerkschaften geblieben, die der SPD aus Beitragsmitteln im Wahljahr 1998 noch acht Millionen DM für eine sozial gerechtere Politik, für einen »Politikwechsel« zur Verfügung gestellt hatten? Ist das der Wechsel, den sie wollten?

Die Erhebung der Einkommensteuer ist dagegen in den letzten Jahren noch weiter kompliziert worden, sodass mittlerweile nicht mehr nur die Steuerberater, sondern die Steuerverwaltung selbst von der Unvollziehbarkeit der Einkommensteuer und drastischen neuen Ungerechtigkeiten spricht.

So wartet man in Deutschland immer noch auf eine wirklich grundlegende Reform vor allem der Einkommensteuer und ihrer Bemessungsgrundlage. Nicht mehr oder weniger kunstvolle Korrekturen an den Steuersätzen, sondern vielmehr eine konsequente Vereinfachung unseres Steuerrechts ist notwendig, um die Zustimmung der Steuerpflichtigen zu einer als gerecht und angemessen empfundenen Steuerlast zurückzugewinnen. Das Verhältnis zwischen Steuerstaat und Steuerbürger kann nur wieder in Ordnung gebracht werden, wenn sich der Staat in seinen Aufgaben beschränkt und die dazu notwendigen Steuereinnahmen auf der Basis eines durchschaubaren und allgemein akzeptierten Steuerrechts erhebt.

Sinkende Steuereinnahmen, steigende Zinsausgaben, höhere Schulden

Die Lage der öffentlichen Haushalte ist bis heute jedoch gekennzeichnet durch ständig steigende Ausgaben, vor allem für die soziale Sicherung, für eine steigende Zahl von Arbeitslosen und Sozialhilfeempfängern und durch einen steigenden Schuldendienst für immer neuer Kredite. Ein Blick auf die Zahlen verdeutlicht die Probleme: Die Haushaltsausgaben beliefen sich im Jahr 2001 beim Bund auf rund 478 Milliarden DM, bei den Ländern auf rund 490 Milliarden DM, bei den Gemeinden auf rund 283 Milliarden DM, zusammen also gut 1250 Milliarden DM. Im selben Jahr sind den öffentlichen Haushalten aber »nur« 914 Milliarden DM an Steuereinnahmen zugeflossen. Sie stammen aus über 34 verschiedenen Steuerarten, die Bürger und Betriebe ganz unterschiedlich belasten. Daneben gehören zu den Einnahmen insbesondere Gebühren (z.B. Gerichtsgebühren), Einnahmen aus eigener Wirtschaftstätigkeit sowie beim Bund die Münzeinnahmen und der Bundesbankgewinn. Gleichwohl bleibt zwischen Einnahmen und Ausgaben eine Deckungslücke, die von künftigen Generationen geschlossen werden muss.

Beim Bund sind Ausgaben in Höhe von fast 10% nicht durch Steuereinnahmen oder Verwaltungs- und Münzeinnahmen gedeckt. Die einmaligen Einnahmen haben ihrerseits erhebliche Folgewirkungen, wenn sie zur Finanzierung von laufenden, d.h. jährlich wiederkehrenden Ausgaben herangezogen werden. Die außerordentlichen Einnahmen z.B. aus der Veräußerung von öffentlichen Grundvermögen oder Firmenbeteiligungen sind nur einmal zu erzielen, die laufenden Ausgaben verlangen aber eine kontinuierliche Finanzierung. Hohe Staatsdefizite und die steigende Verschuldung der öffentlichen Hand sind in den letzten Jahren zu einer dauernden Belastung geworden. Entsprechend steigen die Kosten des Kapitaldienstes, also der Zinszahlungen, die einen immer größeren Teil der Steuereinnahmen in Anspruch nehmen.

Es kommt ein weiteres Problem hinzu. Der Bund hat durch die so genannte »ökologisch-soziale Steuerreform« der rotgrünen Bundesregierung den Betrag des Bundeszuschusses in die Rentenversicherung drastisch erhöht. 2002 beträgt diese Leistung des Bundes, die nichts anderes ist als die Quersubventionierung der Rentenversicherung durch den Steuerhaushalt, rund 72 Milliarden Euro. Das entspricht einem Anteil von etwas über 30% der Gesamtausgaben des Bundes – Ausgaben, die nicht so schnell korrigiert werden könnten ohne drastische Kürzung der Renten oder drastische Anhebung der Rentenversicherungsbeiträge.

Chaos im Steuerrecht

Das heute geltende Steuerrecht ist aus sich selbst heraus nicht mehr verständlich. Die Regeln sind hinter den vielen Ausnahmen kaum noch zu erkennen. So ist z.B. die von der rot-grünen Bundesregierung eingeführte Bestimmung des Einkommensteuergesetzes zur Mindestbesteuerung so kompliziert, dass die Verfasser der einschlägigen Gesetzeskommentare allesamt zu jeweils anderen Ergebnissen kommen. Keiner weiß, was der Gesetzgeber eigentlich gewollt hat. Dazu sagt einer der führenden Steuerrechtslehrer, der frühere Richter am Bundesverfassungsgericht, Professor Paul Kirchhof: »Das heißt, wir fahren jetzt langsam das Steuerrecht gegen die Wand.«

Der Bürger kann, selbst wenn ihm ein Berater hilft, die an ihn gerichteten Fragen bei der Abgabe seiner Steuererklärung kaum noch verstehen, geschweige denn die Richtigkeit seiner Angaben noch garantieren, obwohl er mit seiner Unterschrift dafür die Haftung übernimmt. Daher überfordert das geltende

Recht selbst den Bürger, der redlich dem Staat geben will, was ihm zusteht. Es ist längst allgemeine Meinung, dass Steuern nur noch die Dummen zahlen, oder andersherum: Die wenigsten Steuern zahlen die Cleversten. Da es so viele legale Möglichkeiten gibt, Steuerzahlungen zu vermeiden, kann von Gleichheit der Besteuerung nicht mehr gesprochen werden.

Die Finanzamtsvorsteher von Bayern und Nordrhein-Westfalen haben mittlerweile öffentliche Aufrufe verfasst, das geltende Steuerrecht zu ändern und deutlich zu vereinfachen. Wenn die Steuerverwaltung selbst einen solchen Appell an den Gesetzgeber richtet, dann scheint wirklich die Zeit zum Handeln gekommen zu sein.

Viele Vorschriften des heutigen Steuerrechts führen zudem dazu, dass Investitionen, die ökonomisch sinnvoll sind, steuerlich schädlich sind und deshalb unterbleiben. Auch der umgekehrte Fall gilt: Was steuerlich sinnvoll ist, weil es die zu zahlenden Steuern senkt, kann ökonomisch unsinnig sein. Die Änderung der Unternehmensbesteuerung im Jahr 2000 hat das Chaos im Steuerrecht weiter vergrößert. Der Wirrwarr ist durch neue steuerliche Gestaltungsmöglichkeiten noch größer geworden. Rot-Grün macht das Gegenteil von dem, was man als Anspruch an sich selbst noch in der Koalitionsvereinbarung von 1998 verabredet hatten. Die Chaotisierung des Steuerrechts in Deutschland schreitet munter voran!

Prinzipien für eine verlässliche und gerechte Steuerpolitik

Steuerpolitik muss sich an klaren Prinzipien orientieren. Gerade in der Steuerpolitik, die ganz überwiegend im Steuerrecht ihren Ausdruck findet, geht es nicht ohne ordnende Strukturelemente, die für alle Besteuerungstatbestände gleich angewendet werden. Zum einen muß der Staat über eine verlässliche

Einnahmequelle verfügen können. Dem entspricht eine für den Steuerpflichtigen verlässliche und im voraus kalkulierbare Belastung. Zum anderen muss diese Belastung im Ergebnis gleich sein, unabhängig davon, wie das steuerpflichtige Einkommen erworben wurde, unabhängig davon, wie es verwendet wird, und vor allem unabhängig davon, in welcher Rechtsform der Steuerpflichtige sein Einkommen erzielt. Die Neutralität der Gewinnerzielung, die Neutralität der Gewinnverwendung und die Rechtsformneutralität, sind bewährte Grundsätze eines auch in der Zukunft modernen Steuerrechts. Sie sollte der Steuergesetzgeber nicht verletzen, wenn er gleichmäßig belasten und neuen Freiraum für eigenverantwortliches Handeln der Bürger ebenso schaffen will wie für Investitionen und neue Arbeitsplätze in den Betrieben.

Die Steuerpolitik hat dienende Funktion. Steuern dienen in erster Linie der laufenden Finanzierung der notwendigen Staatsausgaben auf allen Ebenen, Bund, Länder, Kommunen und Europäische Union. Die dienende Funktion ist nur erfüllbar, wenn die Steuereinnahmen keinen großen Schwankungen unterliegen oder zumindest soweit vorausberechenbar sind, dass die Finanzierungsbasis für die öffentlichen Aufgaben nicht gefährdet ist. Verlässlich fließende Steuerquellen sind deshalb für ein funktionsfähiges Gemeinwesen unerlässlich. Dies wird der Steuerpflichtige aber nur dann hinnehmen, wenn er davon ausgehen kann, dass der Staat die Belastung, die er zu tragen hat, nach durchschaubaren Kriterien gerecht verteilt und schließlich mit den Einnahmen keine unsinnigen Ausgaben tätigt. So müssten dann auch die Steuergesetze wirken: Die Steuerpflichtigen müssten sich auf sie verlassen können.

Eine gerechte Verteilung der Steuerbelastung setzt niedrige Steuersätze, eine gleichmäßige Belastung und einfache Vorschriften voraus. Diese Voraussetzungen sind allesamt nicht erfüllt: Die Steuerbelastung eines ledigen Durchschnittsverdieners mit Lohnsteuer (ab 1991 einschließlich Solidaritätszuschlag) betrug 1960 10,2% des Bruttolohns. Sie stieg 1982 auf 17,0% und 1998 auf 19,3%. Die Belastung mit Sozialabgaben für Renten-, Kranken-, Arbeitslosen- und Pflegeversicherung betrug bei diesem ledigen Durchschnittsverdiener 1960 22,5%, 1982 34,0%, 1998 40,3% und 2002 mehr als 41% – trotz oder gerade wegen der rot-grünen Reformen.

Trotz hoher Belastung des normalen Arbeitnehmers enthält unser Steuerrecht immer noch viele Besteuerungsausnahmen, z.B. bei der Veräußerung von Immobilien und von Wertpapieren aus dem privaten Bestand. Gleichzeitig werden deutsche Unternehmen im internationalen Vergleich zu hoch besteuert. In einem Land mit hohen Lohnzusatzkosten gibt es gleichzeitig hohe Unternehmenssteuern – und diese auch noch sehr unterschiedlich je nach Rechtsform und Verwendung des Gewinns. Die Folge ist eine weitere Erosion der Steuerbasis durch Verlagerung von Betrieben und Betriebsstätten ins Ausland, durch Kapitalflucht, durch Schwarzarbeit, durch Steuerbetrug, durch nachlassende Leistungsbereitschaft wegen zu hoher Belastung.

Eine gerechte Begrenzung der Steuer- und Abgabenlast ist daher eine der wichtigsten Grundlagen unseres Rechtsstaates. Die Besteuerung hat sich grundsätzlich an der wirtschaftlichen Leistungsfähigkeit zu orientieren. Deshalb berücksichtigt der Gesetzgeber bei der steuerlichen Belastung die Lebensverhältnisse der Steuerpflichtigen, also etwa ihren Familienstand. Kernstück einer gerechten Besteuerung ist die Gleichheit der Belastung. Gleiche Einkommenszuwächse müssen gleich besteuert werden. Neben der Absenkung der zu hohen Steuerbelastung und der Gleichheit in der Belastung ist eine grundlegende Vereinfachung unseres Steuerrechts unerlässlich. Je einfacher das Steuerrecht, desto gerechter kann es sein. Der Steuerpflichtige kann die von ihm verlangte Steuerzahlung nachvollziehen. Es widerspricht dem Rechtsstaatsgebot, wenn Gesetze selbst für Fachleute nur noch verständlich sind, wenn die

Bürger sich deren Inhalt vorher anderweitig aneignen müssen und die Ausführung noch nicht einmal mit amtlichen Erklärungsvordrucken und Verwaltungsvorschriften ermöglicht wird. Der Zeitpunkt ist erreicht, zu dem jede Bundesregierung verpflichtet ist, sich der Aufgabe einer grundlegenden Reform, ja einer radikalen Vereinfachung unseres Steuersystems zu stellen.

Das Problem ständig steigender öffentlicher Ausgaben für Sozialleistungen und steigender Beitragsbelastungen der Bürger und Betriebe kann gleichwohl nicht allein mit der Steuerpolitik gelöst werden. Einige Zahlen: Die Ausgaben für soziale Sicherung betrugen beim Bund 1998 rund 180 Milliarden DM, 2001 sind es bereits 194 Milliarden DM und die rot-grüne Finanzplanung rechnet – noch in DM ausgedrückt – für 2004 mit mehr als 211 Milliarden DM, davon allein knapp 138 Milliarden DM als Zuschuss für die Rentenversicherung.

Der Vergleich macht deutlich: Über die laufenden Steuereinnahmen können die laufenden Sozialleistungen in Zukunft nicht mehr finanziert werden. Weitere Steuererhöhungen scheiden aus, zumal auch die demografische Entwicklung dazu führt, dass die Zahl der belastbaren Steuerzahler abnimmt, während die Zahl der Empfänger von Sozialleistungen, insbesondere unter den Rentnern, zunehmen wird.

Die »Ökosteuer« ist der Versuch, vor diesen Tatsachen die Augen zu verschließen und sich um wirkliche Reformen der Sozialversicherungssysteme herumzudrücken. Die »Ökosteuer« verfehlt beides, das umweltpolitische Ziel und das sozialpolitische Ziel. Da sie nicht an den Schadstoffausstoß anknüpft, trägt sie mit ihrer Erhebung nicht zur Reduzierung von umweltschädlichen Treibhausgasen bei. Die Probleme in der gesetzlichen Rentenversicherung werden kaschiert und nicht gelöst.

Die gleichwohl bestehenden inneren Zusammenhänge zwischen Einkommen, Steuern auf Einkommen und Sozialleistungen können auch nicht mit Verknüpfungen über ein »Bürgergeld« oder über ein System einer »negativen Einkommensteuer« gelöst werden. Hinter diesen Begriffen stehen Theorien, die eine mehr oder weniger enge Verzahnung von Sozialtransfers und Steuern herstellen wollen. Im Prinzip ist beiden Vorschlägen eins gemeinsam: Das Finanzamt ermittelt auf der einen Seite die Steuerschuld jedes Bürgers und auf der anderen Seite seine Ansprüche auf Sozialtransfers. Steuerschuld und Ansprüche werden dann saldiert, und ein eventueller negativer Saldo wird vom Finanzamt als negative Einkommensteuer ausgezahlt. Die angestrebte Vereinfachung besteht darin, dass der Staat nicht mehr mit der einen Hand von seinen Bürgern Steuern nimmt und einem großen Teil seiner Bürger mit der anderen Hand Sozialleistungen zahlt, sondern dass die gegenseitigen finanziellen Ansprüche von Staat und Bürger vorab verrechnet werden. Damit soll viel Bürokratie ersetzt werden. Das »Bürgergeld« geht sogar noch einen Schritt weiter. Jeder Bürger soll als nicht verrechenbaren Anspruch ein permanentes Sockeleinkommen unabhängig von Alter, Einkommen, Familienstand und sonstigen Lebensumständen ausgezahlt bekommen. Die Auszahlung des Bürgergeldes auf der einen und die Erhebung der Einkommensteuer auf der anderen Seite sollen verwaltungsmäßig und buchungstechnisch getrennt bleiben. Die Finanzierung soll aus einer eigenständigen Bürgergeldsteuer, die separater Bestandteil der Einkommensteuer ist, sichergestellt werden. Dabei wird angenommen, dass in dem Bürgergeldsystem die Beschäftigung und damit der Wohlstand höher sind als im herkömmlichen Sozialstaat und dass auch die Bemessungsbasis der Einkommensteuer gegenüber dem herkömmlichen System erweitert würde.

Selbst die Befürworter räumen ein, dass das Bürgergeldsystem sich nicht zum Reformbaustein im bestehenden Sozialstaats- und Wirtschaftssystem eignet. Man müsse sich vielmehr auf die Perspektive eines grundlegenden Wandels der staatlichen Institutionen und der politischen Verfahren einlassen. Für die Einführung einer Bürgergeldsteuer sei denn auch eine neue Finanzordnung erforderlich. Diese Änderungen müssten zudem in einem abrupten Übergang gewagt werden, um dem Misstrauen gegenüber der für die Einführung zuständigen Generation zu begegnen, die die Lasten eines allmählichen Umsteuerns nicht tragen wolle.

Es erscheint zweifelhaft, ob diese Konzepte dem bewährten Dualismus von Einkommensteuer und bisherigen Sozialleistungen überlegen sind. Die deutsche Sozialhilfe ist als nachrangige Hilfe für die wirklich Bedürftigen konzipiert, die außerstande sind, sich selbst zu helfen. Deshalb ist die Selbsthilfefähigkeit so streng verfasst, dass der Sozialhilfeanspruch die Arbeitsbereitschaft nicht beeinträchtigt. Genau dies wird bei der negativen Einkommensteuer jedoch befürchtet, eben weil die Bürger so verleitet werden, die Hände in den Schoß zu legen oder schwarz zu arbeiten. Ein Finanzbeamter kann auch nicht gleichzeitig Sozialarbeiter sein. Beide Konzepte, negative Einkommensteuer und Bürgergeld, würden im Ergebnis darauf hinauslaufen, zwei materiell und organisatorisch zu verschiedenartige Systeme zusammenzufügen.

Die Trennung von Steuern und Sozialleistungen bleibt also wohl bis auf weiteres sinnvoll. Die Reform der Einkommensteuer muss demzufolge für sich betrachtet und konzipiert werden.

Gerechte Einkommensbesteuerung: Der Karlsruher Entwurf

Im Mai 2001 hat eine private, aus Steuerrechtswissenschaftlern und Steuerrechtspraktikern gebildete Arbeitsgruppe unter Federführung des ehemaligen Verfassungsrichters Paul Kirchhof den Entwurf eines erneuerten Einkommensteuergesetzes vorgestellt. Ziel des Reformvorhabens ist es, das gegenwärtige Einkommensteuergesetz in seinen historisch gewachsenen Prinzipien wieder zur Geltung zu bringen. Der so genannte »Karlsruher Entwurf« schlägt hierzu eine grundlegend vereinfachte, von allen Ausnahmetatbeständen entlastete, maßvolle Einkommensteuer vor, die dem Steuerpflichtigen die freie Verfügung über den größeren Teil seines Einkommens zurückgibt und die Steuerlast verständlich und planbar macht.

In diesem Modell werden fast alle Ausnahmen und Steuervergünstigungen gestrichen. Im Gegenzug soll jeder Steuerzahler 8000 Euro Grundfreibetrag (Verheiratete: 16 000 Euro) sowie Ausgaben für eine nicht vererbbare Altersrente von der Steuer absetzen können. Was über dem Abzugsbetrag liegt, soll mit 15% versteuert werden (Eingangssteuersatz). Dann steigt die Belastung gleichmäßig, also linear-progressiv bis auf 35% an. Für jede Mark, die über einem Einkommen von 27 000 Euro (Verheiratete 54 000 Euro) liegt, greift ein Spitzensteuersatz von 35%. Für Familien soll ein einheitliches Kindergeld von 240 Euro pro Monat und Kind gewährt werden.

Der Karlsruher Entwurf nimmt die oben genannten Kriterien auf: Die Sicherung der Steuereinnahmen auf der Basis einer gerechten und vor allem gleichmäßigen Steuerlastverteilung.

Es genügen ihm 21 anstatt bisher 173 Paragrafen im Einkommensteuerrecht. Steuergestaltungsmöglichkeiten werden abgeschafft, indem auf alles verzichtet wird, was auch nur ansatzweise als Steuervergünstigung oder Lenkungsnorm bezeichnet werden kann. Kirchhof sagt dazu: »Was wir jetzt vorlegen ist erst der Anfang. Am Ende steht in hoffentlich drei Jahren der komplette Entwurf für ein einheitliches Steuergesetzbuch. Dann würden mehr als 100 Gesetze, nahezu 200 Verordnungen und 2500 Paragrafen schlicht Makulatur.«

Entscheidend sei: Jeder versteuert das, was er am Markt als Einnahmen erzielt hat, abzüglich der existenz- und erwerbssichernden Aufwendungen wie Betriebsausgaben und Werbungskosten und – der Höhe nach begrenzt – der gemeinnützigen Spenden.

Der Karlsruher Entwurf fasziniert vor allem durch seine radikale Vereinfachung bei den Einkunftsarten. Bisher gibt es sieben Einkunftsarten im Einkommensteuerrecht. Das führt zu erheblichen Belastungsunterschieden und unterschiedlichsten Gestaltungsmöglichkeiten, weil z.B. die steuerlichen Vergünstigungen bei jeder Einkunftsart anders gestaltbar sind. Dies entfiele, weil es nur noch eine einzige Einkunftsart gäbe; alle Einkommen würden gleich behandelt. Die Gleichheit als Prinzip der Steuergerechtigkeit könnte damit konsequent umgesetzt werden.

Viele Ausnahmetatbestände im bestehenden System aber bewirken das Gegenteil von dem, was heute unser wichtigstes Ziel sein müsste: die Erhöhung der Zahl der Beschäftigten, die Schaffung neuer Arbeitsplätze auch und gerade im Bereich der abhängig Beschäftigten. So wurden die steuerfreien Sonntags-, Feiertags- und Nachtzuschläge 1941 im Krieg von den Nationalsozialisten eingeführt, um die Arbeit der Rüstungsindustrie auf die wenigen vorhandenen Hände besser zu verteilen. Heute haben wir die genau umgekehrte Situation; trotzdem bleibt es bei dieser Regelung. Wir müssten dagegen den belasten, der von der Sonntagsarbeit letztlich den Nutzen hat. Das ist der Käufer oder Kunde, nicht aber der Steuerzahler. Denn wenn jemand die Zuschläge für Sonntagsarbeit steuerfrei erhält, muss jeder Steuerzahler diese Tätigkeit mitfinanzieren. Es ist aber nicht Aufgabe des Staates, diese Löhne mitzufinanzieren. Außerdem ist die Regelung ungerecht. So muss z.B. die selbstständige Hebamme, die sonntags arbeitet, ihr gesamtes Einkommen versteuern, auch wenn sie weniger verdient als die angestellte Hebamme, die den Zuschlag steuerfrei erhält. Den dadurch verursachten Steuerausfall muss die Selbstständige auch noch mitfinanzieren. Aber zum politischen Kampfthema reicht es den Sozialdemokraten allemal, als Drohung vor den »unsozialen« Folgen einer gerechten Steuerpolitik.

Nicht im Widerspruch zur weitgehenden Abschaffung von Steuervergünstigungen stehen die Sonderregeln für Familien. Das Einkommen, das für die Erhaltung der Familie notwendig ist, steht nämlich von vorneherein nicht für Zwecke der staatlichen Besteuerung zur Verfügung. Wenn der Sozialstaat die Menschen nicht in Abhängigkeit bringen will, muss er ihnen das selbst Verdiente belassen, das sie für die eigene Existenzsicherung einschließlich ihrer Familien brauchen. Mit der Steuerfreiheit des Existenzminimums und der Gewährung des Kindergelds wird auch eine Gleichheit zum Abzug des Kinderfreibetrages von der Bemessungsgrundlage hergestellt: In beiden Fällen stehen die von den Kindern beanspruchten Geldzuflüsse nicht den Eltern zu, können also bei diesen nicht – und damit auch nicht progressiv – besteuert werden.

Ebenso wie die Berücksichtigung des Existenzminimums der Kinder bleibt das Ehegattensplitting notwendig und dürfte zudem verfassungsrechtlichen Schutz aus den Artikeln 3 und 6 des Grundgesetzes beanspruchen. Das Ehegattensplitting gewährt den Ehegatten Wahlfreiheit und belastet sie gleich – unabhängig davon, ob beide ein außerhäusiges Erwerbseinkommen erzielen oder nur einer, unabhängig auch davon, ob beide durch ein gleich hohes oder ein unterschiedlich hohes Einkommen zum gemeinsamen Lebensunterhalt beitragen. Das Ehegattensplitting ist nämlich Ausdruck der Erwerbsgemeinschaft von Mann und Frau. Seine Abschaffung würde die so genannte »Alleinverdienerehe« krass benachteiligen.

Niedrige und gleichmäßig erhobene Unternehmenssteuern sind aus Gründen der internationalen Wettbewerbsfähigkeit deutscher Unternehmen unverzichtbar. Das haben nach langem Zögern auch die deutschen Sozialdemokraten eingesehen. Trotzdem geht die Suche nach neuen Steuerquellen bei der politischen Linken munter weiter. Wie das Ungeheuer von Loch Ness taucht regelmäßig der Vorschlag einer Besteuerung der Geld- und Devisenumsätze in der Öffentlichkeit auf, die so genannte »Tobin-Steuer«. Was steckt dahinter?

Die Finanzmärkte werden von Globalisierungskritikern oft als unkontrollierbare Kräfte dargestellt, die es zu bändigen gelte. Der Handel auf internationalen Devisenmärkten, die von kurzfristigen Transaktionen dominiert werden, wird zu einem guten Teil für die »Asienkrise« verantwortlich gemacht, weil diese Märkte die Autonomie nationaler Währungshüter untergraben und zu launischen Kapitalzu- und -abflüssen führen würden. Besonders kritisieren sie die internationalen Geldmärkte, auf denen der Handel keinen Zugriffsmöglichkeiten nationaler Notenbanken und keiner Mindestreservepflicht unterliegt.

Die Idee einer Steuer auf Devisentransaktionen des Ökonomen und Nobelpreisträgers James Tobin von 1978 wird deshalb wiederbelebt. Es wird vorgeschlagen, alle Fremdwährungstransaktionen mit einem Steuersatz von 0,5% oder 1% zu belegen. Mit der Tobin-Steuer soll der Anreiz zu kurzfristigen Devisenspekulationen reduziert werden, während langfristige Engagements wie Auslandsinvestitionen relativ geringer von einer solchen Steuer betroffen wären. Von der Tobin-Steuer versprechen sich die Befürworter eine »doppelte Dividende«: die Verringerung der als schädlich angesehenen kurzfristigen Währungstransaktionen sowie ein Steueraufkommen in dreistelliger Milliardenhöhe, das zur Finanzierung von Entwicklungs- und Umweltprojekten herangezogen werden könnte.

Die Befürworter der Tobin-Steuer haben auf die Argumente, die gegen die Realisierbarkeit sprechen, bis heute keine Antwort gegeben. Da sie der Umsatzsteuer ähnlich ist, ist die Tobin-Steuer mit derzeit verbindlichem EG-Recht nicht vereinbar. Abgesehen davon wäre die Erhebung nur durchführbar, wenn sie weltweit von allen Ländern eingeführt würde. Andernfalls würde die Spekulation in Staaten ausweichen, die sich an der steuerlichen »Regulierung« nicht beteiligen. Neue blühende Steueroasen wären die Folge. Angesichts des bestehenden Wettbewerbs der Finanzplätze ist aber ein globaler Konsens ganz sicher nicht zu erwarten; man denke nur an die Schwierigkeiten, eine europäische Regelung für die Sicherung der Besteuerung der Zinserträge zu erreichen. Im Übrigen besteht keine Möglichkeit, bei der Besteuerung zwischen Kurssicherungsgeschäften zur Absicherung von Warenforderungen in Fremdwährung und spekulativen Transaktionen, die die Steuer gerade treffen soll, zu unterscheiden. Infolgedessen würde die Steuer auch normale Geschäfte im grenzüberschreitenden Handel verteuern. Die Steuer ließe sich politisch allenfalls dann durchsetzen, wenn mit ihr auch ein Lenkungseffekt, also Eindämmung der Währungsspekulation, erreicht werden könnte. Ähnlich wie bei Umweltsteuern bestünde auch hier ein Zielkonflikt zwischen dem Lenkungsziel (Eindämmung der Spekulation) und dem Finanzierungsziel (Entwicklungshilfe). Die Gewichtung der konkurrierenden Ziele hätte damit entscheidenden Einfluss auf die Höhe der Steuereinnahmen. Wenn die Steuer die kurzfristige Devisenspekulation zum Erliegen bringen soll, müsste sie zu einem erheblich höheren Steuersatz als dem vorgeschlagenen erhoben werden. Die prohibitive Wirkung der Abgabenlast könnte dann zu einem so niedrigen Aufkommen führen, dass die Steuer auch aus der Sicht der Entwicklungspolitik als Finanzquelle ungeeignet erscheint.

Die politische Kraft und Phantasie in unserem Land sollte sich vielmehr auf eine grundlegende Reform des bestehenden Steuersystems und seine drastisch vereinfachte Ausgestaltung konzentrieren. Wettbewerbsfähigkeit entsteht nur in dem Land, in dem einfache, transparente und unbürokratische Steuergesetze gelten mit niedrigen Sätzen und einer breiten steuerlichen Bemessungsgrundlage. Der Leidensdruck aller Beteiligten ist so groß, daß die Zeit reif ist zum Handeln. 2003 muß das Jahr sein, in dem eine solche Reform konzipiert wird und zwar unter Berücksichtigung der Entlastung des Mittelstandes ebenso wie unter Einbeziehung der vom Verfassungsgericht zu Recht geforderten Neuordnung der Besteuerung der Alterseinkommen – eine politisch ebenso faszinierende wie außergewöhnlich anspruchsvolle Aufgabe.

Den Arbeitsmarkt in Ordnung bringen

»Wenn wir es nicht schaffen, die Arbeitslosenquote signifikant zu senken, dann haben wir es weder verdient, wiedergewählt zu werden, noch werden wir wiedergewählt« – das war die Zielvorgabe von Gerhard Schröder vor und nach der Wahl von 1998. Später nannte Schröder sogar die Zahl von »unter 3,5 Millionen«. Nach vier Jahren zeigt sich: Anspruch und Wirklichkeit klaffen weit auseinander. Seit Dezember 2000 steigt die Arbeitslosigkeit saisonbereinigt jeden Monat weiter an. Im Sommer 2002 sind 260 000 Menschen mehr arbeitslos als im Sommer 2001, obwohl jedes Jahr durch die Demografie rund 200 000 Arbeitslose mehr in Rente gehen als neue Arbeitslose aus den jungen Jahrgängen hinzukommen.

Die hohe Arbeitslosigkeit ist ein Anzeichen dafür, dass die deutsche Wirtschaftspolitik mehr vom Prinzip Hoffnung auf die Konjunkturentwicklung in den Vereinigten Staaten von Amerika bestimmt war als von eigenen beherzten Maßnahmen, etwa der Herstellung eines wirtschaftsfreundlichen Klimas und einer ordnungspolitisch fundierten Politik zur Überwindung der anhaltenden, strukturell bedingten Wachstums- und Beschäftigungskrise unserer Volkswirtschaft.

Die »Politik der ruhigen Hand« des Bundeskanzlers hat zum arbeitsmarkt- und wirtschaftspolitischen Stillstand in Deutschland geführt. Eine weitgehend paralysierte Gesamtwirtschaft, die beim wirtschaftlichen Wachstum auf den letzten Platz in der Europäischen Union zurückgefallen ist, steht vor einer Rosskur an Haupt und Gliedern. Ohne grundlegende Reformen ist die Krise nicht zu meistern. Deutschland muss und kann aus eigener Kraft seinen Arbeitsmarkt wieder in Ordnung bringen. Woran es fehlt, ist hundertfach beschrieben und aufgeschrieben.

Wir haben

- zu wenig Wettbewerb,
- zu geringe Kenntnisse der tragenden Prinzipien unserer Wirtschaftsordnung,
- zu viel Bürokratie und zu große Regelungsdichte in der Wirtschaft und auf dem Arbeitsmarkt,
- zu wenig Selbstständige,
- zu wenig Erwerbsarbeitsplätze im ersten Arbeitsmarkt,
- einen zu gering entwickelten Niedriglohnsektor,
- zu geringe dauerhafte Akzeptanz von Wissenschaft, Forschung und Technologie,
- keine genügend herausgebildeten Strukturen zur Förderung des Freiwilligenengagements im wirtschaftlichen und gesellschaftlichen Bereich,
- und insgesamt zu geringe Leistungsanreize in der Ausbildung, im Beruf, in der Fort- und Weiterbildung.

Fehlender Wettbewerb in immer mehr Bereichen unserer Wirtschaft scheint mir eines der größten Probleme und eine derwichtigsten Ursachen für unsere Probleme zu sein. Dabei ist gerade der Wettbewerb ein unverzichtbarer Innovationsmotor – für die Wirtschaft, aber auch für den Arbeitsmarkt, den sozialen Sektor oder das Bildungssystem. Das gilt erst recht, wenn man bedenkt, dass im Zeichen der Globalisierung die Anforderungen an den Wirtschaftsstandort Deutschland weiter steigen werden.

Bei Ludwig Erhard hieß das Leitbild: »Wohlstand für alle«. Die mutige Einführung der Sozialen Marktwirtschaft hob damals die kriegsfolgenbedingte Zuteilungswirtschaft zugunsten von Markt und Wettbewerb auf. Dieses war zusammen mit der neuen Währung die Grundlage dafür, dass die Arbeitslosigkeit abgebaut und schrittweise Wohlstand für breite Schichten aufgebaut werden konnte.

Der offensichtliche Zusammenhang von Abbau der Arbeitslosigkeit und Aufbau von Wohlstand zeigt eindeutig: Dem Kampf gegen die hohe Arbeitslosigkeit muss Priorität eingeräumt werden. Denn das Ziel »Arbeit für alle« heißt nichts anderes als die Grundsteinlegung für die Schaffung neuen Wohlstands – allerdings unter den veränderten Bedingungen der Arbeitswelt des 21. Jahrhunderts. »Wohlstand für alle – Arbeit für alle – Chancen für alle«: Das ist der Grundakkord für eine moderne, ordnungspolitisch ausgerichtete Wirtschafts- und Arbeitsmarktpolitik in der Nachfolge Ludwig Erhards und Alfred Müller-Armacks.

Eine solche Arbeitsmarkt- und Wirtschaftspolitik, das gilt heute mehr den je national und international, basiert auf der ordnungspolitischen Grundsatzentscheidung für die Soziale Marktwirtschaft. Der Rückblick auf deren Entstehungsgeschichte zeigt, dass hier der einzig wirkliche »Dritte Weg« beschritten wurde. Die Soziale Marktwirtschaft wandte sich damals sowohl gegen staatliche Zwangsbewirtschaftung als auch gegen den reinen laissez-faire-Kapitalismus. »Markt und Lenkung«, das war die Grundeinsicht von Eucken, Röpke und

Müller-Armack, werden hier in eine komplementäre Balance gebracht, ohne dass die Grundspannung aufgehoben wird. Diese Einsicht ermöglichte überhaupt, dass die Soziale Marktwirtschaft nicht nur als eine wirtschaftliche Nachkriegsordnung aufgefasst, sondern als ein grundsätzliches Wirtschafts- und Gesellschaftsmodell begriffen wurde, das flexibel auf geänderte gesellschaftliche und ökonomische Herausforderungen reagieren konnte. Denn das Verhältnis zwischen »Markt und Staat«, »Markt und sozialem Ausgleich« ist nicht statisch, sondern dynamisch. Es ist je nach wirtschaftlicher und gesellschaftlicher Lage immer wieder neu zu interpretieren und auszubalancieren. Gerade deshalb kann die Soziale Marktwirtschaft äußerst flexibel sein in Bezug auf die Wandlungen der Arbeitswelt. Da viele Regelungen des Arbeitsmarktes zwar den Anforderungen der Industriegesellschaft gewachsen waren, nicht aber mehr denen der entstehenden Wissensgesellschaft, ist es sinnvoll, den Ordnungsrahmen und die sozialen Funktionen auch auf das Neue auszurichten.

Soziale Marktwirtschaft ist nicht einfach die Addition von Markt und immer mehr Sozialpolitik. Soziale Marktwirtschaft heißt zunächst marktwirtschaftlicher Wettbewerb und dann Verteilung nach Leistungs- und Verteilungsgerechtigkeit. Angesichts des europäischen und globalen Wettbewerbs gilt es, diesen Ordnungsrahmen an die Zukunft anzupassen. Der Umbau des Wohlfahrtsstaates hin zu weniger Regulierung und zu mehr Freiräumen, zu mehr Selbstverantwortung und zu größerer Teilhabe ist dringend erforderlich. Dazu gehört auch die Aktivierung des vielfältigen, kreativen Potenzials einer Bürgergesellschaft, die sich im guten republikanischen Sinn für das Gemeinwohl selbst zuständig fühlt, anstatt von vornherein nach dem Staat und seiner umfassenden Regelungskompetenz zu rufen.

Freiheit, Eigenverantwortung, Wettbewerb und das Organisationsmodell der Subsidiarität sind und bleiben die Voraussetzungen unseres Wohlstandes. Diese Prinzipien bilden einen wichtigen Teil des Ordnungsrahmens und gelten zugleich für die Wirtschaft und die Gesellschaft. Sie lassen die einzelne Person mit ihren Fähigkeiten, Talenten und Vermögen zur Geltung und Entfaltung kommen, um Wohlstand für den Einzelnen wie für die Gesamtheit zu erreichen. Vertrauen auf die Freiheit in allen Lebenssphären, die Herstellung von Freiräumen zur Entfaltung der wirtschaftlichen und gesellschaftlichen Kräfte und Solidarität für die Schwachen bilden das Fundament für eine sinnvolle Arbeitsmarkt- und Wirtschaftspolitik.

Was müssen wir in diesen Bereichen notwendigerweise tun? Wir brauchen eine Wirtschaftspolitik, die den Einzelnen wieder entlastet statt belastet, die Wettbewerb und zugleich die Freiräume für Initiative und Innovation von Unternehmen und Beschäftigten fördert. Die Bundesrepublik Deutschland muss zurück auf einen soliden Wachstumspfad gelangen. Das setzt eine Wirtschaftspolitik voraus, die über die konjunkturellen Zyklen hinaus in den strukturell notwendigen Reformen langfristig angelegt ist. Dazu bedarf es nicht nur einer fundierten ordnungspolitischen Konzeption, sondern auch handelnder Akteure, die in langen Wirkungsketten denken. Langfristigkeit und Nachhaltigkeit im politischen Denken und Handeln vor allem in der Wirtschafts-, Finanz-, Sozial- und Familienpolitik sind notwendiger denn je.

Die Wirkungszusammenhänge müssen beachtet werden. Freiheit und Eigeninitiative gehen verloren, wenn Wohlfahrtsstaat und öffentliche Hand das übernehmen, was der Einzelne besser zu leisten vermag. Die Folge ist nämlich eine beständige Ausdehnung der Staatstätigkeit. Die Abwärtsspirale beginnt sich immer schneller zu drehen: Steuern und Sozialversicherungsbeiträge müssen ständig angehoben werden oder können nur mit Notoperationen unter Kontrolle gehalten werden.

Deshalb müssen Steuersatz und Sozialbeiträge wieder deutlich abgesenkt werden. Eine Staatsquote von 40% würde Leistungsanreize freisetzen, die in Deutschland mit Sicherheit stärker wirken würden als in vielen anderen Ländern.

Dies lässt sich aber nur erreichen, wenn der Arbeitsmarkt wieder in Ordnung kommt. In Ordnung heißt, dass auch im Arbeitsmarkt Wettbewerb stattfindet an Stelle einer immer dichter werdenden staatlichen Bewirtschaftung der Arbeitslosigkeit. Deutschland hat gute Erfahrungen gemacht mit der Aufhebung staatlicher Zwangsbewirtschaftungen. Ludwig Erhard hat 1948 mit der Einführung der D-Mark die staatliche Bewirtschaftung vor allem der Lebensmittel beendet. Über Nacht waren die Geschäfte gefüllt, es entstand ein Markt und mit ihm eine in schnellem Tempo verbesserte Versorgung der Bevölkerung. Die Aufhebung weiterer Zwangsbewirtschaftungen zeigten ebenso klare Ergebnisse: Anfang der 60er Jahre die Beseitigung der staatlichen Wohnraumbewirtschaftung, Anfang der 90er Jahre die Öffnung des Post- und Telekommunikationssektors für Wettbewerb und private Unternehmen. Keine dieser politischen Entscheidungen gegen den Einfluss oder gar die Beherrschung des jeweiligen Marktes durch den Staat ist den Beweis schuldig geblieben: Jedes Mal wurde die Versorgung der Bevölkerung schnell besser, stiegen Menge und Qualität, machten Privatunternehmen Gewinn, wo der Staat vorher Verluste erwirtschaftet hatte, stieg der allgemeine Wohlstand. Warum nur haben wir nach diesen Erfahrungen so viel Angst vor der Befreiung des Arbeitsmarktes vor der Zwangsbewirtschaftung durch den Staat?

Damit rede ich nicht einer völlig schutzlosen Verfügbarkeit der Arbeitnehmer in einem neoliberalen Turbo-Kapitalismus das Wort. Mehr Mut zum Ausgleich über den Markt kann uns aber einen entscheidenden Schritt nach vorn bringen bei der Bewältigung der strukturellen Arbeitslosigkeit, die uns seit der ersten Ölpreiskrise von 1973 begleitet, die in jeder Phase einer konjunkturellen Krise größer geworden ist, dagegen in Zeiten des Aufschwungs dagegen nicht in gleichem Maße wieder abgebaut werden konnte.

Wir dürfen also nicht darauf warten, dass sich die Arbeitslosigkeit durch die demografische Entwicklung quasi von selbst erledigt. Die Probleme eines zu geringen Potentials an Facharbeitskräften wie eines zu wenig ausgebauten Niedriglohnsektors lassen sich damit ohnehin nicht lösen. Seit Jahren wissen wir, dass das jetzige Regelwerk des Arbeitsmarktes zu Fehlsteuerungen führt. Die »Tyrannei des status quo«, die der Wirtschaftsnobelpreisträger Gary Becker beklagt, ist gerade hier besonders deutlich. Eine Neujustierung des Anreiz- und Sanktionssystems und mehr Deregulierung und Flexibilisierung sind seit langem überfällig. Es ist unsinnig, dass sich um die Arbeitslosigkeit herum eine Sozialindustrie etabliert hat, die gerade davon lebt, dass das Problem nicht gelöst wird. Die Anreizsysteme müssen anders, nämlich auf möglichst schnelle Integration in den Arbeitsmarkt anstelle weiterer Verwaltung der Arbeitslosigkeit und unzureichender Weiterbildungsprogramme ausgerichtet werden. Dazu gehört die Schaffung von neuen Job-Centern, die individuelle Hilfen einschließlich spezieller Weiterbildungsangebote zur Eingliederung in den ersten Arbeitsmarkt bieten. Aufgrund bisheriger Erfahrungen ist ein Anreizsystem sinnvoll, bei dem Arbeitslosenhilfe und Sozialhilfe zusammengeführt sind. Den bisherigen Verschiebebahnhöfen zwischen Arbeitsämtern und Kommunen als Trägern der Sozialhilfe würde dadurch endlich ein Ende bereitet. Arbeits- und Sozialämter sollen vielmehr in den Job-Centern zusammenarbeiten, um individuell zugeschnittene, schnelle und flexible Förderung aus einer Hand zu ermöglichen.

Dazu gehört aber auch eine entsprechende Sanktions- und Gratifikationsstruktur. Es muss wieder der Grundsatz gelten: Wer arbeitet, muss mehr verdienen als derjenige, der nicht arbeitet und Sozialleistungen erhält. Die Kommunalpolitiker aller Parteien wissen, dass es mittlerweile Sozialhilfekarrieren in der zweiten und dritten Generation gibt. Es müssen Anreize gesetzt werden, damit es sich lohnt, in den ersten Arbeitsmarkt zurückzukehren. Auch hier muss der Grundsatz lauten: Es ist besser zu arbeiten als nicht zu arbeiten. Integration in den ersten Arbeitsmarkt ist einer subventionierten Arbeit im zweiten oder dritten Arbeitsmarkt vorzuziehen.

Arbeitsmarktpolitik heißt deshalb, aus Arbeitslosen wieder Arbeitnehmer zu machen. Für CDU und CSU gilt der Grundsatz: Keiner wird verloren gegeben, jeder gehört dazu, jeder wird gebraucht mit seinen unterschiedlichen Fähigkeiten und Fertigkeiten. Es kommt darauf an, je nach Lebenslage zu fördern, Eigenanstrengungen und Eigeninitiativen zu unterstützen. Aber Fördern heißt zugleich auch Fordern. Was jeder aus seiner Sicht zur Verbesserung der eigenen Situation tun kann, muss abverlangt werden dürfen. Dazu gehört der Einsatz für gemeinwohlorientierte Belange. Solidarität ist immer eine Zweibahnstraße.

Hinzutreten muss eine Offensive für Bildung und Ausbildung. Höhere Bildungsleistungen sind aber nicht nur Voraussetzung für die individuelle Entfaltung, sondern auch für eine höhere Produktivität der Wirtschaft.

Nicht zuletzt muss der Dienstleistungssektor gestärkt werden. Hier liegen Hunderttausende von Arbeitsplätzen brach. Dazu gehört die mentale Bereitschaft, Dienstleistungen auch in Anspruch zu nehmen. Die privaten Haushalte dürften der größte Dienstleistungs-Arbeitsmarkt der Zukunft sein. Wenn das so ist, dann müssen private Haushalte aber auch in den regulären Arbeitsmarkt integriert werden, mit Sozialversicherungspflicht der Beschäftigten, mit der Anerkennung der privaten Haushalte als Arbeitgeber und steuerlicher Berücksichtigung der Betriebsausgaben. Bei allen Abgrenzungsschwierigkeiten: Ohne einen solchen Schritt kommt die Beschäftigung im privaten Haushalt aus der Schattenwirtschaft nicht heraus.

Betriebliche Bündnisse für Arbeit

Das Tarifrecht braucht eine Ergänzung und Weiterentwicklung. Dazu gehört, dass nicht die Philipp-Holzmann AG mit Hilfe der Politik eine »Betriebsvereinbarung« abschließen kann, die gegen geltendes Tarifrecht verstößt und gleichzeitig die überwiegend mittelständische Konkurrenz, die über diese Option nicht verfügt, mit Hilfe von Holzmann-Löhnen unter Tarif in den Konkurs getrieben wird. Der Flächentarifvertrag hat und behält seine Bedeutung. Aber wenn tarifgebundene Unternehmen oder solche, die der Allgemeinverbindlichkeit von Tarifverträgen unterliegen, von den Regeln eines Tarifvertrages abweichen wollen, um Arbeitsplätze zu retten oder gar neue entstehen zu lassen: Was in aller Welt spricht dagegen, dass sie dies auch dürfen, wenn Geschäftsführung, Betriebsrat und Belegschaft dem zustimmen?

In der nordhessischen Stadt Allendorf ist die Firma Viessmann in einer strukturschwachen Region einer der größten Arbeitgeber. Als der Inhaber ein neues Logistik-Zentrum bauen wollte, war ein tschechischer Standort mit in der engeren Auswahl. Die vorhandene Belegschaft war aber in einer geheimen Abstimmung mit 97% Zustimmung bereit, abweichend vom Tarifvertrag von 35 Stunden wieder zur 38-Stunden-Woche zurückzukehren, um 200 neue Arbeitsplätze zu ermöglichen. Gegen diese Vereinbarung klagte die IG-Metall, bis sich Unternehmen und Betriebsrat gegen die eigene Gewerkschaft schließlich beim Bundesarbeitsgericht in einem Vergleich darauf einigten, wenigstens einige Jahre wieder 38 Stunden arbeiten zu »dürfen«.

Solche Streitigkeiten müssen der Vergangenheit angehören. Das Tarifrecht muss so offen sein, dass betriebliche Bündnisse für Arbeit ohne die Intervention der Politik möglich werden und auch ohne Störfeuer der Tarifvertragsparteien von außen zustande kommen können.

Zukunft für den Mittelstand

Der Mittelstand schließlich braucht eine neue Perspektive. Marktwirtschaftlicher Wettbewerb stimuliert Effizienz und wirtschaftlich-technischen Fortschritt. Aber er bedarf eines ordnungspolitischen Rahmens, der faire Chancen garantiert. Insbesondere die Lage der kleinen und mittleren Unternehmen hat sich in den letzten Jahren dramatisch verschlechtert. Zwei Drittel der Bevölkerung schätzt deswegen die Zukunft des Mittelstandes eher schlecht ein. Dabei sind es die kleinen und mittelständischen Unternehmen, die rund zwei Drittel aller Arbeitplätze bereit stellen. Während der deutsche Mittelstand Millionen Stellen geschaffen hat, haben Großunternehmen Arbeitsplätze abgebaut. Die Größenordnung ist eine dringende Mahnung zum Verzicht auf weitere Reglementierung, Bürokratie und einengende Vorschriften. Vielmehr sind eine größere Entlastung bei den Steuern, die Stärkung der Eigenkapitalbasis und eine erheblich geringere Regelungsdichte das Gebot der Stunde. Wer sieht, dass der Mittelstand bürokratische Belastungen von über 30 Milliarden Euro verkraften muss, und dass die Eigenkapitalquote der Personengesellschaften, also das Verhältnis von Eigenkapital zur Bilanzsumme, weniger als 10 Prozent beträgt (zum Vergleich: Holland und Belgien 45 Prozent, USA 50 Prozent), der weiß auch, wie viel wirtschaftliches Wachstum durch eine Abgabenentlastung und Entbürokratisierung erzielt werden könnte. Hinzu kommen müssen Reformen unter anderem bei den gesetzlichen Regelungen zur Scheinselbstständigkeit, zur Teilzeit, zu den befristeten Arbeitsverhältnissen und – wie oben beschrieben – bei der Betriebsverfassung

Eine moderne Wirtschaftspolitik muss darüber hinaus mehr als bisher selbstständige Existenzgründungen unterstützen. Deutschland hat in diesem Bereich gegenüber anderen hoch entwickelten Staaten erheblichen Nachholbedarf. 41 Prozent der Menschen sind der Ansicht, dass es sich in Deutschland nicht mehr lohnt, sich selbstständig zu machen. Aber das Potenzial wäre da: Jeder dritte Deutsche würde sich ganz bestimmt oder unter gewissen Voraussetzungen selbständig machen, sofern der Staat die Bürokratie abbaut. Und wenn es dann trotzdem noch einige Wagemutige gibt: Im Gegensatz zu anderen Staaten vergehen in Deutschland bis auf wenige Ausnahmebereiche noch immer mehrere Wochen und Monate bis zur Genehmigung einer Existenzgründung.

An der Spitze des technischen Fortschritts

In einem Hochlohnland schließlich hängen Wirtschaftskraft, Wohlstand und die Finanzierung der sozialen Sicherung, mehr als wir glauben, davon ab, dass wir im Weltmaßstab an der Spitze des technologischen Fortschritts stehen. Neue wissenschaftliche Erkenntnisse und darauf bezogene angewandte Forschung, Entwicklung und Erfindungen führen zusammen mit effizienter betrieblicher Rationalisierung zu verkaufsfähigen neuen oder weiter entwickelten Produkten sowie zu erheblicher Steigerung der Produktivität. Forschungsförderung und Wirtschaftspolitik müssen deswegen an dieser Stelle für einen besonders großen Entwicklungsfreiraum sorgen.

Das gilt vor allem in Hinblick auf die international umkämpften Bereiche – wie unter anderem Kommunikations- und Medientechnologie, Miniaturisierungs- und Nanotechnologie, neue Werkstoffe, Robotik, Bionik und die rote und grüne Gentechnik. Das Vertrauen in den wissenschaftlichen Erkenntnisprozess und die Akzeptanz neuer Technologien werden zu entscheidenden Faktoren in Wirtschaft und Gesellschaft. Als in den 80er Jahren die Gentechnik über alle notwendige Kritik hinaus als Übel schlechthin bezeichnet und Technikangst geschürt wurde, war die Folge eine breite Abwanderung von Wissenschaftlern vornehmlich in die USA. Die Konsequenz ist bis heute spürbar. Die meisten Gentechnikpatente, die mit Hilfe deutscher Wissenschaftler entwickelt worden sind, liegen bei US-Firmen. Bis heute tut sich Deutschland schwer, im Bereich der Bio- und Gentechnik aufzuholen. Wenn wir noch einmal aus überzogener Technikangst einen ähnlichen Fehler machen mit der Folge, dass wieder Spitzenforscher abwandern, werden wir mit enormen Wohlstandsverlusten bestraft werden. Der Anteil Deutschlands am Welthandel mit forschungsintensiven Waren ist gesunken, weil wir zu wenig Spitzenprodukte im Hightech-Bereich entwickelt haben. Daran sieht man, wie wenig wir es – im Gegensatz zum ausgehenden 19. Jahrhundert, als Deutschland bei der Nobelpreisvergabe führend war – mit einer deutschen Technologieführerschaft im Weltmaßstab zu tun haben. Gerade das aber müsste die Zielmarke sein. Größere Investitionen in die theoretische und angewandte Forschung sind zwingend erforderlich, um die wirtschaftliche Zukunftsfähigkeit Deutschlands auf Dauer zu gewährleisten.

PISA: Kommt endlich der »Ruck« von Roman Herzog?

An der Spitze des technischen Fortschritts kann ein Land aber nur stehen, wenn es auch in der Bildung seiner jungen Generation international an der Spitze steht. In den 60er Jahren wurde von Georg Picht die »Bildungskatastrophe« heraufbeschworen. Seit dieser Zeit begleitet uns ein zäher Streit um die richtige Schulform und die richtigen Lerninhalte. Nach vielen schulpädagogischen Versuchen haben wir nun endlich das Ergebnis: Deutschland ist nur hinteres Mittelmaß – ein Schock für das Land der »Dichter und Denker«, in dem Bildung immer schon ein besonderer Rohstoff war. Die Ergebnisse der PISA-Studie wurden streng wissenschaftlich erhoben; sie sollten vergleichbare Daten über die Leistungsfähigkeit der Bildungssysteme der einzelnen OECD-Staaten erfassen und aufzeigen, wie gut die 15-jährigen Jugendlichen in der Schule auf die Anforderungen der modernen Wissensgesellschaft vorbereitet sind. Getestet wurden die Kompetenzen Lesefähigkeit, mathematische und naturwissenschaftliche Grundbildung sowie fächerübergreifende Fähigkeiten. Die Ergebnisse der PISA-Studie weisen schonungslos auf die Defizite unseres Erziehungs- und Bildungssystems hin. In allen getesteten Fächern zeigen die deutschen Schüler schlechtere Leistungen im Vergleich zu ihren Altersgenossen im internationalen Durchschnitt. Deutsche Schüler verstehen Texte schlechter als ihre Altergenossen, auch in Naturwissenschaften und mathematischen Kenntnissen liegen sie relativ weit hinten. In keinem anderen hoch entwickelten Industrieland gibt es so viele Bildungsverlierer wie hierzulande. Und nirgendwo sind die Unterschiede zwischen guten und schlechten Schülern so groß wie bei uns.

Diese Ergebnisse sind für viele Schüler und mehr noch für viele Eltern ein Schock. Jetzt kann sich niemand mehr mit ideologisch geprägter Attitüde herausreden. Jahrelang hatte es vor allem die SPD abgelehnt, schulische Standards und Ergebnisse innerhalb Deutschlands, aber auch international überprüfen zu lassen. Der Widerstand von GEW und SPD schon gegenüber der Erhebung der Daten für die PISA-Studie war gewaltig. Wie von den einen erwartet und den anderen befürchtet, waren die Ergebnisse regional höchst unterschiedlich. Wäre das süddeutsche Niveau – Bayern, Baden-Württemberg – deutscher Standard, läge Deutschland im Test im ersten Drittel. Wäre das Niveau der heute oder früher lange SPD-regierten Länder – Nordrhein-Westfalen, Hessen, Niedersachsen, Bremen – deutscher Standard, läge Deutschland im letzten Viertel. In keinem Bundesland bestehen zudem so große Unterschiede zwischen den schwächsten und den stärksten Schülern wie in Nordrhein-Westfalen, einem Land, das zudem in den meisten Kompetenzbereichen unter dem Bundesdurchschnitt liegt – eine Bankrotterklärung für die Schulpolitik der SPD. Nur unionsgeführte Länder haben es geschafft, hohe Qualität in der Schule mit einer entsprechenden Abschlussquote und der Förderung von Kindern aus bildungsferneren Schichten zu erreichen. Die sozialen Disparitäten sind in den unionsgeführten Bundesländern kleiner. Und: In den unionsregierten Ländern gelingt die Integration ausländischer Schüler besser. Kinder ausländischer Eltern können in Bayern besser lesen als Kinder deutscher Eltern in Bremen oder Brandenburg! Deutlicher könnten die schulischen, sozialen und integrativen Unterschiede nicht illustriert werden.

Die gute Nachricht der PISA-Studie ist: Schulen können besser werden. Andere Länder haben es bewiesen. Wir können von ihnen lernen, das Beste an Erfahrungen übernehmen. PISA bietet die große Chance, dass durch Deutschland endlich der Ruck geht, den Roman Herzog im Herbst 1997 angemahnt hat. In der Schulpolitik endlich herauszukommen aus den ideologischen Schützengräben, wäre der erste Schritt. Die Kultusministerkonferenz, sonst als »Verhinderungsgremium« in der deutschen Öffentlichkeit belächelt, könnte für mehr Transparenz im Bildungswesen sorgen und danach fragen, was die Kinder in den Schulen tatsächlich zum »Lernen für das Leben« im 21. Jahrhundert brauchen. Unter Führung der baden-württembergischen Kultusministerin Annette Schavan haben die unionsgeführten Länder im Mai 2002 die ersten Erfolge gegen die ursprüngliche Absicht der SPD-Kultusminister erzielt: Für die gesamte Schullaufbahn werden gemeinsame Bildungsstandards entwickelt. Das Erreichen dieser Bildungsziele soll durch landesweite – und in ausgewählten Bereichen bundesweite – Tests kontinuierlich geprüft werden.

Darüber hinaus tut eine Entrümpelung der Curricula ebenso Not wie die Besinnung auf die wesentlichen Inhalte von Bildung als Hilfe zur Entfaltung der Persönlichkeit. Humboldt und Hightech schließen sich nicht aus. Statt zusammenhanglosem Faktenwissen sollte das Denken gelehrt, statt vorgesetztem Wissen die Fähigkeit zur eigenen Wissensbeschaffung trainiert, statt Zwang zum Pauken Neugier geweckt werden.

Anstatt in der Pädagogik weiter dem Traum einer »nivellierten Mittelstandsgesellschaft« nachzujagen, sollte man Fördern und Fordern als Grundprinzip für alle zur Geltung bringen. Besondere Unterstützung der sozial Schwächeren muss genauso selbstverständlich sein wie die besondere Förderung der Besten. Leistung und Gerechtigkeit, das kann man aus den internationalen schulischen Vergleichsstudien lernen, schließen sich ebenso wenig aus wie die gezielte Unterstützung Lernschwacher und die Förderung von Exzellenz. Elite, auch das zeigt die PISA-Studie, braucht zudem ein breites Fundament.

Viele Eltern erwarten nun nicht nur einen qualitativ besseren Unterricht, sondern auch eine bessere Vernetzung von Familie, Schule und Arbeitswelt. Ganztagsschulen sind dabei wichtig, aber insgesamt nur eine von mehreren Möglichkeiten. Der Staat sollte auch hier nicht Einheitslösungen schaffen, sondern mit der Zurücknahme bürokratischer Regelungen mehr Möglichkeiten zur Selbstgestaltung von Familien öffnen.

Bildung ist zudem das Vermögen, Selbstverantwortung zu entwickeln und Probleme selbst zu lösen. Auch darauf können Lehrer ihren Unterricht abstellen. Jüngste neurologische Hirnforschungen bestätigen die pädagogische Erkenntnis, dass dasjenige am besten gelernt und behalten wird, woran man selbst mitgewirkt hat. Mehr Freiraum für einen solchen Unterricht ist deswegen sinnvoll.

Aber das alles hat nur dann seinen Sinn, wenn man nicht den Lehrern und Schülern, sondern vor allem den Schulen selbst viel mehr Handlungsmöglichkeiten lässt als bisher. Der Staat sollte sich zurücknehmen zugunsten der »kleinen Einheiten«, damit Schulen ganz neue Prozesse organisieren und Eigenständigkeit erproben können. Der Staat muss Rahmen und Ziele vorgeben und Ergebnisse überprüfen, aber die Schule sollte selbstständig Schulprogramm und Schulprofil entwickeln können. Das würde auch Eltern, Vereine, Unternehmen und Kommunen miteinbeziehen und zu größerem, verantwortlichem Engagement führen. Es gibt keinen Königsweg bei der Bildung von Persönlichkeiten und zukunftstauglichen Bildungsstrukturen. Eine bunte Gesellschaft will und braucht keine Einheitslösung. Stattdessen sollten wir mehr Freiräume zur Selbstgestaltung, mehr Experimentierfreiheit und mehr Wettbewerb im Bildungsbereich schaffen – das erhöht deutlich Kreativität, fördert vielfältige Initiative und setzt erhebliche Leistungspotentiale bei allen Beteiligten frei.

In der italienischen Stadt Pisa hat man immer wieder vor dem Einsturz des Schiefen Turms gewarnt. Gerade deshalb hat man sich intensiv um seine Erhaltung gekümmert. Analog könnte sich das schlechte Abschneiden Deutschlands bei der PISA-Studie dann als Chance herausstellen, wenn man kraftvoll mit Reformen anfängt. Das wäre das richtige Fazit aus der PISA-Studie: Deutschlands Schulen im Aufbruch. Vielleicht bekommen Schulen und ihre Lehrer dann auch die gesellschaftliche Anerkennung, die sie brauchen und die in den Ländern selbstverständlich ist, in denen die Schüler besser sind als in Deutschland.

Altersbeben

Das 21. Jahrhundert beginnt mit einer »Revolution auf leisen Sohlen«: Die »Alte Welt« wandelt sich zur »Welt der Alten«. Angesichts dieser Herausforderung an die Selbststeuerungs- und Anpassungsfähigkeiten unserer Einrichtungen und Spielregeln ist es dringend notwendig, dass Politik, Wirtschaft und Gesellschaft sich endlich umfassend mit den Konsequenzen dieser Entwicklung auseinander setzen. Bisher ist dies erst im Ansatz geschehen – bei der Diskussion um die zukünftige Rente und angemessene Gerechtigkeit zwischen den Generationen.

Dieser rentenbezogene Generationenvertrag ist auf Verhältnisse zugeschnitten, die eine normale Reproduktion der Generationen beinhaltet und so Ansprüche und Leistung in eine angemessene und solidarische Beziehung setzt. Gerade heute ist aber ersichtlich, dass Adenauers Erkenntnis »Kinder kriegen die Leute immer« zunehmend weniger stimmt. Der Generationenvertrag wird durch die demografische Entwicklung in Frage gestellt ist.

Die zur Reproduktion der Bevölkerung erforderliche Rate von statistisch gesehen 2,2 Kindern ist auf 1,3 abgesunken. Die Bevölkerung in Deutschland altert dramatisch. Schon heute leben in Deutschland mehr Menschen im Rentenalter als junge Leute unter 20 Jahren. Allein zwischen 1991 und 1995 nahm die Zahl der über 65-jährigen um über 1 Million zu. Bis zum Jahr 2040 wird sich der Anteil der über 60-jährigen in der Bevölkerung unseres Landes verdoppeln. Durch diese »demografische Altersrevolution« ist das Gleichgewicht der Generationen nicht mehr gewahrt. Immer mehr Ältere müssen von immer weniger Jüngeren »getragen« werden. Das ist der Kern des neuen Generationenkonflikts. Kamen »im Jahr 1990 auf 100 Erwerbsfähige (25-65 Jahren) schon 80 »Abhängige«, jung und alt, wird sich im Jahr 2040 der Kinder- und Jugendanteil verringert und der Anteil der Älteren verdoppelt haben, sodass auf 100 Erwerbsfähige dann 102 Abhängige kommen«, so der Bevölkerungswissenschaftler Schmid. Bei den Großeltern- und Elterngenerationen war das demografische Verhältnis noch intakt. Wurden 1964 noch circa 1 Million Kinder geboren, sank die Zahl kontinuierlich – seit 1973 werden nur noch durchschnittlich 900 000 Kinder pro Jahrgang geboren. Im Jahre 2050 werden in Deutschland – je nach Berechnungsgrundlagen – zwischen 10 bis 20 Millionen Menschen weniger wohnen. Das entspricht innerhalb von 50 Jahren einem Verlust in der Größenordnung der Bevölkerung der fünf neuen Bundesländer. Im Geburtsjahr 1958 war jede fünfte, 1960 jede vierte und 1965 schon jede dritte Frau ohne Kinder – bei Akademikerinnen beträgt derzeit die Quote sogar 40%. Der Anteil deutscher Jugendlicher unter 20 Jahren wird von 17,7 Millionen im Jahr 2000 auf 11,6 Millionen im Jahr 2040 zurückgehen. Überalterung der Gesellschaft ist die Folge.

Wenn die Gesellschaft »ergraut« und zugleich kleiner wird, während parallel die Kosten für das Alter steigen, wird es zu schwerwiegenden Veränderungen in Bezug auf das bisher gewohnte Wohlfahrtsniveau kommen. Zugleich wird die aktive Generation immer größere Belastungen für die ältere Generation schultern müssen. Dieser Generationenkonflikt aufgrund der demografischen Entwicklung führt deshalb notwendigerweise zur Frage der künftigen zumutbaren, intergenerativ ausgewogenen Verteilung der Lasten.

Zu den quantitativen Problemen der demografischen Entwicklung kommt hinzu, dass sich das Verhältnis von eingezahlter zu ausgezahlter Rente verschiebt: Ein heutiger Beitragszahler müsste Schätzungen zufolge bei unveränderten Bedingungen etwa das Doppelte in die Gesetzliche Rentenversicherung einzahlen, um sich einen mit heute vergleichbaren Lebensstandard im Alter zu sichern. Über diese überproportionalen Belastungen hinaus wird die Generation der zwischen 1970 und 2000 Geborenen die erste »Lasteselgeneration« sein, die zu den Kosten ihrer eigenen Lebensführung noch die sozialpolitischen Segnungen früherer Wahlkonjunkturen zu tragen haben wird. Solchen ansteigenden Belastungen der Erwerbsgeneration könnten dann neue Formen von Altersarmut gegenüberstehen, die in Deutschland bereits beseitigt schien.

Weitere Faktoren bürden dem Generationenvertrag zusätzliche Lasten auf. So ist die Lebenserwartung von Männern und Frauen deutlich gestiegen – eine längere Inanspruchnahme der Rente ist die Folge. Das Rentensystem wird durch den »Schwund der Erwerbsarbeit« und die Zunahme der so genannten »flockigen« Beschäftigungsverhältnisse – Teilzeitarbeit, Projektarbeit, geringfügige Beschäftigungen, zeitweilige Arbeitslosigkeit – belastet. Lag das Verhältnis von Normal- zu Nichtnormalarbeitsverhältnis zu Beginn der 70er Jahre noch bei 1:5, liegt es zu Beginn des neuen Jahrhunderts schon bei 1:2. Rentenberechnungen auf der Basis des so genannten »Eck-Rentners« mit einer auf die Industriegesellschaft bezogenen »Normalbiografie« und einer 45-jährigen Versicherungszeit werden jedenfalls immer weniger der Realität entsprechen. Hinzu kommt, dass das Renteneintrittsalter von ursprünglich 65 Jahre de facto auf unter 60 Jahre gesunken ist. Unternehmen in Deutschland ersetzen wie in keinem anderen europäischen Land in ihren Belegschaften Ältere per Frühverrentung durch Jüngere. Die Folge: in Deutschland sind nur 39% der Menschen im Alter von 55 bis 65 Jahre, und bei den 60- bis 65-jährigen sogar nur noch 19,5% erwerbstätig. Damit liegt Deutschland bei der Beschäftigung älterer Arbeitnehmer, so eine OECD-Studie, im unteren Drittel der OECD-Länder. Hinzu kommen die enormen finanziellen Kostenbelastungen der sozialen Sicherungssysteme durch die Frühverrentungen in den 90er Jahren. In Zahlen ausgedrückt führten damals 100 000 Arbeitnehmer, die zuerst arbeitslos und dann frühverrentet wurden, zu Kosten von 9,2 Milliarden DM bei der Arbeitslosenversicherung und 12,7 Milliarden DM bei der Rentenversicherung. Diese Frühverrentungen sollten die hohe Arbeitslosigkeit beseitigen helfen. Den gravierenden Auswirkungen auf die Finanzierbarkeit der sozialen Sicherungssysteme, insbesondere des Rentensystems, wurde zu wenig Beachtung geschenkt. Dies ist ein Beispiel dafür, dass gesellschaftliche Problemlösungen stärker denn je einer komplexen, mehrdimensionalen politischen Betrachtung bedürfen. Wer die nichtintendierten Folgen geplanten Handelns unberücksichtigt lässt, wird nur von einer Krisenbaustelle zur nächsten laufen, ohne das Problem langfristig zu lösen. Generationengerechtigkeit erfordert damit zweierlei: Zum Ersten gilt es, einseitige Lastenübertragung zu vermeiden und die finanziellen Lasten insbesondere des Rentensystems gerecht auf alle Schultern zu verteilen. Für Jüngere muss die Beitragsbelastung tragbar sein, Ältere müssen auf einen Teil der Zuwächse verzichten. Hinzu kommt ein stärkerer Ausbau des Rentensystems im Sinne des Drei-Säulen-Systems – gesetzliche Rentenversicherung, betriebliche und private Vorsorge.

Zum Zweiten bedarf es einer generationensolidarischen Gesellschaftspolitik. Diese umfasst ein Bündel von Maßnahmen in der Alten-, Familien-, Sozial-, Wirtschafts- und Steuerpolitik, um den Folgen der demografischen Entwicklung entgegenzusteuern. Die künftige Stabilität des Generationenvertrages und der Zusammenhalt der Generationen bilden den Kern einer Politik der Generationengerechtigkeit, die wiederum für den sozialen Frieden in unserem Land unerlässlich ist.

Folgen für das Gesundheitssystem

Die Folgen der demografischen Entwicklung stellen auch für das Gesundheitswesen eine große Herausforderung dar. Denn sie treffen spürbar dessen Finanzierung. Aufgrund der demografischen Entwicklung werden, so Expertisen der Prognos-AG, des Instituts der Wirtschaft IW oder des Ifo-Instituts, die Beitragssätze zur Gesetzlichen Krankenversicherung ohne Reformen auf ein Niveau zwischen 24,5% und 32% steigen (je nach zugrunde gelegten Annahmen). Das heißt: Wachsenden Ansprüchen an medizinische Leistungen im Alter – vor allem im letzten Lebensjahrzehnt – stehen begrenzte finanzielle Möglichkeiten der Solidargemeinschaft, die im Wesentlichen von den Erwerbstätigen getragen wird, gegenüber. Bereits jetzt ist ein zunehmender Versorgungsbedarf bei steigender Lebenserwartung zu beobachten. Je stärker die Überalterung der Gesellschaft voranschreitet, desto schmaler wird der zurzeit noch vorhandene Spielraum. Schon gegenwärtig wird in Deutschland jeder zehnte Euro (10,2% des Bruttoinlandsprodukts) in das Gesundheitswesen investiert – mit steigender Tendenz. Eine rechtzeitige Eigenvorsorge erscheint auch hier zur Sicherung künftiger Gesundheitskosten notwendig. Sonst könnten auch in diesem Bereich angesichts knapper Gesundheitsbudgets neue Generationenkonflikte entstehen, wenn es zukünftig beispielsweise »um die Frage geht, wem vorrangig geholfen werden soll – z.B. einem nierenkranken Vater von zwei kleinen Kindern oder einem frühinvaliden Rentner, der den verdienten Ruhestand noch genießen will« (Opaschowski). So erschreckend das für deutsche Verhältnisse klingen mag – solche Diskussionen werden in anderen europäischen Ländern bereits geführt. Ähnliche Probleme werden sich auch aufgrund des medizinischen Fortschritts ergeben, der zu immer kostenaufwendigeren Therapien führt. So werden beispielsweise neuartige Hilfs- und Heilmethoden der Gentechnik, nicht zuletzt für Ältere, zu erheblichen Kostenbelastungen führen. Begrenzte Ressourcen bei steigender Inanspruchnahme von Leistungen – das wird den Stoff für künftige Verteilungskonflikte zwischen den Generationen bilden.

Von dem durch die demografische Entwicklung induzierten Generationenkonflikt ist auch die Pflegeversicherung betroffen. Eine immer stärker alternde Gesellschaft wird auf immer mehr Pflegeleistungen angewiesen sein. Auch hier stehen dann weniger Beitragszahler einer vermehrten Anzahl von Älteren gegenüber.

Gemäß dem Sozialstaatsgebot des Grundgesetzes gilt der Grundsatz gleicher medizinischer Versorgung im Krankheitsfall. Notwendige Gesundheitsleistungen dürfen nicht nur etwas für Wohlhabende oder »reiche Ältere« sein, sondern müssen allen zukommen können. Um das medizinische Leistungs- und Versorgungsniveau dauerhaft aufrecht erhalten zu können, werden angesichts der demografischen Entwicklung mitsamt den fatalen Folgen der »Generationenvergessenheit« marktwirtschaftlich orientierte Reformen unter grundsätzlicher Beibehaltung des Solidarprinzips unumgänglich werden. Vermutlich werden Krankenversicherungen künftig stärker zwischen einer Standardversorgung und spezifischen Wahlbereichen unterscheiden müssen. Neben den Beiträgen zu den Solidarversicherungen werden stärker als bisher eigene Sparanstrengungen zur Vorsorge hinzuzukommen haben, die in der Zeit der Erwerbsarbeit erbracht werden müssen. Erst eine gesetzliche und eine private Vorsorge zusammen ermöglichen es dann, die steigenden Ausgaben für Unterhalt, Pflege und Gesundheit im Alter zu tragen.

Das Erbe der älteren Generation

Ein gerechter Ausgleich der Generationen darf nicht nur die angemessene Verteilung der Rentenbelastungen im Blick haben. Generationengerechtigkeit ist mehr. Beachtet werden sollte zumindest auch, dass ältere Generationen den jüngeren ein doppeltes Erbe überlassen: Zum einen werden private Vermögen in historisch einmaliger Größenordnung vererbt – allein im Jahr 2000 wird nach Berechnungen der Deutschen Bank24 die Rekordsumme von rund 140 Milliarden Euro vererbt, während es zehn Jahre zuvor mit rund 75 Milliarden Euro noch etwas mehr als die Hälfte war. Zum anderen werden erhebliche öffentliche Werte – Schulen, Autobahnen, soziale Einrichtungen und andere infrastrukturelle Anlagen – übergeben –, all das, was an Aufbau- und Ausbauleistungen der Älteren erbracht worden ist. Diese doppelte Wertübergabe sollte mit bedacht werden, anstatt mit ausschließlichem Blick auf das Rentensystem vorschnell dem »Krieg der Generationen« das Wort zu reden. Hinzu kommt: Jede jüngere Generation hat Gewinn aus den immateriellen Werten, Lebensleistungen und Erfahrungen der Älteren. Und diese wiederum profitiert durch die Neugier, Innovationsbereitschaft und Solidarität der Jüngeren. Das zeigt: Generationengerechtigkeit muss auch nach dem Zusammenhalt der Generationen fragen. Familie bleibt auch in Zukunft eine Verantwortungsgemeinschaft von Kindern, Eltern und Großeltern. Es geht um die Sorge sowohl für die Kinder als auch für die Älteren. Es geht zugleich um eine gerechte Beurteilung dessen, was die ältere Generation an Leistung erbracht hat, und um die Möglichkeiten, die den Jüngeren für deren eigene Lebensvorstellungen offen stehen.

Generationengerechtigkeit ist deswegen auch Chancengerechtigkeit: Jedem das, was ihm zukommt. Eine Möglichkeit, der Verwirklichung von Generationengerechtigkeit näher zu kommen, stellen Generationenbilanzen dar. Sie bilanzieren nicht die Lastenverschiebung innerhalb einer Generation, sondern zwischen den Generationen. Hierbei werden die umfangreichen Einzahlungen von Bürgern an Steuern und Sozialabgaben mit den erhaltenen materiellen Transfers – u.a. Kinder- und Erziehungsgeld, Bildungs- und Ausbildungsleistungen, Wohn- und Arbeitslosengeld, Rente und Gesundheitsleistungen – abgeglichen. Daraus kann man die Zahlungsströme für den Durchschnittsbürger und insgesamt für die Nettoposition einer Generation errechnen. Ausgehend von den Nettoansprüchen aller Jahrgänge werden dann in einem zweiten Schritt die Konten der Jüngsten und der noch nicht Geborenen berechnet. Nach dieser Methode der Bilanzierung ergibt sich bereits ein Hinweis darauf, welche Lasten vor dem Hintergrund der demografischen Entwicklung in die Zukunft verschoben werden: Während ein 1998 geborenes Kind im Lauf seines ganzen Lebens netto 114 000 Euro mehr an den Staat zahlt, als es jemals an direkten Leistungen erhalten wird, kommt auf zukünftige Bundesbürger eine durchschnittliche Mehrbelastung von 160 000 Euro zu (IWD). Mit anderen Worten: Die Berechnung intergenerativer Lastenverschiebungen macht deutlich, dass ohne Konsolidierung des Staatshaushalts und einer Reform der sozialen Sicherungssysteme sowie ohne gravierende finanzpolitische Kurskorrekturen mit einer sehr starken Mehrbelastung zukünftiger Generationen gerechnet werden muss.

In diesem Sinn erweisen sich Generationenbilanzen als politikberatende Instrumente. Mit diesem zukunftsgerichteten Instrument, einer Art intergenerativem »dynamischen Buchhaltungssystem«, so der Wissenschaftler Kaufmann, ist eine Analyse der Wirkungen bisher eingeschlagener Wege in der finanzwirksamen Steuer- und Sozialpolitik möglich. Gleichzeitig können die künftigen materiellen Wirkungen unterschiedlicher Reformkonzepte gemessen werden. Damit stellen Generationenbilanzen – analog zu den Umweltbilanzen in der Wirtschaft – eine hervorragende Möglichkeit dar, Orientierungshilfe für eine Politik zu geben, die Generationengerechtigkeit als die adäquate Teilung von Lasten zwischen Jung und Alt verwirklichen will. Auch wenn es noch Schwächen in dem Konzept des »generational accounting« gibt, wie auch bei Anhörungen der CDU/CSU-Bundestagsfraktion sichtbar wurde, ist es doch eine gute Möglichkeit, langfristige Auswirkungen von Sozialpolitik und Fiskalpolitik zu erfassen. Anders als in den USA, wo das Instrument für die jährlichen Haushaltsberatungen verpflichtend eingesetzt wird, werden Generationenbilanzen in Deutschland noch kaum genutzt. Sie wären nicht nur für die Politik eine wertvolle Orientierungshilfe im Bereich intergenerativer Belastungs- und Verteilungswirkungen, sondern würden auch mit dazu beitragen, statt eines »Krieges der Generationen« rationale und sachorientierte Diskussionen zu führen.

Altenpolitik

Aufgrund der demografischen Entwicklung wird die Realisierung einer angemessenen Alterspolitik für alternde Gesellschaften eine Schlüsselfrage für die künftige Politik sein. Auch wenn bisher nur wenige Ansätze einer solchen »altersgerechten Politik« erkennbar sind, wird spätestens ab dem Jahre 2010 – dann treten die geburtenstarken Jahrgänge ab – das Problem auf der Agenda praktischer Politik stehen müssen. Die Einrichtung einer altersgemäßen sozialen Infrastruktur – von mobilen Betreuungsstationen über altersgerechte Wohnungen oder Beratungseinrichtungen bis hin zum Bau von Pflegeheimen – kann schließlich nicht über Nacht geschehen. Sie braucht entsprechende Vorlaufzeit.

Eine altersgerechte Politik müsste auch bedenken, dass neben einer Schicht vermögender Seniorinnen und Senioren wachsende Teile der älteren Generation nicht über ausreichende materielle Ressourcen für einen sozial und kulturell gesicherten Lebensabend verfügen, vor allem dann nicht, wenn man an die Kosten von Alten- und Pflegeheimen denkt. Auch das Gesundheitssystem ist weder institutionell noch finanziell auf den erheblich wachsenden Anteil von Älteren ausgerichtet. Die Zunahme von Hochaltrigkeit wird erhebliche Probleme für die Pflegeversicherung mit sich bringen. Hinzu kommt die mangelnde Integration älterer Menschen in ihr soziales Umfeld mit der Folge von Einsamkeit, Isolation und der Erfahrung von Sinnlosigkeit – dreiviertel aller Selbstmorde werden von Alten verübt. Viele Ältere könnten noch in einem volkswirtschaftlich bedeutenden Umfang am Erwerbsleben teilnehmen, werden aber frühzeitig durch die bestehende Struktur des Arbeitsmarktes und der sozialen Sicherungssysteme ausgegrenzt.

Oberstes Prinzip einer altersgerechten Gesellschaft sollte die Ermöglichung von Freiräumen – der Hilfe zur Selbsthilfe, der Bildung sich selbst tragender Netzwerke – sein. Die Stärkung von Autonomie und Selbstverantwortung im »Dritten Lebensalter« wird am besten durch subsidiäre Unterstützung gewährleistet. Zwar wird die Errichtung einer altersgerechten öffentlichen Infrastruktur notwendig sein. Aber öffentliche Einrichtungen sollten nicht einem paternalistischen Betreuungsdenken folgen, sondern eigenverantwortliche Lebensführung ergänzen, Selbsthilfe und Selbstinitiative fördern.

Ein produktives und gesellschaftlich sinnvolles Miteinander der Generationen ist aber nicht nur von dem rechtlichen und ordnungspolitischen Rahmen für eine altersgerechte Gesellschaft abhängig. Wenn man auch im Alter keine bindungslose Gesellschaft mit Vereinsamung und Einzelgängertum will, dann muss man von Grund auf den Generationenzusammenhalt fördern. Dies leistet zuallererst die Familie. Ihr kommt zugute, dass zurzeit noch rund 80% der Älteren im Umkreis der jüngeren Familien leben und so trotz räumlicher Trennung ein aufeinander bezogenes Leben aufrecht erhalten werden kann. Repräsentativbefragungen zeigen, dass die Familie die wichtigste »Lebensversicherung« im Alter darstellt. Sie gibt das Gefühl, gebraucht zu werden (61%) und nicht allein da zu stehen (55%), bringt Abwechslung in das Leben (57%) und vermittelt Rückhalt und Sicherheit (49%).

Hinzu treten muss die »zweite Familie«, der Freundeskreis, und ebenso die Etablierung von stützenden Selbsthilfegruppen und Senioren-Netzwerken. Auch der stärkeren Förderung von ehrenamtlichem Engagement und Freiwilligentätigkeit wird eine große Bedeutung zukommen. Dies gilt nicht nur für die dadurch erweiterten Teilhabemöglichkeiten. Stärker als bisher werden auch Alte für Ältere eintreten und sorgen müssen. Dies wird auch deswegen notwendig sein, weil in Zukunft ein wachsender Anteil von Menschen einer enkellosen Generation angehören wird. Der Mangel an familiären und verwandtschaftlichen Hilfen müsste durch neue Netzwerke aufgefangen werden, in denen zur »Hilfe zur Selbsthilfe« angeleitet wird. Die Einrichtung vermittelnder, unterstützender und beratender »Seniorenbüros« wird deshalb zu einer wichtigen Aufgabe.

Eine große Hilfe dabei könnten moderne Informations- und Kommunikationsmittel bieten. Vor allem im Internet stecken vielfältige Möglichkeiten – von der medizinischen Information und Betreuung bis hin zur Ermöglichung von sozialen Kontakten und kommunikativer Vernetzung. Wie Beispiele zeigen, macht das Internet mobil und fördert Aktivitäten. Jüngste Erhebungen machen allerdings deutlich, dass die Gefahr einer

»digitalen Spaltung« gerade im Bereich des dritten und vierten Lebensalters droht. In der Bundesrepublik stehen 26 Millionen Internetnutzern 36 Millionen Nicht-Nutzer gegenüber. Ein Großteil davon gehört zu den Älteren ab 50 Jahre. Es ist ein ermutigendes Zeichen, dass sich immer mehr Ältere zu Internet-Netzwerken zusammenschließen. Es gibt inzwischen auch Tausende von Senioren-Web-Seiten. Für die »silbernen Surfer« ist es ersichtlich, dass die Welt der Bits und Bytes nicht nur etwas für Kinder und Enkel, sondern ebenso etwas für sie selbst ist. Aber für viele andere muss noch Erhebliches geleistet werden, um die Multimedia-Kompetenz der Ältern zu erhöhen. Dies wird ein wichtiger Bestandteil einer zukunftsorientierten Altenpolitik sein müssen.

Familienfreundliche Lebenswelt

Kinder zu bekommen gehört ebenso zur privaten Entscheidungsfreiheit der Eltern wie deren Art und Weise des Zusammenlebens. Der Staat hat den Menschen nicht vorzuschreiben, wie sie zu leben haben. Er hat die Vielfalt familiaren Lebens anzuerkennen. Die Familie ist der unterschätzte Leistungsträger in unserer pluralistischen Gesellschaft. Sie ist eine Lebensgemeinschaft, die auf Anerkennung der Familienmitglieder im Generationenverbund und auf liebevolle Annahme, Solidarität, Verantwortungsübernahme, Füreinander-Einstehen und auf gegenseitiges Fördern ausgerichtet ist. Damit ist sie nicht ersetzbar.

Will man den Generationennachwuchs und den Generationenverbund erhalten, dann muss man die Familien in ihrer ganzen heutigen Vielfalt erheblich mehr als bisher unterstützen – in den Systemen sozialer Sicherung, der Besteuerung, den schulischen und außerschulischen Einrichtungen und der Arbeitswelt. Moderne Familienpolitik hat die Aufgabe, zum einen die Erziehungskraft der Familie zu stärken und von Kindergärten bis Ganztagsschulen einen institutionellen Rahmen anzubieten, und zum anderen den Generationenzusammenhalt zu stärken.

Nachhaltige Politik für Familien ist und bleibt ein Markenzeichen der Union. Gegenüber dem familienpolitischen Tohuwabohu der SPD hat die CDU ein fortschrittliches, familienpolitisch durchdachtes Konzept vorgelegt. Ein Kernpunkt ist die Einführung eines umfassenden Familiengeldes. Es beinhaltet 600 Euro für die ersten drei Jahre, danach 300 Euro bis zum 18. Lebensjahr, 150 Euro solange die Ausbildung andauert. Eine solche Förderung entlastet deutlich die Familien. Weil es unabhängig vom elterlichen Einkommen gewährt wird, beugt es auch der Kinderarmut vor – rund 1 Million Kinder und Jugendliche sind zur Zeit auf Sozialhilfe angewiesen. Außerdem bündelt es die Familienleistungen – bis zu 27 Stellen sind heute für Familien zuständig – und erleichtert durch diese zentrale Anlaufstelle die Behördengänge für Familien. Zudem vereinfacht es den internen Verwaltungsaufwand im Sinne eines »schlanken Staates«.

Dieses Konzept, dessen Kosten mit etwa 25 Milliarden Euro beziffert werden können, wird von einigen als nicht finanzierbar angesehen. Aber dieser Einwand übersieht nicht nur die Umbauzeit von rund 10 Jahren, sondern auch den Gestaltungsauftrag der Politik, der zukunftsorientierte Familienpolitik als zentralen Bereich der Herstellung von Generationengerechtigkeit ansehen muss. Wenn wir uns bei einem Sozialbudget von 650 Milliarden Euro pro Jahr nicht mehr zutrauen, mit rund 5% dieses Budgets neue Prioritäten für Kinder zu setzen, käme das einer Aufgabe des politischen Gestaltungsanspruchs gleich.

Die finanzielle Sicherung der Familien allein reicht nicht aus. Es geht neben den materiellen auch um die immateriellen Faktoren. Unsere Gesellschaft muss auch das geistige Klima für eine kinder- und familienfreundliche Lebenswelt fördern – »die Menschen stärken«, wie es Hartmut von Hentig genannt hat. Vorrangig geht es um drei Aufgaben:

Erstens: Stärkung des Zusammenhalts der Familien
Die Familie steht nach wie vor hoch im Kurs – und ist doch von Erosionsprozessen stark bedroht. Dabei geht es weniger um die Individualisierung unserer Gesellschaft – nur ein geringer Teil will allein und rein konsumorientiert leben. Es geht vielmehr um die hohen Scheidungsquoten – rund 40% aller Ehen in Deutschland werden geschieden. Ebenso ist der Anteil der Alleinerziehenden (13% aller Haushalte), Alleinlebenden, Singles und 1-Personen-Haushalte deutlich angestiegen. Der Zusammenhalt in den Familien ist prekär geworden. Fragt man nach den Gründen, werden vor allem die zunehmende Brüchigkeit von Beziehungen und berufliche Mobilitätserfordernisse genannt. Wer die Familien stärken will, muss deshalb unterstützende Netzwerke fördern, die Familien untereinander und im Generationenverbund in Kontakt bringen und so gegenseitige Hilfestellung ermöglichen. Die CDU fordert in diesem Zusammenhang den Ausbau von Rahmenbedingungen für das Gelingen von Beziehungen – von Familienferienheimen über Familienbildungsstätten bis zu Beratungsstellen der Familienhilfe. Förderung anstelle kurzsichtiger Sparmaßnahmen muss die Devise sein. Es sollte zu denken geben, dass nach den Erfahrungen von Beratungsinstitutionen viele Scheidungen vermieden werden könnten, wenn Eltern einen konstruktiven Umgang mit Konflikten gelernt hätten.

Auch die Unternehmen müssen sich mehr Gedanken um die Familien machen. Berufliche Mobilität einfordern ohne Rücksicht auf die Familien ist eine Sicht von vorgestern. Unternehmen sind Teil der Sozialkultur unserer Gesellschaft und tragen deswegen auch Verantwortung. In den Vereinigten Staaten von Amerika hat das »Handlungsfeld Familie« bereits eine deutliche Aufwertung erfahren. Viele Unternehmen richten sich dort nach dem »family-friendly-index«, der inzwischen zu einem benchmarking-Instrument zwischen Unternehmen geworden ist. Wäre das nicht auch für Deutschland ein wirksames Instrument für eine familienfreundliche Arbeitswelt?

Zweitens: Stärkung der Erziehungskompetenz der Eltern

Die Eltern haben die Aufgabe, durch Erziehung die Kinder in die moderne Welt einzuführen. Familie ist deswegen ein Ort gegenseitigen Lernens zwischen Kindern, Eltern und Großeltern, dessen Beständigkeit durch die Gesellschaft gesichert werden muss. Die Pluralisierung von Lebensweisen, die zunehmende Komplexität unserer Lebensverhältnisse und die Schnelligkeit des Wandels führen zu höheren Erwartungen an die Erziehungsleistung von Eltern. Oft finden diese sich nicht zurecht im Dschungel der Anforderungen und Ansprüche. Auch Familie will gelernt sein, Erziehungskompetenz erworben werden. Wir brauchen wieder mehr Orte, an denen Eltern sich austauschen, über Erziehungsweisen und Werte reflektieren und voneinander lernen können.

Nicht nur die Mütter, auch die Väter sollten zeitlich stärker Erziehung übernehmen können. Nach wie vor gibt es in unserer Gesellschaft einen Mangel an akzeptierten Vaterrollen. Zwar sind Väter häufiger bei der Geburt dabei, aber dann ziehen sie sich wieder in das Arbeitsleben zurück. Deshalb hat die CDU vorgeschlagen, den auf drei Jahre ausgebauten Erziehungsurlaub mittels eines Zeitkontos zu einem Anspruch auf Familienzeit fortzuentwickeln. Beide Elternteile sollten berechtigt sein, innerhalb der ersten acht Lebensjahre ihres Kindes diesen flexibel je nach Familiensituation in Anspruch zu nehmen. Ein zusätzliches Partnerhalbjahr als Bonusregelung soll gerade die Väter ermutigen, sich die Familienzeit partnerschaftlicher als bisher mit den Müttern zu teilen. Die Einbeziehung von Älteren in eine solche Familienzeit wirkt nicht nur sinnstiftend auch im Alter, sondern entlastet auch die Familie in einer Reihe alltäglicher Aufgaben.

Drittens: Die Förderung der Vereinbarkeit von Familie und Arbeitswelt

Eine zentrale Aufgabe moderner Gesellschaftspolitik ist der Brückenbau zwischen Familie und Arbeitswelt. Viele Frauen wollen heute gleichberechtigt ihrem Beruf nachgehen, nach der Geburt den beruflichen Wiedereinstieg schaffen oder Familie und berufliche Tätigkeit miteinander verbinden. Deswegen tritt die CDU auch für verbesserte Teilzeitarbeitsmöglichkeiten während der Erziehungsphase ein, nicht nur für Mütter, sondern auch für Väter. Größere Flexibilität von Arbeitsformen und Arbeitszeiten ermöglichen eine bessere Vereinbarkeit familiärer Fürsorge mit Erwerbsarbeit. Teilzeit und Flexibilität, auf der Wunschliste von Eltern ganz oben, müssen dabei ergänzt werden durch betriebliche Kindergärten. Gerade Großbetriebe gehen hier über die Einrichtungen von Kindergärten und von »Notfall-Kinderbetreuung« zukunftsweisende Wege. 350 Betriebe haben bereits in Deutschland in den letzten Jahren Kindergärten aufgebaut. Inzwischen gibt es in unserem Land eine ganze Reihe von erprobten Modellen, wie familiäre Pflichten und Erwerbsarbeit miteinander in Einklang gebracht werden können. Der jährliche Bundeswettbewerb »Der familienfreundliche Betrieb« zeigt, was alles mit Phantasie und Kreativität möglich ist. Aber dass die Modelle kaum Verbreitung finden, weist zugleich darauf hin, welche großen Kommunikationshindernisse noch überwunden werden müssen.

Der demografische Wandel wird eine veränderte Einstellung von Unternehmen zur Familie nach sich ziehen. Weil zunehmend Frauen als Arbeitskräfte gebraucht werden, wird die Einstellung von Unternehmen zur Familie künftig über das erreichbare Arbeitskräftepotential entscheiden. Aber auch neue Formen des Selbstverständnisses von Firmen und Betrieben werden künftig vermehrt zu einem anderen Umgang von Familie und Berufswelt beitragen. Moderne Unternehmen, die im Sinne des »corporate citizenship« einen Sinn für soziale Belange entwickeln, helfen Familien und Beratungsstellen durch ehrenamtliche Tätigkeit ihrer Mitarbeiter. Aber auch die Einstellungspraxis verändert sich. Wer als Frau (oder Mann) über Familienkompetenz verfügt, besitzt viele Fähigkeiten, die in der Dienstleistungs- und Wissensgesellschaft von morgen dringend benötigt werden.

In dieser Perspektive brauchen wir größeren Mut zur Familie. Familie ist dabei mehr als eine ökonomische Leistungseinheit. Wir sollten über Kinder und Familie nicht nur dann reden, wenn es um Geld, Rente oder materielle Sicherung geht. Kinder bedeuten Reichtum, machen Freude, geben Lebenssinn und ermöglichen die Chance eines immer neuen Anfangs. Unser Ziel muss eine familienfreundliche Gesellschaft sein, in der Menschen wieder stärker Freude an Familie entwickeln und bereit sind, familiäre Verantwortung zu übernehmen. Die geistige und strukturelle »Rücksichtslosigkeit gegenüber dem Tatbestand der Elternschaft«, die der Bielefelder Soziologe Franz Xaver Kaufmann vor einigen Jahren anprangerte, sollte bald der Vergangenheit angehören. Das ist eine gesamtgesellschaftliche Aufgabe. Familien bedürfen nicht nur der materiellen Unterstützung, sondern der aktiven geistigen und kulturellen Pflege, der gesamtgesellschaftlichen Sorge und Anerkennung. Denn die Familie sichert durch die Kinder die Zukunft der Gesellschaft und schafft damit die Voraussetzung für die Aufrechterhaltung der Generationensolidarität und der Generationengerechtigkeit.

In Zukunft wird es wohl ein kompliziertes Geflecht von »Patchwork«-Familien geben, in denen alle drei Generationen neu lernen müssen, sich miteinander zu arrangieren. »Kindergerechte« und »altersgerechte« Gesellschaft müssen ebenso wenig einen Widerspruch bilden wie Familie und Erwerbsarbeit. Die Chancen werden größer, dass Familien wieder neu zusammenwachsen und sich neue solidarische Unterstützungsformen entwickeln. Moderne Familienpolitik kann diesen Prozess institutionell unterstützen. Die Union wird dies jedenfalls tun. Für sie war nachhaltige Politik für Familien schon immer Kern politischer Gestaltung.

Generationensolidarische Gesellschaftspolitik

Für die Zukunft kommt es darauf an, in welchem Leistungs- und Kostenverhältnis die Altersgruppen zueinander stehen und ob Solidaritätsgefühle und nationaler Zusammenhalt stark genug sind, Engpässe zu ertragen und diese mit einer gewissen Opferbereitschaft überwinden zu wollen. Umso wichtiger wird eine Politik, die auf den Generationenzusammenhalt als Kern der Verwirklichung von Generationengerechtigkeit aktiv hinarbeitet. Zu einer solchen generationensolidarischen Gesellschaftspolitik gehört zum Ersten die Schaffung eines generationengerechten sozial-, wirtschafts- und steuerpolitischen Rahmens. Zum Zweiten geht es um die gezielte materielle und immaterielle Förderung der Familie als dem Ort, wo der Generationenzusammenhalt am ehesten sichtbar und erfahrbar ist. Als Drittes tritt eine subsidiär orientierte Altenpolitik hinzu, die den intergenerativen Familienzusammenhalt fördert und darüber hinaus Netzwerke für den wachsenden Anteil Älterer initiiert, die sich ohne familiäre Stützwerke im dritten Lebensalter zurechtfinden müssen.

Das »Altersbeben« ist kein Schicksal, das man passiv zu ertragen hat, sondern eine Aufforderung zur politischen, wirtschaftlichen und gesellschaftlichen Gestaltung. Die Zukunftsaufgabe – die Sorge für den Generationenvertrag und den

Generationenzusammenhalt – folgt der Vision eines familienfreundlichen und altersfreundlichen Zusammenlebens. Für eine solche familien- und altersintegrative Gesellschaft muss ein tragfähiger und auf Dauer verlässlicher ordnungspolitischer Rahmen geschaffen werden. Das wird nicht ohne große Anstrengungen gehen. Aber wenn Gesellschaft, Wirtschaft und Politik das leisten und damit zur Generationengerechtigkeit beitragen, dann werden nicht nur mögliche Generationenkonflikte entschärft, sondern es wird zugleich ein wesentlicher Beitrag geleistet zur Erreichung des gemeinsamen Zieles: einer freiheitlichen und humanen Gesellschaft für alle Generationen.

Aktive Bürgergesellschaft

Wer glaubt, das Thema Ehrenamt sei verstaubt, fällt einem fundamentalen Irrtum zum Opfer. Es ist aktueller denn je. Ehrenamt, Freiwilligenarbeit, Bürgerengagement und Selbsthilfegruppen gehören zum unverzichtbaren Fundament einer demokratischen, aktiven und verantwortlichen Bürgergesellschaft. Nicht im wohlfahrtsstaatlichen Denken, sondern in der Förderung der mentalen Einstellungen und Haltungen des Freiwilligenengagements liegt ein wesentlicher Teil unserer Zukunft. Der neue Wettstreit der Systeme verläuft nicht mehr zwischen Demokratie und Diktatur, Kapitalismus und Sozialismus, sondern zwischen demokratischen und marktwirtschaftlichen Staaten. Es geht um diejenige Ordnung, die Freiheit, Gerechtigkeit und Solidarität am besten verwirklicht, die die größere wirtschaftliche Effizienz mit Menschlichkeit verbindet, die die Globalisierung und den Einsatz neuer Technologien mit geistiger Orientierung und der Entfaltung der Engagementspotenziale einer Bürgergesellschaft verbindet.

Dieser Wettstreit betrifft nicht die parlamentarische Demokratie selbst. Diese bleibt unverzichtbar in ihren bewährten Institutionen und Verfahren. Aber sie bedarf der Ergänzung und Unterstützung durch eine aktive Bürgerschaft. Parlamentarische Demokratie und bürgerschaftliches Engagement bilden eine sinnvolle und notwendige Ergänzung.

Wir brauchen diese Art bürgerschaftlicher Initiative in allen Formen: im karitativen und diakonischen Ehrenamt, bei der Feuerwehr und in Sportverbänden, bei der Aktion Sühnezeichen und beim Erhalt kultureller Bauten und Denkmäler, bei Freiwilligenagenturen und Bürgerbüros, in Stadtteilarbeit und Bürgerinitiativen, in kommunalen Einrichtungen und Nichtregierungsorganisationen, in Zukunftswerkstätten und Agenda-21-Gruppen in der Nachfolge der Vereinbarungen der Konferenz von Rio, in Kinderparlamenten und Jugendringen, den freiwilligen Jahren in Unternehmen, sozialen Einrichtungen oder Umweltinstitutionen. Ein solches vielfältiges Engagement ist nichts anderes als ein großes Reservoir für kreative Lösungen gerade dann, wenn sich alles wandelt und neue Antworten auf neue Fragen dringend benötigt werden. Dieser Einsatz macht zugleich auch die Lebendigkeit, die Energie und Vitalität einer Gemeinschaft der Freien und Gleichen deutlich.

Denn, das war schon eine Einsicht Ciceros in die Bedingungen der »res publica«, wer sich engagiert, der versteht aufgrund seiner Erfahrungen mit den Menschen und den Strukturen die politischen Prozesse erheblich besser, entwickelt auf Dauer einen größeren Gemeinsinn und fühlt sich für sein Vaterland auch verantwortlich. Aus diesem Grund ist es von besonderer Bedeutung, ehrenamtliche, freiwillige Tätigkeit zu fördern, weil dadurch über die konkrete Tätigkeit hinaus die freiheitliche Demokratie aufrecht erhalten, gesellschaftlicher Zusammenhalt gestiftet und republikanisches Engagement gefördert wird.

Ein neuer Gesellschaftsvertrag?

Unser Leitbild ist die aktive Bürgergesellschaft. Sie ist das Zukunftsmodell für eine humane Gesellschaft und eine lebendige Demokratie. Durch aktive Mitarbeit können wir Verantwortung leben und persönliche wie gesellschaftliche Freiheit bewahren. Sie beruht auf der Einsicht in die Individual- und Sozialnatur des Menschen. Es geht um persönliche Entfaltung und um Solidarität für andere. Engagement und Selbstentfaltung passen ebenso zusammen wie Engagement und Gemeinsinn. Freiheit ist in unserem Verständnis keine Beliebigkeit, sondern Freiheit in Bindung und Verantwortung. Mitgestalten heißt verantwortlich leben. Deshalb brauchen wir mehr Spielräume für die gesellschaftlichen Ebenen, für die kleinen Einheiten, in denen sich freiwillige Arbeit entfalten kann, als ehrenamtliche Tätigkeit, als politisches Engagement, als gesellschaftliche Verpflichtung.

Das setzt einen neuen Gesellschaftsvertrag, einen neuen Ordnungsrahmen voraus, bei dem die gemeinsamen Grundwerte Freiheit, Gerechtigkeit und Solidarität sowie die gemeinsamen Prinzipien Chanceneröffnung, Wettbewerb, Leistung, Entfaltung, Subsidiarität, wirtschaftliche Dynamik und Wohlstand für Politik, Wirtschaft und Gesellschaft gleichermaßen wirksam werden können.

Das magische Viereck einer aktiven Bürgergesellschaft

Die Zeit zentralistischer Lösungen und einer Politik von oben ist vorbei. Es geht um die Ordnung einer freiheitlichen Gesellschaft mit einer neuen Verbindung von Mündigkeit des Einzelnen und Solidarität der Vielen. Aktive Bürgergesellschaft bedeutet deswegen auch die Vitalisierung der Sozialen Marktwirtschaft und die Suche nach einem neuen Verständnis von Wettbewerb und Solidarität in Wirtschaft und Gesellschaft. Dieser neue Gesellschaftsvertrag kann verständlich gemacht werden im Bild eines »magischen Vierecks«. Starke Bürger, starker Staat, starke gesellschaftliche Organisationen und starke Unternehmen bilden die vier Ecken. Was ist damit gemeint?

Starke Bürger, das heißt Bürger, die über ein festes Wertefundament verfügen, die selbstbewusst und verantwortungsvoll ihr eigenes Leben gestalten, die aber zugleich wissen, dass es ebenso um ihren Beitrag für die Gesellschaft und die Gemeinwohlbelange geht. Wer starke Bürger will, muss die Familien und Erziehungsinstanzen stärken, der muss die Schulen und Hochschulen als Ort der Eigenverantwortung und des Engagements begreifen.

Starker Staat, das heißt »weniger Staat« dort, wo Bürokratisierung überhand genommen hat, wo Bürgern eigenverantwortliche Entfaltungs- und Entscheidungsmöglichkeiten genommen werden. Es bedeutet »anderer Staat« dort, wo es gilt die gesellschaftlichen Potenzen und die Kräfte der Bürger zu ermuntern und zu aktivieren, freie Bürgervereinbarungen, Gemeinschaftsbildungen und ehrenamtliches Engagement zu unterstützen, nicht zu ersetzen.

Starke gesellschaftliche Organisationen: Die Gesellschaft stärken heißt die Entfaltung der vielen intermediären Initiativen und Organisationen der Gesellschaft, die Bildung von Kooperationen und stützenden Netzwerken fördern. Die ehrenamtliche, freiwillige Arbeit in diesen intermediären Einrichtungen ist der gesellschaftliche Ausdruck für den sozialen Gestaltungswillen von freien Bürgern in einer demokratischen Gesellschaft.

Starke Unternehmen: Ein neues Verständnis von Unternehmen setzt nicht nur auf den kurzfristigen shareholder value. Vielmehr geht es um langfristige Sicherung des Unternehmens und seiner Mitarbeiter als gemeinsame »Wertschöpfungsgemeinschaften« in einer demokratischen Gesellschaft. Unternehmen müssen sich, auch das ist eine alte Einsicht von Ludwig Erhard und auch der katholischen Soziallehre, wieder als verantwortlich für die Belange des Gemeinwohls begreifen. »Corporate citizenship« sollte nicht nur in den USA, Großbritannien oder den Niederlanden selbstverständlich sein, sondern auch in Deutschland. Wir brauchen Unternehmen, die selbst aktiv zum Gemeinwohl beitragen und die das Freiwilligenengagement ihrer Mitarbeiter honorieren. Warum sollte ein solches Engagement nicht auch auf dem Arbeitszeugnis positiv vermerkt werden? Im Übrigen profitieren Unternehmen von solchen Mitarbeitern selbst am besten, da sie in besonderer Weise Erfahrungen, kommunikative und soziale Kompetenz, Organisationsvermögen und durch eine neue Sicht der Dinge auch Kreativität bei der Suche nach kundennahen Lösungen mitbringen. Denken im gemeinsamen Vorteil statt in Klassengegensätzen gehört zu einem neuen Verständnis von Bürgergesellschaft. Starke Unternehmen sind also auch sozial aktivierende Unternehmen.

Eine der großen Zukunftsaufgaben von Politik und Gesellschaft liegt darin, ordnungspolitische Rahmenbedingungen für die aktive Bürgergesellschaft als Freiheitsraum zu schaffen. Umfragen zufolge ist das Potenzial der Bürger, die sich engagieren wollen, erfreulicherweise größer als vermutet.

Martin Luther ist zu seiner Zeit der Frage nachgegangen, wie die Menschen selig werden können. Seine Antwort lautete: Sie müssten in dreierlei Hinsicht gebildet sein: erstens in dem, was sie tun und was sie lassen sollen, zweitens darin, wo sie Kraft dafür finden, und drittens wie sie ihre Kräfte dauerhaft erhalten können. Diese Antwort enthält wichtige Einsichten. Es geht um Klärung grundlegender Werte und Prinzipien, um den Gebrauch der Vernunft und die Einübung in Verständigung, um die Ausbildung eigener Motivationsquellen und die

Unterstützung anderer darin, um soziales und politisches Lernen, um Förderung der Stärken, die jeder besitzt, die Wahrnehmung von Chancen und individueller Leistungsfähigkeit. In diesem Sinn führt Mündigkeit zur persönlichen aktiven Teilnahme, aber gleichzeitig auch zur Förderung der solidarischen Bedingungen für die Teilhabe für alle, auch der Schwächeren. Das ist eine Bildungsaufgabe für alle, darin zeigt und bewährt sich eine aktive Bürgergesellschaft. Es gilt mehr als bisher in Chancen zu denken anstatt in Risiken, uns mehr in unserem bürgerschaftlichen Engagement zu ermutigen anstatt herabzusetzen. Optimismus und Ermutigung sind wichtige Ressourcen in der Gesellschaft und in der Wirtschaft, aber vor allem auch in der Politik, wenn es darum geht, zu neuen Ufern aufzubrechen.

Mit einer solchen »starken Demokratie« (Benjamin Barber) können die Herausforderungen des 21. Jahrhunderts gemeistert werden. Deswegen sollte unsere unverminderte Aufmerksamkeit und Förderung allen Formen ehrenamtlichen, freiwilligen, bürgerschaftlichen Engagements gelten. Denn dieses Engagement hat nicht nur Zukunft, als aktive Bürgergesellschaft ist es unsere Zukunft.

VI. Kapitel
Deutschland in Europa

Neben der Wiederherstellung der deutschen Einheit zählt die Vertiefung der europäischen Integration sicher zu den bleibenden historischen Verdiensten von Helmut Kohl und der von ihm geführten Bundesregierungen. Der Konflikt zwischen »Europäern« und »Atlantikern«, der seit den 50er Jahren bis in die Zeit der großen Koalition in der Unionsfraktion immer eine Rolle gespielt hatte, war mit der klaren europäischen Ausrichtung der Politik von Helmut Kohl bei gleichzeitiger Vertiefung der Beziehungen zu den Vereinigten Staaten überwunden. Heute muss man feststellen, dass ohne den Fortschritt in der europäischen Politik und ohne die guten deutsch-amerikanischen Beziehungen, die deutsche Einheit sicher nicht möglich gewesen wäre. Es bewahrheitete sich, was Konrad Adenauer schon immer, allerdings gegen die Überzeugung zahlreicher Vertreter der öffentlichen und veröffentlichten Meinung, für richtig gehalten hatte, nämlich dass Deutschland seine staatliche Einheit nur im europäischen Kontext wiedererlangen könne.

Das Binnenmarktprojekt – Überwindung der Eurosklerose

Dieser Gang der Dinge war Anfang der 80er Jahre aber alles andere als gewiss und vorhersehbar. Im Gegenteil, die europäische Entwicklung war in eine Sackgasse geraten. Es gab kein Projekt und auch kaum eine Perspektive für die weitere Entwicklung der Gemeinschaft. Zu Beginn des Jahres 1979 war zwar das Europäische Währungssystem EWS in Kraft getreten, aber es dauerte weitere vier zähe Jahre, bis 1983 schwere Konflikte über die Fischereipolitik in der EG beigelegt werden konnten. Die Stahlindustrie befand sich in allen Mitgliedstaaten in einer tiefen Krise. Der Austritt Grönlands aus der EG wurde allgemein als schlechtes Vorzeichen für das weitere Miteinander angesehen, auch wenn Griechenland mittlerweile als zehntes Land der EG beigetreten war. Über die Finanzierung gab es jahrelange Auseinandersetzungen, die vor allem von der britischen Premierministerin Margaret Thatcher forciert wurden (»I want my (!) money back«). Der Vorschlag der Außenminister Deutschlands und Italiens zur Schaffung einer Europäischen Union (Genscher-Colombo-Plan) fand nur mäßige Aufmerksamkeit und erhielt erst zweieinhalb Jahre später zum Ende der ersten Wahlperiode des direkt gewählten Europäischen Parlaments auch parlamentarische Unterstützung.

Aber Mitte des Jahres 1985 kam neue Dynamik in den Prozess der Integration. Portugal und Spanien traten der EG bei. Zum selben Zeitpunkt veröffentlichte die Kommission unter der Führung des neuen Präsidenten Jacques Delors ein Weißbuch zur Vollendung des Europäischen Binnenmarktes. Dieser Anstoß sollte für die nächsten 15 Jahre eine Weichenstellung von wahrhaft historischer Bedeutung werden. Das Ziel des Binnenmarktes war zwar von Anfang an in den Römischen Verträgen enthalten. Aber ein Programm zur Formulierung der konkreten Sekundärgesetzgebung fehlte. Delors teilte den zu setzenden Rechtsrahmen auf in die vier Grundfreiheiten des Binnenmarktes, nämlich die Freiheit des Personenverkehrs in der Gemeinschaft, die Freiheit des Dienstleistungsverkehrs, die Freiheit des Warenverkehrs und die Freiheit des Kapitalverkehrs. Das Weißbuch enthielt rund 300 Vorschläge für die Gesetzgebung der EG, die in Form direkt geltender Verordnungen und so genannter Richtlinien auf den Weg gebracht werden sollte. Klugerweise schlug die Kommission überwiegend Richtlinien vor, die nicht unmittelbar geltendes Gemeinschaftsrecht werden, sondern den Mitgliedstaaten verbindliche Ziele vorgeben, ihnen die Umsetzung aber im Rahmen ihrer nationalen Gesetzgebung selbst überlassen. Der Nachteil dieser Vorgehensweise besteht allerdings darin, dass eine ständige Kontrolle durch die Kommission und im Streitfall durch den Europäischen Gerichtshof notwendig ist, um die korrekte Umsetzung der Richtlinien in den Mitgliedstaaten zu überwachen und die Einheitlichkeit des europäischen Rechtsraums auch zu gewährleisten.

Ich habe in der Zeit zwischen 1989 und 1994 den größeren Teil der Binnenmarktgesetzgebung im Europäischen Parlament mitgestalten dürfen. Ich war Mitglied des Wirtschafts- und Währungsausschusses und längere Zeit auch stellvertretendes Mitglied im Rechtsausschuss. Im Großen und Ganzen konnten wir die Verabschiedung der im Delors-Weißbuch vorgesehenen Rechtsakte abschließen. Das Europäische Parlament (EP) war daran durch ein neues Gesetzgebungsverfahren im Kern gleichberechtigt mit dem Ministerrat beteiligt. Erst langsam verstand die interessierte Öffentlichkeit, welche Bedeutung das EP errungen hatte. Die deutsche Wirtschaft hat relativ spät darauf reagiert, Briten und Franzosen haben den Einfluss des EP viel früher erkannt und sich dementsprechend um Einwirkung bemüht. So sind viele Regelungen – z.B. im Bereich der technischen Harmonisierung, aber auch des Bankenrechts und des Versicherungsrechts – sehr viel stärker von anderen Mitgliedstaaten bestimmt worden als von Deutschland. Großbritannien und Frankreich haben in den europäischen Institutionen immer schon eine langfristig angelegte, strategische Personalplanung praktiziert. Die deutsche Personalpolitik in Brüssel steht seit jeher unter dem wenig guten Vorzeichen einer fehlenden zentralen Personalhoheit des Bundes. Jedes Ministerium hat seine eigene Personalabteilung und wacht argwöhnisch darüber, die eigene Zuständigkeit nicht teilen zu müssen. Diejenigen, die nach Brüssel gehen, verlieren häufig den Anschluss bei den Beförderungen in »ihrem« Ministerium. Entsandte Beamte aus anderen Mitgliedstaaten werden zu Hause bevorzugt befördert. Aus Deutschland kommt seit einigen Jahren auch noch das verstärkte Engagement der Länder hinzu, sodass mittlerweile in Brüssel mehr Landes- als Bundesbedienstete anzutreffen sind. Der Konsistenz und dem Einfluss der deutschen Europapolitik schadet dies mehr als es nutzt.

Gleichwohl: Mit der Binnenmarktgesetzgebung kam neuer Schwung in den europäischen Prozess. Anfang 1993 konnte ein Europäischer Binnenmarkt Wirklichkeit werden, ein Raum ohne Binnengrenzen mit einer ökonomischen Kraft, die aus Europa nach Amerika den größten zusammenhängenden Wirtschaftsraum der Welt macht. Ein großer Erfolg, den wir vor allem der visionären Kraft und der politischen Durchsetzungsfähigkeit von Jacques Delors verdanken.

Der Euro – Vollendung des Europäischen Binnenmarktes

Parallel zur legislativen Arbeit für den Binnenmarkt begannen die Arbeiten an einer Wirtschafts- und Währungsunion. Im Juni 1990 wurde in Dublin vom Europäischen Rat die Einsetzung zweier Regierungskonferenzen beschlossen, die den Vertrag über eine Wirtschafts- und Währungsunion und über die Politische Union vorbereiten sollten. Ende 1991, nur eineinhalb Jahre später, wurde in Maastricht der Vertrag über die Währungsunion beschlossen und in die Ratifikationsverfahren der Mitgliedstaaten gegeben.

Zu den Legenden der europäischen Weiterentwicklung gehört bis heute, dass Frankreich angeblich nur zur Zustimmung zur deutschen Einheit bereit gewesen sei, wenn Deutschland im Rahmen einer europäischen Währungsgemeinschaft auf seine geldpolitische Souveränität verzichte. Für diese Behauptung gibt es nicht den geringsten Nachweis. Im Gegenteil, gerade in Frankreich und auch innerhalb der französischen Regierung war der Eintritt in die Währungsunion zu den im Maastricht-Vertrag formulierten Bedingungen alles andere als unumstritten. Am Ende waren in Deutschland und in Frankreich besonders hohe Hürden zu überwinden, um den Weg in die Währungsunion frei zu machen. In Deutschland musste das Bundesverfassungsgericht entscheiden, ob der Beitritt mit dem Grundgesetz vereinbar ist. In Frankreich ging die notwendige Volksabstimmung über den Beitritt nur deshalb sehr knapp positiv aus, weil in den Grenzregionen Elsass und Lothringen und in Paris eine besonders große Zustimmung erfolgte. Nach einem langem Verfahren vom ersten Entwurf der Delors-Gruppe bis zur letzten Parlaments- und Volksabstimmung in den 15 Mitgliedstaaten konnte der Maastricht-Vertrag schließlich am 1. November 1993 in Kraft treten.

Damit war der Zeitplan gesetzt, innerhalb dessen die Wirtschafts- und Währungsunion Wirklichkeit werden sollte. Wenn mehr als die Hälfte der Mitgliedstaaten die Kriterien erfüllten, sollte dies bereits im Jahr 1997 der Fall sein. Anderenfalls galt das Datum des 1. Januar 1999, zu dem unabhängig von der Zahl der qualifizierten Mitgliedstaaten die dritte Stufe der Währungsunion beginnen sollte. Erwartungsgemäß war der Zeitplan bis 1997 zu kurz bemessen, als dass mehr als die Hälfte der Mitgliedstaaten die Voraussetzungen für die Währungsunion schaffen konnten. Aber im Sommer des Jahres 1998 waren 11 von 15 Mitgliedstaaten nach Auffassung der Europäischen Kommission, des Europäischen Währungsinstitutes, der nationalen Notenbanken und des Rates der europäischen Finanzminister so weit, dass die Währungsunion mit ihnen an den Start gehen konnte.

Damit begann am 1. Januar 1999 in Europa das Euro-Zeitalter. In 11 von 15 Mitgliedstaaten der Europäischen Union wurde die Gemeinschaftswährung eingeführt. Die Entscheidung, die Europäische Wirtschafts- und Währungsunion pünktlich wie vorgesehen an den Start gehen zu lassen, war die letzte, wahrhaft historische Entscheidung, die im ausgehenden 20. Jahrhundert für Europa getroffen wurde.

Aber was bedeutete die Währungsunion für Europa und für uns Deutsche ganz konkret? War mit einem guten Start alles erledigt? Können wir sozusagen zur Tagesordnung übergehen?

Es stellte sich schon bald heraus, dass die Einführung des Euro einen weit über die monetären und ökonomischen Aspekte hinausreichenden politischen Integrationsschub auslöste. Die Politik in den Euro-Teilnehmerstaaten fand ein neues Koordinatensystem vor, das auch ihre Handlungsoptionen mitbestimmte. Die wirtschafts- und finanzpolitischen Herausforderungen, vor die sich ein Land wie Deutschland, immerhin das an Einwohnern und wirtschaftlicher Leistungsfähigkeit größte Land in der Eurozone, gestellt sah, waren beträchtlich und werden noch heute unterschätzt. Die Wirtschaftspolitik, die Finanz- und Haushaltspolitik, die Arbeitsmarktpolitik und die Sozialpolitik der Bundesrepublik Deutschland stehen vor neuen Bedingungen, auf die sich unsere Gesellschaft insgesamt einstellen muss.

Zunächst gilt es darauf hinzuweisen, dass der Euro nicht etwa eine völlig neue, aus jedem bestehenden Zusammenhang herausgelöste politische Weichenstellung darstellte. Die Europäische Wirtschafts- und Währungsunion war vielmehr die logische und konsequente Fortsetzung und Vollendung des Binnenmarktprogramms. Die Einführung der Freiheit des Personenverkehrs sowie des Waren- und Dienstleistungsverkehrs und die vollständige Liberalisierung des Kapitalverkehrs wäre auf Dauer unvollständig geblieben, wenn nicht eine einheitliche europäische Währung hinzugekommen wäre. Ja, der Bestand der erreichten Marktöffnung wäre gefährdet gewesen, wenn eine Vielzahl von nationalen Währungen den Leistungsaustausch im Binnenmarkt weiter behindert und erschwert hätte. Der nach dem früheren luxemburgischen Ministerpräsident Pierre Werner benannte Plan, bereits Anfang der 70er Jahre eine europäische einheitliche Währung einzuführen, kam für die Gemeinschaft zu früh. Anfang 1999, sechs Jahre nach der Verwirklichung des Binnenmarktes und nach Abschluss eines Konvergenzprozesses in den beteiligten Mitgliedstaaten, der eine zum Teil erstaunliche Annäherung der makroökonomischen Daten – beispielsweise bei den Teuerungsraten und bei den langfristigen Zinsen – gebracht hatte, war die Zeit reif für die Währungsunion. Wer die Währungsunion nicht grundsätzlich ablehnte, für den gab es keinen besseren Zeitpunkt für ihren Start als Anfang 1999.

Dabei war keineswegs selbstverständlich, dass auch Deutschland so ohne weiteres die Kriterien erreichen würde. In der deutschen Öffentlichkeit wurde 1997 eine scharfe Debatte ausgetragen, ob die Bundesrepublik das Defizitkriterium von drei Prozent Neuverschuldung, gemessen am Bruttoinlandprodukt im laufenden Haushaltsjahr, schaffen könne. 1997 war das im EU-Vertrag genannte Referenzjahr, in dem die Beitrittskandidaten alle Bedingungen erstmals erfüllen mussten. Für Bundesfinanzminister Theo Waigel wurde die Lage dadurch besonders schwierig, dass ihm zum einen die Bundesländer eine verbindliche Abmachung darüber verweigerten, wie die Neuverschuldung ebenso wie die Gesamtverschuldung der öffentlichen Hand auf Bund, Länder, Gemeinden und Sozialversicherungen verteilt werden sollten. Damit lag die Verantwortung für die Begrenzung des Defizits des öffentlichen Gesamthaushaltes gegenüber dem Rat und der EU-Kommission in Brüssel ausschließlich bei ihm. Zum anderen setzte ihn der bayerische Ministerpräsident Edmund Stoiber unter Druck, indem er auf einem kleinen Parteitag der CSU in Fürth durchsetzte, dass drei Prozent im Sinne des Maastricht-Vertrages als 3,0 zu interpretieren seien. Das Defizitkriterium wurde damit zum alleinigen, absoluten Maßstab für die Währungsunion erhoben, obwohl bei einer rein ökonomischen Betrachtung die Geldwertstabilität mindestens ebenso wichtig gewesen wäre. Aber hier galt ja ein relatives Kriterium, bemessen nach dem Durchschnitt der drei stabilsten Währungen, während das Defizit in absoluten Zahlen nicht höher als drei Prozent ausfallen durfte.

Mit einer gehörigen Kraftanstrengung gelang es dann doch, das öffentliche Defizit im Jahr 1997 zu begrenzen und sogar mit 2,7% deutlich unter der Schwelle von 3,0% zu halten. Dies war vor allem ein Erfolg der sehr restriktiven Haushaltspolitik von Theo Waigel, die in der Bundestagsfraktion ohne wesentlichen Widerstand mitgetragen wurde. Deutschland konnte mit zehn weiteren Mitgliedstaaten die Bedingungen für die Teilnahme an der Europäischen Wirtschafts- und Währungsunion erfüllen.

Nachdem die bilateralen Wechselkurse bereits im Sommer 1998 festgelegt worden waren, war es am 31.12.1998 nur noch ein formeller Akt, die Relation zur ECU herzustellen und die Bezeichnung auf Euro umzustellen. Historisch war dies gleichwohl ein besonderes Ereignis, hatte die Gemeinschaft doch ein Ziel erreicht, in das die Staats- und Regierungschefs der Mitgliedstaaten mit ihren Notenbanken ebenso wie eine ambitionierte und engagierte EU-Kommission und, auch wenn dies leider nicht immer in angemessener Weise wahrgenommen worden ist, fast das gesamte Europäische Parlament über Jahre viel Arbeit investiert hatten. Umso unverständlicher bleibt bis heute, dass der seit Oktober 1998 amtierende Bundesfinanzminister Oskar Lafontaine an den Feierlichkeiten zur Einführung des Euro in Brüssel nicht teilnahm und es stattdessen vorzog, mit Ehefrau und Sohn einen Urlaub in der Karibik zu verbringen. Deutschland war als einziges Land nicht durch seinen Finanzminister vertreten. In allen europäischen Hauptstädten ist dieses Verhalten zu Recht kritisiert worden. Die Presse nahm sich des Themas mehrere Tage lang an. Es ist kaum vorstellbar, dass sich irgendein Vorgänger im Amt des Bundesfinanzministers einen solchen Fauxpas geleistet hätte.

Weltreservewährung neben dem US-Dollar

Der Euro kann langfristig eine sehr starke Stellung im Weltwährungssystem einnehmen. Der durch die Krisen in Asien und Südamerika ausgelöste Verfall einer größeren Zahl von Währungen in den betroffenen Ländern hat praktisch keine Auswirkungen auf die Stabilität der Währungen in Europa gehabt. Dies wäre möglicherweise anders gewesen, wenn nicht ein fester Verbund erst im EWS, dann im Euro vorhanden gewesen wäre. Ein großes Schiff ist in schwerer See eben stabiler als viele kleine.

Aber auch gegenüber dem US-Dollar wird der Euro eine stärkere Rolle spielen als die Summe der zuvor vorhandenen nationalen Währungen. Nachdem die Amerikaner das Projekt zunächst weitgehend ignoriert haben, dann an den erfolgreichen Abschluss der Vorbereitungsarbeiten nicht glauben wollten, haben sie sich erst etwa zwei Jahre vor dem Datum seiner Einführung mit den Konsequenzen des Euro für die Stellung des US-Dollar ernsthaft beschäftigt. Anfänglich harter Kritik ist – zumindest in der amerikanischen Administration und in den offiziellen Stellungnahmen der Regierung – nüchterne Zustimmung gefolgt. Die tatsächlichen Konsequenzen dürften sich aber erst nach und nach herausstellen, denn der Euro wird einen von Branche zu Branche ganz unterschiedlichen Einfluss ausüben.

Zunächst dürfte der US-Dollar dort, wo Welthandelsmärkte bestehen, eine dominierende Rolle behalten. Dies gilt beispielsweise für den Ölmarkt, soweit der Preis von der OPEC bestimmt wird. Die Rohstoffpreise insgesamt dürften auf absehbare Zeit weltweit in Dollar berechnet werden.

Allerdings gibt es Branchen, die nur noch von wenigen weltweit handlungsfähigen Unternehmen dominiert werden, und in denen die Europäer eine starke Marktposition haben. Dazu zählt mit an erster Stelle die Luft- und Raumfahrtindustrie, die durch die militärisch notwendige und industriepolitisch richtige Entscheidung, den Eurofighter anzuschaffen, einen besonderen Anschub bekommen hat. Der zwischenzeitlich frei gewordene Weg für ein europäisches privatrechtliches Airbus-Unternehmen wird zeigen, welches Potenzial in der Entwicklung und Produktion modernsten Gerätes für die Luft- und Raumfahrt in der Europäischen Union steckt. Die Europäer haben in dieser Industrie den Anschluss an den bisher von den Amerikanern beherrschten Weltmarkt gefunden. Der Euro ermöglichte bereits Anfang 1999 die interne Rechnungslegung auf der Basis einer einheitlichen Währung. Gleichzeitig wurde der Zahlungsverkehr mit der großen Zahl der Zulieferbetriebe auf Euro umgestellt. Damit entfiel in einer ganzen Branche das bisher bestehende Wechselkursrisiko. Kurssicherungsgeschäfte innerhalb Europas wurden so überflüssig.

Das Beispiel macht deutlich, welche internen Wirkungen der Euro bei gleichzeitig zurückgehender Abhängigkeit vom US-Dollar entfalten kann. Diese Entwicklung liegt im europäischen, und gerade auch im deutschen Interesse. Es war ja immer wieder die D-Mark, die in den letzten Jahren unter latentem Aufwertungsdruck stand. Damit wurden die Importe in die Bundesrepublik Deutschland billiger und die Exporte teurer. Diesen Aufwertungsdruck gibt es in der Euro-Zone nicht mehr. Die Amerikaner ihrerseits werden sich nicht noch einmal der Kritik aussetzen müssen, die sie in den 80er Jahren erfahren haben, als sie versuchten, ihre enormen Haushaltsdefizite durch einen schwachen Außenwert des Dollar auszugleichen.

Die Europäische Zentralbank im Spannungsfeld zwischen Politik und Märkten

Erwartungsgemäß richteten sich seit Beginn des Jahres 1999 die Augen auf die zukünftige Strategie der Europäischen Zentralbank (EZB) in Frankfurt. Sie war bereits durch ihr Vorläuferinstitut, das Europäische Währungsinstitut, auf die neue Aufgabe organisatorisch und personell vorbereitet. Jetzt kam es auf ihren geld- und kreditpolitischen Kurs an. Nach der Festlegung der Wechselkurse zum Euro gab es seit Beginn des Jahres 1999 nur noch eine einheitliche europäische Währungspolitik und damit nur noch einen einheitlichen Geldmarktzinssatz in ganz Europa. Darin steckt ein nicht zu unterschätzendes Konfliktpotenzial, wenn die realwirtschaftliche Entwicklung in einzelnen Mitgliedstaaten unterschiedlich verlaufen sollte.

Welchen politischen Anfechtungen die EZB ausgesetzt sein würde, konnte man unmittelbar nach den deutschen Wahlen im September 1998 beobachten. Mit einer der deutschen Notenbank gegenüber nicht gekannten Aggressivität wurde die EZB von der Politik, insbesondere vom Bundesfinanzminister Oskar Lafontaine, unter Druck gesetzt, die Geldmarktzinsen zu senken. Lafontaine bekam eine gewisse Unterstützung durch den französischen Wirtschafts- und Finanzminister Strauss-Kahn, der in seinem Land vor ähnlich ungelösten Problemen stand. Beide waren der Meinung, dass vor allem die als zu hoch angesehenen Zinsen, obgleich bereits auf einem niedrigen Niveau angekommen, für die schlechte Verfassung des Arbeitsmarktes verantwortlich waren.

Demgegenüber musste die EZB von Anfang an eine harte geldpolitische Linie verfolgen, um zunächst das Vertrauen der Kapitalmärkte zu gewinnen, mit dem Ziel, in der Euro-Zone jedes Inflationsrisiko sofort im Keim zu ersticken. Mit einem beherzten Zinsschritt konnte die EZB dann jedoch jede weitere öffentliche Diskussion über die Verantwortung der Notenbank für die Verfassung der europäischen Volkwirtschaften beenden. Jetzt waren die Regierungen der Mitgliedstaaten gefragt, ihre Hausaufgaben zu machen. Die Beschäftigungsprobleme wuchsen – besonders dort, wo die Flexibilität des Arbeitsmarktes nicht rechtzeitig durch Reformen gesichert worden war.

Der Stabilitätsbegriff des Maastricht-Vertrages

Dieser Zusammenhang war natürlich auch den Sozialdemokraten in Deutschland bewusst. Deshalb hat der im März 1999 aus dem Amt geschiedene Parteivorsitzende Lafontaine ja auch den Versuch unternommen, den Stabilitätsbegriff des Maastricht-Vertrages über die Geldwertstabilität hinaus auszuweiten auf soziale und arbeitsmarktpolitische Stabilität. Er hat die Priorität der Geldwertstabilität vor allem deshalb nie akzeptieren wollen, weil die Politik darauf – ganz im Sinne der alten Linie der französischen Politik – nach seiner Auffassung zu geringen Einfluss hatte. Oskar Lafontaine konnte es nicht ertragen, dass es Instrumente der makroökonomischen Steuerung gab, die nicht in seiner Hand lagen.

Dagegen steht der eindeutige und klare Wille des Maastricht-Vertrages. Nach Geist und Buchstaben des Vertrages ist mit Stabilität allein Geldwertstabilität gemeint. Die Stabilität des Geldwertes zu wahren ist und bleibt die prioritäre vorrangige Aufgabe der EZB und der fortbestehenden nationalen Zentralbanken. Nach Artikel 105, Absatz 1 des EG-Vertrages ist es deren »vorrangige(s) Ziel, die Preisstabilität zu gewährleisten«. Alle anderen Ziele haben dahinter zurückzustehen. In dem Wort »gewährleisten« steckt nicht nur der Auftrag, im Rahmen der geldpolitischen Instrumente der EZB aktiv tätig zu werden, sondern auch eine Garantenstellung der europäischen Notenbank für das Erreichen dieses Ergebnisses.

Daraus folgt natürlich nicht, dass die EZB vollkommen ohne Beachtung der allgemeinen wirtschaftspolitischen Entwicklung in den Mitgliedstaaten eine sture Antiinflationspolitik zu verfolgen hat. Auch insoweit gibt der EG-Vertrag der Bank einen Handlungsspielraum innerhalb des zu erfüllenden Gewährleistungsauftrages Preisstabilität. Nach Artikel 105, Absatz 1 »unterstützt das ESZB die allgemeine Wirtschaftspolitik in der Gemeinschaft, um zur Verwirklichung der in Artikel 2 festgelegten Ziele der Gemeinschaft beizutragen«. Damit ist der gesamtwirtschaftliche Kontext hergestellt, aber die Priorität der Geldwertstabilität ist eindeutig.

Nach allen Erfahrungen, die Deutschland im letzten Jahrhundert mit seinen Währungen gemacht hat, sollten gerade wir an diesem eindeutigen Stabilitätsauftrag des Maastricht-Vertrages keinen Zweifel aufkommen lassen. Geldwertstabilität ist die Grundlage für eine erfolgreiche Wirtschafts-, Finanz-, Arbeitsmarkt- und Sozialpolitik. Deshalb darf der Stabilitätsbegriff des Vertrages nicht aufgeweicht werden. Nur auf der Basis einer stabilen Währung ist in den Mitgliedstaaten der Europäischen Union ein hohes Maß an Beschäftigung erreichbar.

Geldwertstabilität ist schließlich die Grundlage für ein hohes Maß an sozialer Sicherheit. Gerade für die Altersversorgung durch Rentenversicherung und private Vorsorge ist die Stabilität der Währung eine grundlegende Voraussetzung. Die Entwertung des Geldes bedroht vor allem die Bezieher kleiner Einkommen, bedroht inländische Ersparnisse und kleine Renten. Inflation ist der Taschendieb des kleinen Mannes!

Auf dem Weg zu einer europäischen Arbeitsmarktpolitik?

Gerade weil die Sozialdemokraten – manche von ihnen zähneknirschend – diesem EG-Vertragstext zugestimmt haben, der die Gemeinschaft und alle Teilnehmerstaaten an der Währungsunion auch noch verbindlich auf den »Grundsatz einer offenen Marktwirtschaft mit freiem Wettbewerb« festlegt, versuchen sie seit der Regierungsübernahme in Deutschland, eine europäische Arbeitsmarktpolitik zu formulieren. Ein »Europäischer Beschäftigungspakt« rückte so neben der Bewältigung des Kosovo-Konflikts in den Mittelpunkt der deutschen Ratspräsidentschaft in der ersten Hälfte des Jahres 1999. Eine europäische Beschäftigungspolitik sei, so wurden führende Sozialdemokraten nicht müde zu behaupten, vom EG-Vertrag sogar ausdrücklich verlangt, nur die alte Bundesregierung habe sich in neoliberaler Verblendung gegen diesen erfolgreichen Weg, die Massenarbeitslosigkeit zu bekämpfen, gesperrt.

Zur Beurteilung der europäischen Ausrichtung in dieser Frage lohnt erneut ein Blick in den Text des Vertrages. Durch den Vertrag von Amsterdam ist der EG-Vertrag in der Tat um ein Beschäftigungskapitel ergänzt worden. Nach Artikel 2 des neuen Beschäftigungskapitels »betrachten die Mitgliedstaaten die Förderung der Beschäftigung als Angelegenheit von gemeinsamem Interesse und stimmen ihre diesbezüglichen Tätigkeiten (...) im Rat aufeinander ab, wobei die einzelstaatlichen Gepflogenheiten in Bezug auf die Verantwortung der Sozialpartner berücksichtigt werden«.«

Schon diese Formulierung macht deutlich, dass die gemeinsame Beschäftigungspolitik in der Europäischen Union im Wesentlichen in einer – ja auch sinnvollen – Koordinierung besteht. Noch deutlicher wird die subsidiäre Rolle der europäischen Beschäftigungspolitik in den Formulierungen des Artikels 3 des neuen Titels. Danach »trägt die Gemeinschaft zu einem hohen Beschäftigungsniveau bei, indem sie die Zusammenarbeit zwischen den Mitgliedstaaten fördert und deren Maßnahmen in diesem Bereich unterstützt und erforderlichenfalls ergänzt. Hierbei wird die Zuständigkeit der Mitgliedstaaten geachtet«.

Deutlicher hätte die Nachrangigkeit der europäischen Arbeitsmarktpolitik nicht formuliert werden können. Die Arbeitsmarktpolitik als wichtiger Bestandteil einer beschäftigungsorientierten Wirtschaftspolitik bleibt eine nationale Aufgabe. Auf nationaler Ebene sind die Handlungsnotwendigkeiten durch den Euro eher größer, die Handlungsmöglichkeiten aber eher kleiner geworden. Die lautstarke und in gewissem Maß sicher auch populäre Forderung der SPD nach einer europäischen Beschäftigungspolitik entpuppt sich jedenfalls bei näherem Hinsehen als eine Flucht vor der unangenehmen Wahrheit im eigenen Land. Die Wahrheit ist, dass Deutschland auch nach vier Jahren rot-grüner Politik um das Fitness-Programm einer im Wesentlichen angebotsorientierten Wirtschafts- und Finanzpolitik nicht herumkommt.

Der Euro und die Gewerkschaften

Neue Herausforderungen kamen in der Euro-Zone insbesondere auf die Gewerkschaften zu. Fritz Scharpf, Direktor des Max-Planck-Instituts für Gesellschaftsforschung in Köln, hat darauf hingewiesen, dass in der Währungsunion praktisch kein Spielraum für defizitfinanzierte Beschäftigungsprogramme mehr besteht und die nationalen Regierungen auch die für die Zukunft notwendige Haushaltsdisziplin einhalten müssen. Der geltende Haftungsausschluss für die öffentlichen Schulden der Mitgliedstaaten untereinander werde dazu führen, dass die nationalen Probleme gerade des Arbeitsmarktes auf nationaler Ebene gelöst werden müssten und eine europäische »Wirtschaftsregierung« nicht viel ausrichten könne. Daraus ergebe sich ein erhebliches Problem für die Gewerkschaften, die zwar vollständig transparente Löhne, ausgedrückt in einer einzigen Währung, aber erhebliche Unterschiede in der Produktivität der Standorte vorfinden würden.

In der Tat scheinen die Arbeitnehmervertretungen auf diese Herausforderung, die sich mit der Einführung des Euro verbindet, bis heute keine angemessene Antwort gefunden zu haben. Während Wissen, Kapital und Rohstoffe vollkommen mobil geworden sind, ist die Flexibilität der Arbeitsmärkte gerade in Ländern wie Deutschland und Frankreich hinter den Notwendigkeiten zurückgeblieben. Dies gilt vor allem dann, wenn die Tarifvertragsparteien – so wie in Deutschland – nur ein geringes Eigeninteresse daran haben, den Faktor Arbeitslosigkeit in ihre Verhandlungen mit einzubeziehen. Die Tarifverhandlungen in Deutschland werden von den Gewerkschaften wieder mehr in eine Richtung gelenkt, in der die Besserstellung der Arbeitsplatzbesitzenden Vorrang einnimmt vor dem Zutritt der Arbeitslosen in den Arbeitsmarkt. Binnenmarkt und Währungsunion verschärfen auf dem Arbeitsmarkt einen Verteilungskonflikt, der leicht zu Lasten der Schwächsten, nämlich der Arbeitslosen, gelöst wird. Eine erneute Rationalisierungswelle zu Lasten der Beschäftigung wird das zwangsläufige Ergebnis sein.

Der Euro im Wettbewerb der Standorte

Diese These scheint nur im Widerspruch zu stehen zu den Hoffnungen, die sich mit dem Euro für die Arbeitsmärkte verbinden. Der Euro wird, darüber sind sich große Teile der Wissenschaft und Wirtschaft einig, langfristig Arbeitsplätze in Europa erhalten und neue ermöglichen. Damit ist aber die Frage noch nicht beantwortet, welche Standorte innerhalb der Währungsunion vom Euro Vorteile haben. Mit der Stärkung der europäischen Unternehmen auf dem Weltmarkt geht eine nachhaltige Verschärfung des Wettbewerbs innerhalb des Wirtschaftsraumes der Währungsunion einher. Für Deutschland stellt sich die Frage, wie es mit dieser weiteren Verschärfung des Wettbewerbs umgehen soll.

Die SPD gibt darauf eine ganz einfache und auf den ersten Blick einleuchtende Antwort: Jeder Wettbewerb um günstige Löhne ist Lohndumping, jeder Wettbewerb um Standards und Bedingungen des Arbeitsmarktes ist Umweltdumping und Sozialdumping. Deshalb muss an die Stelle des Wettbewerbs ein möglichst weltweites Abkommen zur Vereinheitlichung der Angebotsbedingungen treten, um diesen Wettbewerb auszuschalten. Die These der SPD lautet: Deutschland hält den Wettbewerb nicht aus, also müssen Regeln zu seiner weitgehenden Vermeidung aufgestellt werden.

Der Vorwurf des Dumping hat sich zwischenzeitlich weit über den Kreis der Befürworter einer europäischen Arbeitsmarktpolitik ausgeweitet. Deshalb lohnt an dieser Stelle ein kleiner Exkurs: Von Dumping spricht man, wenn der Preis einer exportierten Ware oder Dienstleistung – also auch einer Arbeitsleistung – unter dem Inlandspreis des exportierenden Landes gehalten wird, um dadurch im Land des Imports einseitige Wettbewerbsvorteile zu erzielen (»Schmutzkonkurrenz«). Portugiesische Arbeitnehmer müssten also ihre Arbeitsleistung in Deutschland zu einem Preis anbieten, der unterhalb des in Portugal, nicht unterhalb des in Deutschland geltenden Niveaus liegt. Dies behaupten bisher aber noch nicht einmal die deutschen Sozialdemokraten, wie überhaupt der Vorwurf des Lohndumpings in der europäischen sozialdemokratischen Zusammenarbeit keine Rolle spielt!

Zurück zu den verlangten internationalen Abkommen. Abgesehen von der Tatsache, dass die SPD weder zum Inhalt solcher Vereinbarungen noch zu ihrer Durchsetzbarkeit etwas sagt, klingt der Vorschlag zugegebenermaßen gut. Er ist vor allem bequem, denn wer wollte sich nicht in der vom lästigen Wettbewerb freien Wahrnehmung seines am besten noch im Grundgesetz garantierten Rechtes auf Arbeit an den reichhaltigen Früchten dieser seiner Arbeit erfreuen? Das einzige Problem ist, das sich außer uns Deutschen niemand auf dieser Welt eine solche Politik zu Eigen macht. Warum sollten aufstrebende Länder inner- und außerhalb Europas auf ihre komparativen Vorteile verzichten? So war auch nichts anderes vom Europäischen Rat in Köln von Anfang Juni 1999 zu erwarten, als er sich auf Betreiben der Bundesregierung auf einen »Makroökonomischen Beschäftigungsdialog« festlegte, in den auch die Sozialpartner, also Arbeitgeber und Gewerkschaften, mit einbezogen werden sollten. Der seit Überwindung der deutschen Teilung in ganz Deutschland berühmt und beliebt gewordene »Runde Tisch« für alle Probleme dieser Welt steht jetzt in Brüssel. An diesem Tisch wird viel und lange über alles geredet werden. In der Zwischenzeit werden europäische und andere, weltweit aktive Industrienationen ihre Positionen auf den Märkten schrittweise verbessern und zeigen, wie gehandelt werden müsste – auch und gerade in Deutschland.

Es gibt auch für Deutschland nur eine wirklich Erfolg versprechende Alternative: Deutschland muss sich mehr denn je zuvor dem scharfen Wettbewerb stellen. Dazu bedarf es allerdings einer Reihe von politischen Grundentscheidungen, ohne die dieser Wettbewerb nicht zu bestehen ist:

- Deutschland muss an der Spitze des technischen Fortschritts stehen bzw. dorthin zurückkehren. In einem Märchenland voll grüner Wiesen frei von Technik und Industrieanlagen ist Wohlstand und soziale Gerechtigkeit nicht zu erzielen. Deshalb war die erfolgreiche Initiative des früheren Bundesforschungsministers Jürgen Rüttgers in der Gen- und Biotechnologie gar nicht hoch genug zu bewerten. Wir haben wieder Anschluss gefunden an eine Technologie, die wir aus Deutschland in den 80er Jahren, als die Grünen immer stärker wurden und insbesondere im Rhein-Main-Gebiet ihren Widerstand gegen diese Technologie organisierten, schon fast vollständig vertrieben hatten.
- Unser Bildungssystem ist den Anforderungen der Zukunft nicht wirklich gewachsen. Wir sollten uns zu einem differenzierten, leistungsbezogenen und international attraktiven Bildungssystem von der Grundschule über die berufliche Bildung bis hin zu den Universitäten nicht nur bekennen, sondern es auch in die Wirklichkeit umsetzen. Die Forderung der SPD nach einem Verbot von Studiengebühren, an der in der letzten Legislaturperiode eine vernünftige Reform des Hochschulrechts gescheitert ist, wirkt vor diesem Hintergrund geradezu lächerlich. Derweil liegt die Bildungspolitik in den SPD-regierten Bundesländern am Boden.
- Deutschland braucht auch in Zukunft eine erstklassige Infrastruktur für Schiene, Straße, Wasserwege, Flughäfen und

Telekommunikation. Der Bestand ist im Wesentlichen gut, aber nicht überall gut genug. Besonders die zum Teil langwierigen Genehmigungsverfahren können weiter verkürzt werden.

- Die zentrale wirtschaftspolitische Aufgabe schließlich ist die Verwirklichung einer grundlegenden Steuerreform. Die nominalen Steuersätze in Deutschland sind nach wie vor zu hoch, auch die tatsächliche Steuerbelastung der ausgeschütteten wie der thesaurierten Unternehmensgewinne ist höher als in den meisten konkurrierenden Industrienationen. Die Kapitalrentabilität ist dementsprechend in vielen europäischen und außereuropäischen Ländern besser. Nach der EU-Bilanzstatistik liegt die Eigenkapitalrendite in Schweden bei 18,3%, in Großbritannien bei 17,7%, in den Niederlanden bei 16,5%, in Frankreich immerhin noch bei 7,8%, in Deutschland aber nur bei 7,3%. Die Nettoumsatzrenditen weisen noch schlechtere Ergebnisse für deutsche Unternehmen im Vergleich zu ihren europäischen Nachbarn aus. Also muss eine Steuerreform verwirklicht werden, die mehr Investitionen, ein höheres wirtschaftliches Wachstum und damit auch neue Arbeitsplätze in Deutschland ermöglicht.
- Schließlich werden auch wir nicht um eine weitere Reform unserer sozialen Sicherungssysteme herumkommen. Abgabenquote und Sozialstaatsquote haben einen großen Umfang erreicht. Der deutsche Sozialstaat ist längst zum Fürsorgestaat verkommen, der Leistungsbereitschaft bestraft und Faulheit belohnt. So brauchen wir uns über Ausweichreaktionen in geringfügige Beschäftigung, so genannte »Scheinselbstständigkeit« und letztendlich in die Schwarzarbeit nicht zu wundern. Diese Phänomene eines Arbeitsmarktes, der nur noch in den Ausweichreaktionen, nicht aber mehr im geregelten Zugang funktioniert, bleiben solange bestehen, wie die hohe Steuer- und Abgabenbelastung nicht in beherzten Schritten gesenkt wird. Eine reine Um-

finanzierung von Sozialabgaben durch Steuersubventionen nach dem Vorbild der »Ökosteuer« erschwert die Lösung der Probleme nur zusätzlich.

Harmonisierung der Fiskalpolitik?

Nicht nur in der Arbeitsmarktpolitik, auch in der Steuerpolitik wird schließlich der Ruf nach europäischer Harmonisierung lauter. Richtig ist, dass in einem einheitlichen Wirtschaftsraum auch eine weitgehende Anpassung der Steuerpolitik erzwungen wird. Allerdings sollten die Instrumente differenziert eingesetzt werden.

Im Bereich der indirekten Steuern erteilt der EG-Vertrag einen Harmonisierungsauftrag, soweit es um binnenmarktrelevante Steuern geht. Dies ist hinsichtlich der Mehrwertsteuer, der Mineralölsteuer, der Tabaksteuer und der Alkoholsteuer der Fall. Diese Steuerarten sind im Wesentlichen harmonisiert, auch wenn das Erhebungssystem der Mehrwertsteuer, also das fortgeltende Bestimmungslandprinzip, unvereinbar ist mit den Grundsätzen des Binnenmarktes. Aber jedenfalls die Steuersätze und die Besteuerungsgrundsätze sind weitgehend aneinander angepasst.

Dagegen stehen die direkten Steuern – also im Wesentlichen die Einkommen- und die Körperschaftsteuer – im Standortwettbewerb miteinander. Dieser Steuerwettbewerb ist kein Nachteil und vor allem kein Steuerdumping. Im Gegenteil, für die Steuerpflichtigen wie für den Fiskus kann sich dieser Wettbewerb als äußerst hilfreich erweisen. Zum einen führt der Wettbewerb der Steuersysteme und der Steuersätze zu einer Vermeidung der Übermaßbesteuerung. Staaten mit zu hohen Steuersätzen werden schlicht von Investitionsentscheidungen ausgeschlossen. Zum anderen sorgen niedrige Steuersätze für hohe Steuereinnahmen, wie vielfältige Beispiele belegen. Die

Steuerreform, die Gerhard Stoltenberg als Bundesfinanzminister Ende der 80er Jahre durchgesetzt hat, hat bei einer Nettoentlastung der Steuerpflichtigen in Höhe von rund 25 Milliarden DM schon im Folgejahr des Inkrafttretens höhere Steuereinnahmen als im Vorjahr mit sich gebracht. Dieses Ergebnis ist auch einfach nachvollziehbar, da die Wirtschaftstätigkeit durch niedrigere Steuern sprunghaft steigt. Höhere Einkommens- und Körperschaftssteuereinnahmen und bei ansteigender Beschäftigung höhere Lohnsteuereinnahmen sind die Folge.

Dieser Zusammenhang begründet auch, warum eine Harmonisierung der direkten Steuern auf europäischer Ebene nicht sinnvoll ist. Allerdings gibt es einzelne Sachverhalte, die eine europäische Regelung erfordern. Dazu zählt die Beseitigung von einseitigen Steuervorteilen für Steuerausländer wie die besonderen Rückstellungsmöglichkeiten für ausländische Investionsgesellschaften in den Niederlanden und von besonderen Steuergebieten wie die irischen »docklands« und viele andere »Steueroasen«. Der auf europäischer Ebene ausgehandelte Verhaltenskodex zur Vermeidung unfairen Steuerwettbewerbs trägt diesem Anliegen Rechnung und wird die Gleichmäßigkeit der Besteuerung sicherstellen. Darüber hinaus hat die Kommission nach langen Diskussionen einen Richtlinienvorschlag zur Sicherung einer Mindestbesteuerung von Spareträgen in Form von Zinsen innerhalb der Gemeinschaft unterbreitet. Auch dieser Weg zur Mindesterfassung von Zinserträgen in der Gemeinschaft ist notwendig und richtig. Leider hat die deutsche Ratspräsidentschaft im ersten Halbjahr 1999 in dieser Frage keinen Fortschritt erzielt, obwohl der Bundeskanzler die Harmonisierung der Kapitalertragsbesteuerung in der Europäischen Union zu einem besonders wichtigen Anliegen seiner Ratspräsidentschaft erklärt hatte. Das wochenlange Vakuum im Amt des Bundesfinanzministers nach Lafontaines Rücktritt war für diesen Misserfolg sicher mit ursächlich. Für die Steuerharmonisierung auf europäischer Ebene bleibt aber auch unabhängig davon richtig: Einer allumfassenden Harmonisierung bedarf es aus den aufgezeigten Gründen nicht.

Die Wirtschafts- und Währungsunion – Schritt auf dem Weg in die Politische Union

An den Euro wurde im Jahr 2002 die höchste Auszeichnung für europäische Verdienste, der Internationale Karlspreis, verliehen. Wie man hören konnte, gab es im Karlspreis-Komitee grosse Widerstände dagegen, einen der Väter des Euro persönlich auszuzeichnen. Dafür wären der frühere italienische Finanzminister und heutige italienische Staatspräsident Ciampi ebenso in Betracht gekommen wie Helmut Kohl und Theo Waigel. Gerade im Wahljahr fehlte der SPD, die im Karlspreis-Komitee vor allem mit dem Aachener Oberbürgermeister großen Einfluss besaß, ganz offenkundig die Größe, einer solchen persönlichen Würdigung und Ehrung zuzustimmen.

Richtig bleibt die fundamentale Bedeutung der Euro-Einführung. Und daran schließen sich einige Fragen für die Zukunft an: Bleibt richtig, was seit den Römischen Verträgen gilt, dass die wirtschaftliche Integration Schrittmacher für die politische Integration ist? Wie stark engagiert sich Deutschland im Prozess der weiteren politischen Zusammenarbeit und Integration in Europa? Was sind die vor uns liegenden Aufgaben nach der erfolgreichen Einführung des Euro?

Die Einführung des Euro-Bargeldes zum 1. Januar 2002 war ein epochaler Beitrag zum Zusammenwachsen der europäischen Völkerfamilie. 300 Millionen Menschen in Europa und viele weitere Millionen außerhalb der Währungsunion tragen heute ein Symbol der europäischen Identität in ihren Taschen. Die europäische Integration hat einen Erfolg erzielt, den vor einem Jahrzehnt noch viele als politische Illusion angesehen haben. Der europäische Integrationsprozess ist damit allerdings nicht abgeschlossen. Weitere Projekte warten auf ihre Vollendung, darunter kaum weniger schwierige Aufgaben wie die Erweiterung der Union und die Gestaltung der Verfassungsdebatte.

Die politischen Schlagzeilen, die in den Jahren der rot-grünen Koalition das Verhältnis unseres Landes zur Europäischen Union geprägt haben, sind allerdings andere: Der so genannte »blaue Brief«, politische Verdächtigungen, die ungedeckten Schecks des Finanzministers, die schweren Verfahrensfehler beim europäischen Militärtransporter A 400 M, die maßlose Kritik an der EU-Kommission, die Weigerung des deutschen Finanzministers, die Osterweiterung, wie beim Berliner EU-Gipfel versprochen, zu finanzieren, der Niedergang der deutsch-französischen Beziehungen – das sind nur wenige Bespiele in einer langen Reihe von politischen Fehlleistungen gegenüber den europäischen Partnern. Außenpolitische und europapolitische Verlässlichkeit sind damit gewiss nicht gewachsen. Im Gegenteil: Das Vertrauen der Partner wurde nachhaltig belastet. Allein der Ansehensverlust wiegt schwer.

Was aber ist Deutschlands Rolle in der Europäischen Union? Der Rückblick auf die vergangenen fünf Jahrzehnte zeigt, wie sehr die deutsche und die europäische Frage miteinander verbunden waren und es bis heute sind. Für die deutsche Politik in der zweiten Hälfte des vergangenen Jahrhunderts war die Europäische Union niemals Selbstzweck. Nach der Katastrophe zweier Weltkriege hat sich Deutschland für die Mitgliedschaft in der Europäischen Union und im westlichen Verteidigungsbündnis der NATO entschieden und damit für Frieden in Freiheit optiert. Wie richtig diese Entscheidung war, zeigen auch die historischen Ereignisse von 1989 und 1990: Ohne die Entscheidung für die Europäische Integration wäre die friedliche Wiedervereinigung Deutschlands nicht möglich gewesen. Aber es gilt auch die Umkehrung: Ohne die deutsche Einheit wäre der europäische Integrationsprozess kaum so vorangekommen wie in den vergangenen zwölf Jahren. Deutsche Einheit und Europäische Integration – so hat es Helmut Kohl in Anlehnung an das Wort von Konrad Adenauer immer wieder formuliert – sind zwei Seiten derselben Medaille!

Wir Deutsche können weder aus unserer Geschichte noch aus unserer Geografie aussteigen. Wir haben mehr Nachbarn als jedes andere europäische Land. Das deutsche Bruttoinlandsprodukt erreicht ein Viertel der gesamten Europäischen Union und etwa ein Drittel der zwölf Mitgliedstaaten der Euro-Zone. Mehr als die Hälfte unserer Exporte – nach wie vor wichtige Grundlage unseres Wohlstands – fließt in die Länder der Europäischen Union. Mit über 80 Millionen. Menschen sind wir das bevölkerungsreichste Land in Europa. Dieses politische und ökonomische Gewicht verlangt von Deutschland auch eine besondere Verantwortung. Sie bezieht sich aktuell natürlich auf den Erfolg der großen europäischen Integrationsprojekte, auf die Osterweiterung, auf die gemeinsame europäische Währung und auf die in Laeken auf den Weg gebrachte Debatte über die Zukunft der Europäischen Union, einschließlich der Erarbeitung eines Europäischen Verfassungsvertrages. Sie erfordern im Innenverhältnis einen fairen Interessenausgleich zwischen den großen und kleinen Mitgliedstaaten und sie bedeutet in den Außenbeziehungen der EU einen substantiellen Beitrag in der gemeinsamen Außen-, Sicherheits- und Verteidigungspolitik, im Außenhandel und bei der Globalisierung.

Osterweiterung – die Wiedervereinigung Europas

Wer für die eigenen Interessen werben will, muss bereit sein, Verantwortung zu übernehmen – nicht nur für sich selbst, sondern auch für die Partner und Nachbarn. Kaum ein europäisches Projekt zeigt dies deutlicher als die Erweiterung der Europäischen Union. Mit den Entscheidungen der Europäischen Räte von Luxemburg und Helsinki hat die Europäische Union etwas auf den Weg gebracht, das in seiner Bedeutung für die künftige Architektur ohne Beispiel ist. Zwölf Staaten, davon zehn aus Mittel- und Osteuropa, sollen in den kommenden Jahren neue Vollmitglieder der Europäischen Union werden. Zehn davon schon sehr bald, darunter auch Deutschlands unmittelbare Nachbarn Polen und die Tschechische Republik. Das Ausmaß dieser Erweiterung stellt alle bisherigen Erweiterungsrunden in den Schatten. Aus einer Union mit 15 Mitgliedern und 380 Millionen EU-Bürgern soll eine Union mit 27 Mitgliedern und 480 Millionen Menschen werden. Anstelle von 12 wird es dann 22 EU-Sprachen geben. Ökonomisch betrachtet stehen sich in diesem Prozess höchst ungleiche Partner gegenüber. In einer Union mit 27 Mitgliedstaaten ist das Verhältnis zwischen den zehn Prozent reichsten Regionen und den zehn Prozent ärmsten Regionen doppelt so hoch wie im Europa der Fünfzehn.

Die Erweiterung ist trotzdem oder gerade deswegen eine einzigartige Chance, das europäische Modell von Demokratie und Marktwirtschaft auch bei Deutschlands Nachbarn in Mittel- und Osteuropa zu verankern. Von Vaclav Havel stammt der Satz: »Wenn Europa die Länder im Osten nicht stabilisiert, dann werden die Länder im Osten Europa destabilisieren.« Die Erweiterung der Europäischen Union und die Fortsetzung des Integrationsprozesses sind für eine dauerhafte Friedens-

und Freiheitsordnung auf dem europäischen Kontinent unverzichtbar. Die demokratischen Parteien des Deutschen Bundestages, allen voran die Christlichen Demokraten, haben die Erweiterung deshalb auch von Beginn an unterstützt. Deutschland rückt geografisch in die Mitte Europas, ökonomisch in das Zentrum des Europäischen Binnenmarktes. Das Handelsvolumen Deutschlands mit den assoziierten Beitrittsländern in Mittel- und Osteuropa erreichte im Jahr 2001 eine Größenordnung von immerhin 100 Milliarden Euro. Dieses Volumen war nur wenig geringer als der Außenhandel mit den USA und mehr als viermal so hoch wie der Außenhandel mit Russland.

Ziele und Notwendigkeit der Osterweiterung werden im Grundsatz nicht mehr in Frage gestellt. Und doch erleben wir seit 1999, wie einige EU-Mitglieder immer wieder neue Hürden aufbauen, um die Erweiterung zu erschweren. Der Berliner EU-Gipfel zum Beispiel sah sich außerstande, den bisherigen und den neuen Mitgliedern einen gleichberechtigten Zugang zu den Fördermöglichkeiten der Europäischen Union einzuräumen. In der finanziellen Vorausschau bis zum Jahre 2006 wurde zwar ein Plafond für die Kosten der Erweiterung verabschiedet. Die an die jetzigen Mitglieder verteilten Direktbeihilfen werden aber den Beitrittsländern – vertragswidrig, wie die EU-Kommission in ihren Diskussionspapieren festgestellt hat – schlicht vorenthalten. Eine weitere Reform der Agrar- und Strukturpolitik im Zuge der Erweiterung ist unabweisbar, aber es gibt bislang keine nachhaltige Reformbereitschaft bei den Mitgliedstaaten der heutigen Europäischen Union.

Steuert die Europäische Union deshalb in eine Krise? Das Risiko ist groß. Denn die Reaktionen auf die Vorschläge der Europäischen Kommission vom 30. Januar 2002 zur Finanzierung der Erweiterungskosten in der Agrar- und in der Strukturpolitik insbesondere in den großen EU-Ländern Frankreich, Spanien und Deutschland zeigen, dass die dortigen Regierungen eher unterschiedliche Förderniveaus für die EU der 15 auf der einen und die neuen Beitrittsländer auf der anderen Seite hinzunehmen bereit sind, als bei der Förderung die notwendige Umverteilung von den reichen Mitgliedstaaten auf die ärmeren Beitrittsländer durchzusetzen. Betroffen macht dabei insbesondere, dass mit Deutschland gerade der EU-Staat, welcher das größte politische Interesse an der Erweiterung hat und am meisten von ihr profitiert, die höchsten Hürden zu ihrer termingerechten Verwirklichung aufbaut.

Eine weitere Agrarreform bleibt notwendig – nicht in erster Linie wegen der Erweiterung, sondern weil die gemeinsame Agrarpolitik der EU falsche Produktionsanreize setzt, Probleme innerhalb der Welthandelsorganisation WTO verursacht und die Agrarmärkte in den Entwicklungsländern erdrückt. Und sie ist notwendig, weil die Bewirtschaftung der Überproduktion Milliardenbeträge verschlingt, die zu einem Großteil nicht einmal den Landwirten zugute kommen. Die EU-Erweiterung macht diesen Handlungsbedarf nur offensichtlicher.

Ein Verfassungsvertrag für Europa?

Ein weiteres zentrales Projekt ist die Neuordnung der vertikalen und horizontalen Kompetenzordnung in der Europäischen Union. Dieses Vorhaben ist mindestens ebenso schwierig zu realisieren wie der zukünftige Haushalt, aber es ist auch mindestens ebenso wichtig. Wie sollen die Zuständigkeiten zwischen der europäischen Ebene und den Mitgliedstaaten in Zukunft verteilt und geordnet werden? Wie sollen die Institutionen in der EU in Zukunft ihre Verantwortung wahrnehmen? Wie kann insgesamt die Zustimmung zur europäischen Politik und ihre demokratische Legitimation gestärkt werden?

Der Europäische Rat in Laeken vom 14. bis 15. Dezember 2001 hat einen so genannten Konvent zur Zukunft der Europäischen Union berufen, der eine Regierungskonferenz im Jahre 2004 vorbereiten und den Weg zu einem Europäischen Verfassungsvertrag ebnen soll. Dieser Konvent, der am 28. Februar 2002 seine Arbeit aufgenommen hat, soll im Wesentlichen vier Aufgaben lösen: eine genauere Abgrenzung bei Zuständigkeiten und Aufgabenteilung zwischen der Europäischen Union und ihren Mitgliedstaaten; eine Klärung der Frage, ob die im Jahre 2000 erarbeitete Grundrechts-Charta der Europäischen Union Bestandteil des EU-Vertrages und damit für alle Bürger Europas rechtsverbindlich werden soll; darüber hinaus die Vereinfachung der Europäischen Verträge und schließlich die Klärung der Rolle der nationalen Parlamente im künftigen europäischen Integrationsprozess. Der Konvent darf sich nicht auf diese Aufgaben beschränken. Notwendig ist auch eine Neujustierung bei den europäischen Institutionen und eine Anpassung ihrer Aufgaben im Interesse einer echten Gewaltenteilung in Europa.

Von den beschriebenen Aufgaben des Konventes ist die Neuregelung bzw. die Präzisierung der Kompetenzverteilung zwischen der europäischen und der nationalen Ebene die wichtigste, wahrscheinlich aber auch die schwierigste. Die Frage, »Wer entscheidet was in Europa?« erfordert klare Antworten, denn sie gibt auch den Bürgern eine neue Begründung für das europäische Einigungswerk. Einem Missverständnis sollte allerdings von Vornherein entgegen gewirkt werden: Überlegungen zur vertikalen oder horizontalen Kompetenzabgrenzung und ihrer Verankerung in einem europäischen Grundvertrag, oder – wie wir in Deutschland formuliert haben – in einem europäischen Verfassungsvertrag, zielen nicht auf die Schaffung eines europäischen Staates im traditionellen Sinn. Die Mitgliedstaaten behalten ihre Staatlichkeit. Sie behalten auch große Teile ihrer Souveränität. Sie haben zwar in der Vergangenheit wichtige Hoheitsrechte auf die supranationale, europäische Ebene übertragen, nicht aber die Staatsgewalt als Ganzes. Dies wäre nach dem Urteil des Bundesverfassungsgerichtes zum Vertrag von Maastricht vom Oktober 1993 auch gar nicht möglich. Die Übertragung der staatlichen Souveränität auf die europäische Ebene im Sinne einer Kompetenz-Kompetenz ist also ausgeschlossen.

Welche Zuständigkeiten soll nun aber die europäische Ebene haben, welche Aufgaben sollen bei den Mitgliedstaaten verbleiben? CDU und CSU haben dazu im November 2001 umfangreiche Vorschläge vorgelegt. Danach soll die Europäische Union im Wesentlichen die Zuständigkeiten haben für die Außen-, Sicherheits- und Verteidigungspolitik, für einen einheitlichen Binnenmarkt mit funktionierendem wirtschaftlichen Wettbewerb, eine einheitliche Außenvertretung und die gemeinsame Währung sowie für eine reformierte Agrarpolitik. Hinzu kommen müssen, soweit grenzüberschreitende Fragen betroffen sind, die Rechtspolitik, die Innere Sicherheit, Verkehr und Infrastruktur sowie Umwelt- und Gesundheitsschutz.

Demgegenüber sollte grundsätzlich alles, was zu den gewachsenen Traditionen in Zivilisation und Kultur und zur so genannten Zivilgesellschaft gehört, der Zuständigkeit der Mitgliedstaaten vorbehalten bleiben, also z.B. der innere Staatsaufbau der Mitgliedstaaten einschließlich der kommunalen Selbstverwaltung, die Familienstrukturen und die soziale Sicherheit, der Arbeitsmarkt, ehrenamtliche und gemeinnützige Organisationsformen und Aufgabenbereiche, Bildung, Kultur und Sport.

In Europa müssen aber nicht nur die Kompetenzen klar abgegrenzt werden, sondern ihre Wahrnehmung muss für den Bürger auch durchschaubar, demokratisch legitimiert und kontrollierbar sein. Dies ist heute weitgehend nicht der Fall. Ein Europäisches Parlament, das selbst kein Initiativrecht für die Gesetzgebung hat, kann seine legislativen Aufgaben nur begrenzt erfüllen. Die Europäische Kommission ist nicht nur eine Verwaltung, sondern auch eine Art Sekundärgesetzgeber und als Hüterin der Verträge mit exekutiven Zuständigkeiten ausgestattet. Und der Ministerrat ist unter dem Gesichtspunkt echter Gewaltenteilung ebenfalls ein Zwitter.

Die Union hat deshalb vorgeschlagen, dass die Gesetzgebung einschließlich des Budgetrechts dem Europäischen Parlament als einem Parlament der Bürger und dem Rat als einem Parlament der Staaten grundsätzlich gemeinsam zugeordnet werden sollte. Die EU-Kommission sollte zu einer politisch verantwortlichen Exekutive ausgebaut, der Kommissionspräsident vom Parlament mit Zustimmung des Rates gewählt werden. Im Bereich der vergemeinschafteten Zuständigkeiten sollte der Rat die ihm zustehenden Entscheidungen grundsätzlich mit Mehrheit treffen, im Bereich der so genannten intergouvernementalen Zusammenarbeit muss es dagegen bei der Einstimmigkeit verbleiben. Im Falle von Kompetenzstreitigkeiten zwischen der EU und ihren Mitgliedstaaten oder zwischen den europäischen Organen sollte der Europäische Gerichtshof entscheiden, wobei auch die Beteiligung nationaler Verfassungsrichter vorgesehen werden könnte.

Eine gemeinsame Außen- und Sicherheitspolitik

Wir brauchen die europäische Kompetenz vor allem in der Außen- und Sicherheitspolitik. Eine der Konsequenzen des 11. September ist: Europa muss mehr Verantwortung für Frieden, Freiheit, Recht und Gerechtigkeit in der Welt übernehmen – politisch und militärisch. Nicht als Konkurrent der Vereinigten Staaten, sondern als deren Partner. Das außenpolitische Gewicht Europas befindet sich noch immer in einem krassen Missverhältnis zu seiner wirtschaftlichen Stärke. Einer der Gründe dafür ist, dass die außenpolitischen Kompetenzen der

EU zersplittert sind. Sie verteilen sich auf den jeweiligen Vorsitz, den Generalsekretär des Rates, auf verschiedene Kommissare und schließlich die Außenminister der Mitgliedstaaten. Eine Straffung der außenpolitischen Zuständigkeiten der Europäischen Union ist deshalb ein notwendiger erster Schritt, damit Europa mit einer Stimme sprechen kann.

Europa muss aber auch in der Lage sein, bei Krisen notfalls militärisch einzugreifen. Der Aufbau europäischer Krisenreaktionskräfte muss daher rasch und mit den nötigen Ressourcen vorangetrieben werden. Und die Europäische Union muss sich darüber klar werden, wie diese Kräfte auch im Kampf gegen den internationalen Terror eingesetzt werden können. Das Beispiel Afghanistan hat deutlich gezeigt, woran es fehlt. Deutschland ist an der Internationalen Friedenstruppe in Afghanistan mit dem zweitgrößten Kontingent beteiligt, war aber nach der Entscheidung des Deutschen Bundestages nicht einmal in der Lage, seine Soldaten mit eigenen Transportkapazitäten zum Einsatz nach Kabul zu fliegen. Ein solcher Befund ist für Deutschland wenig schmeichelhaft. Noch wichtiger ist allerdings, dass auch ein notwendiger Beitrag für eine wirkungsvolle europäische Außen- und Sicherheitspolitik ausbleibt.

Kofinanzierung in der Agrarpolitik und Reform der europäischen Finanzen

Zu den europäischen Kompetenzfeldern wird auch künftig die Gemeinsame Agrarpolitik GAP gehören, auch wenn es gerade in Deutschland immer wieder Stimmen gegeben hat, die für eine Renationalisierung der GAP eingetreten sind, zuletzt im europapolitischen Leitantrag der SPD auf dem Parteitag in Nürnberg. Die Auffassung der CDU/CSU-Fraktion im Deutschen Bundestag ist das nicht. Sie ist allerdings davon überzeugt, dass es ein schwerer Fehler war, bei den Verhandlungen über die Agenda 2000 beim Berliner EU-Gipfel im März 1999 das Ziel einer Kofinanzierung der Direktbeihilfen sehr schnell aufzugeben.

Um diese Fehlleistung zu verschleiern, behauptete Bundeskanzler Schröder noch im Juni 2002, die Kofinanzierung könne nicht funktionieren, weil die Beitrittsländer den erforderlichen Eigenanteil nicht aufzubringen vermöchten. Diese Position ist schon deshalb falsch, weil die finanziellen Einbußen der Beitrittsländer durch vorenthaltene Direktbeihilfen allemal höher sind als deren Kofinanzierung durch die nationalen Haushalte, die im Übrigen ja auch große Gestaltungsspielräume eröffnet.

Wichtiger als die Höhe des Finanzierungsanteiles durch die EU-Mitgliedstaaten ist das Prinzip der Eigenbeteiligung. Aus guten Gründen bezahlt die EU in keinem anderen Politikfeld 100 Prozent der Ausgaben aus der Gemeinschaftskasse. In der Landwirtschaftspolitik wäre eine nationale Mitfinanzierung nicht nur ein Weg, die Nettozahler zu entlasten, die mehr in die Agrarkasse hineinzahlen als sie herausbekommen. Entscheidender ist der langfristige Disziplinierungsdruck, der davon ausgeht, dass eigenes Geld im Spiel ist. Es wird daher erforderlich sein, schon bald nach den Bundestagswahlen 2002 insbesondere mit Frankreich über die notwendigen Reformen in der Agrarpolitik zu sprechen. Die Kofinanzierung darf dabei nicht ausgeklammert werden.

Reformen brauchen wir aber auch in der Regionalpolitik. Das heutige System der Umverteilung über Struktur- und Kohäsionsfonds ist nach Auffassung der meisten Fachleute ineffizient, teuer, zentralistisch und überaus betrugsanfällig. Es verursacht einen gewaltigen bürokratischen Aufwand. Spätestens mit der Osterweiterung wird der Ansatz, die Entwicklung der Regionen zentral von Brüssel aus fördern zu wollen, in eine Sackgasse führen.

Bisher werden über die Hälfte der Gelder, welche die Mitgliedstaaten über die Strukturfonds erhalten, von diesen selbst vorher in die Europäische Union eingezahlt. Dies ist ein extrem ineffizientes Verfahren. In jüngster Zeit ist deshalb wiederholt vorgeschlagen worden, das gegenwärtige System der Strukturförderung in der Europäischen Union durch direkte Transferzahlungen an die schwächeren Mitgliedstaaten mit Hilfe eines neuen Finanzausgleichssystems zu ersetzen. Dabei sollen die Transferzahlungen in weitgehender Eigenverantwortung der Mitgliedstaaten für investive Maßnahmen in den strukturschwachen Regionen verwendet werden. Natürlich brauchen wir hierfür Kriterien, die in allen Ländern der Europäischen Union gelten. Diese sind schon deshalb erforderlich, weil die Strukturpolitik den Wettbewerb im Binnenmarkt nicht konterkarieren darf. Dennoch spricht einiges dafür, dass die Mitgliedstaaten und Regionen selbst wissen, wie die EU-Fördermittel in der Verantwortung gegenüber den Bürgern am sinnvollsten eingesetzt werden können.

Die Geschichte der europäischen Integration in den vergangenen Jahrzehnten ist – trotz aller Rückschläge – eine Erfolgsgeschichte. Die Europäische Union ist attraktiv nicht nur für die Beitrittsländer in Mittel- und Osteuropa. Das so genannte Europäische Modell, also die Verbindung von marktwirtschaftlicher Ordnung und sozialer Verantwortung, die hohen Standards in der Umweltpolitik und das »Know-how« in den Köpfen der Menschen machen Europa zu einem attraktiven Standort im globalen Wettbewerb. Sein Erfolg ist mehr als die Summe der Leistungsfähigkeit der Mitgliedstaaten. Ihre Beiträge werden auch zukünftig gebraucht, damit Europa seine innere Reformfähigkeit und wirtschaftliche Dynamik behält. Der deutsche Beitrag darf dabei hinter seinem politischen und ökonomischen Gewicht nicht zurückbleiben. Europa braucht Deutschland und Deutschland braucht Europa, um die Herausforderungen des 21. Jahrhunderts zu bestehen.

VII. Kapitel

Die Chancen der Globalisierung

»Am ersten Tag deutete jeder auf sein Land. Am dritten und vierten Tag zeigte jeder auf seinen Kontinent. Am fünften Tag achteten wir auch nicht mehr auf die Kontinente. Wir sahen nur noch die Erde als den einen, gemeinsamen Planeten.«

So beschrieb der saudi-arabische Sultan Ben Salman Al Saud einen gemeinsamen Raumflug im Jahr 1984 zusammen mit Russen und Kubanern. Das Bild des weißblauen Planeten inmitten der Weite des Kosmos hat sich tief in das Gedächtnis der Menschheit eingeprägt. Der erstmalige Blick von außen auf die Erde macht unmissverständlich klar: Wir leben alle in der »einen Welt«, sie ist ein gemeinsam bewohntes Zuhause. Diese historisch neue Erfahrung wird mit zunehmender Globalisierung Allgemeingut. Der Blick von außen zeigt: Nationale Interessen in den Vordergrund zu stellen, reicht nicht mehr aus. Alle Länder auf unserem Planeten sind gemeinsam verantwortlich für das, was auf der ganzen Welt geschieht. Dieses Verantwortungsgefühl ist eine entscheidende Grundlage für den Aufbau einer neuen Weltwirtschaftsordnung unter den Bedingungen der Globalisierung, für die Weiterentwicklung internationaler politischer Institutionen, für eine gemeinsame globale Sicherheit, aber auch für den Kampf gegen Unterernährung, mangelnde Bildung und Armut.

Die Globalisierung der Arbeitswelt

Die Globalisierung als neues Entwicklungsstadium der Menschheitsgeschichte gehört zu den prägenden Faktoren des 21. Jahrhunderts. Ihre Auswirkungen sind in allen Bereichen unseres Lebens, vor allem in der Arbeitswelt, zu spüren. Der rasante Fortschritt bei den modernen Computer-, Informations- und Kommunikationstechnologien ließ eine Schnelligkeit von ökonomischen Transaktionen und in deren Gefolge eine Verflechtung der internationalen Wirtschaft entstehen, die vorher kaum möglich schien. Inzwischen sind die Märkte und damit der wirtschaftliche Wettbewerb nicht nur für die großen, sondern auch für die mittelständischen Unternehmen global geworden. Vor allem der weltweite Zusammenschluss der Devisen- und Finanzmärkte hat die neuen ökonomischen Entwicklungen im globalen Maßstab vorangetrieben, die inzwischen alle Volkswirtschaften erfasst haben. Einige Zahlen mögen das belegen:

- So legte das Weltsozialprodukt zwischen 1985 und 1998 um nominal 100% zu, die globalen Warenexporte dagegen um 193%.
- Die Umsätze auf den Weltdevisenmärkten erreichten 1998 eine Größenordnung von 1500 Milliarden Dollar täglich.
- Die Direktinvestitionen stiegen im Zeitraum von 1985 – 1998 um jährlich 19% – doppelt so schnell wie der Handel und dreimal so schnell wie die Weltproduktion.
- Der Wert aller grenzüberschreitend gehandelten Waren und Dienstleistungen entsprach im Jahr 2000 mehr als einem Viertel der gesamten Weltproduktion – 1970 waren es gerade einmal 10%.
- Aber auch: 86% des gesamten globalen Ressourcenverbrauchs entfällt auf das reichste Fünftel der Weltbevölke-

rung. Das ärmste Fünftel ist daran nur mit 1,3% beteiligt. Ähnlich verhält es sich mit der Einkommenslücke zwischen dem reichsten und dem ärmsten Fünftel der Welt. 1930 betrug das Verhältnis 30:1, heute ist es auf 74:1 angewachsen. Die drei reichsten Menschen der Welt verfügen über ein größeres Vermögen als die 49 ärmsten Entwicklungsländer.

- Weltweit waren im Jahr 2000 nach einer Untersuchung der Vereinten Nationen rund 63 000 transnational operierende Konzerne tätig mit über die ganz Erde verstreuten rund 800 000 Niederlassungen. Diese investierten allein im Jahr 2000 1,3 Billionen Dollar über alle Grenzen hinweg. Die 100 größten Konzerne erzielen Auslandsumsätze in einer Größenordnung von 2 Billionen Dollar – das ist in etwa so viel, wie die deutsche Volkswirtschaft in einem Jahr erwirtschaftet. Unter den 100 größten wirtschaftlichen Einheiten auf dem Erdball sind mehr Konzerne zu finden als Staaten, das Verhältnis beträgt 52:48. Bezieht man sich auf den Umsatz, kontrollieren die fünfzehn größten Konzerne sogar eine größere Wirtschaftsleistung als die sechzig ärmsten Staaten der Welt. Zwischen 1980 und 1945 ist das Vermögen der 100 größten Weltkonzerne um 700% gewachsen.

Diese Zahlen weisen darauf hin, dass Geld, Waren und Dienstleistungen in hohem Tempo ebenso um die Erde zirkulieren wie menschliche Arbeitskraft oder Gedanken. Vielen in Deutschland macht das noch immer Angst. Umfragen zeigen, dass viele Bundesbürger der Globalisierung mit einer Mischung aus Hoffnung und Befürchtung, Sorge und Zuversicht gegenüberstehen. Dabei müsste es eher darum gehen, optimistisch nach ihren Möglichkeiten zu fragen. Die Globalisierung ist zu einer unumstößlichen Tatsache geworden. Sie sollte weder dämonisiert noch glorifiziert werden. Es geht ganz nüchtern darum, die erheblichen Chancen, die die Globalisierung nicht nur uns, sondern auch vielen Menschen auf der Erde bietet, zu nutzen. Unser Wohlstand beruht darauf, dass wir als Hochlohnland auf den weltweiten Märkten vorn sind und im globalen Wettbewerb gut bestehen können. Unsere wirtschaftlichen Anstrengungen, aber auch unsere Mentalitäten müssen darauf gerichtet sein, unsere Position zu halten und zu verbessern. Gerade für unser Land mit einer traditionell exportorientierten Wirtschaft ergeben sich viele neue Marktzugänge und ökonomische Entwicklungsmöglichkeiten – für Großunternehmen wie für den Mittelstand. Dazu gehört allerdings, dass wir dem Mittelstand nicht andauernd mit Steuern, Bürokratie und Regulierung neue Hürden in den Weg stellen.

Chancen für die Schwellen- und Entwicklungsländer eröffnen

Die globale Verschmelzung von Märkten, Unternehmen, Technologien, Informations- und Kommunikationsflüssen bietet auch für Schwellenländer wie für unterentwickelte Staaten vielfältige Möglichkeiten zur Steigerung des Lebensstandards. Der bemerkenswerte Erfolg von ehemals armen Entwicklungsstaaten wie Taiwan, Südkorea oder Malaysia zeigt, dass der unternehmerisch geleitete Transfer von Kapital, Technologie und Know-how aus den Industrie- in die Entwicklungsländer zur Überwindung der Unterentwicklung beitragen kann. Solche Chancen können vor allem dann genutzt werden, wenn ähnliche Startbedingungen untereinander vorhanden sind oder bessere geschaffen werden können. Globalisierung trägt zur besseren Entwicklung bei, aber nicht alle Länder können bei diesem Spiel richtig mitmachen, weil die Ausgangsbedingungen zu ungleich sind.

Es mehren sich die Anzeichen, dass gerade die armen Entwicklungsländer Chancen nicht nutzen können, weil sie große Schwierigkeiten bei der Bewältigung der aus der Globalisierung resultierenden Probleme haben. Hohe Schuldenstände, geringe materielle und immaterielle Ressourcen, Rechtsunsicherheiten und gering entwickelte Wirtschaftsstrukturen führen dazu, dass manche Länder nur teilweise oder gar nicht am weltweiten Wirtschaftswachstum teilhaben können.

Die wirtschaftliche Globalisierung legt deshalb den reichen Industrieländern die Verantwortung auf, an Problemlösungen für die schwächeren und unterentwickelten Länder mitzuwirken. Die Achtung von Menschenrechten, Teilhabe und subsidiäre Hilfe zur Selbsthilfe sind dabei wichtige Kriterien.

Zu einer gerechten Wirtschaftsordnung gehört auch die breite Öffnung der Europäischen Union für Güter aus Entwicklungsländern, vor allem für Agrarprodukte. Gegenüber dem Protektionismus treten die westlichen Länder zu Recht für eine Liberalisierung des Welthandels ein. Aber die eigene Glaubwürdigkeit schwindet, wenn sich die Europäische Union und andere Wohlstandsstaaten nicht an die eigenen Prinzipien halten.

In der Tat sind einige Missverhältnisse entstanden. Eine Reihe von Entwicklungsländern haben ihre Agrarmärkte geöffnet. In Mexiko ließen billige US-Importe den Maispreis in den Keller rutschen, Hunderttausende Kleinbauern verloren ihren Lebensunterhalt. Auf den Philippinen fiel mit den Schranken auch der Reispreis um ein Drittel, mit ähnlichen Folgen.

Man kann nicht einerseits von den Entwicklungsländern große Anstrengungen verlangen, die eigenen Märkte, insbesondere im Landwirtschaftssektor, zu öffnen und Arbeitsplätze für ländliche Arbeitslose in anderen Wirtschaftsbereichen zu schaffen, während die westlichen Industrienationen in der Europäischen Union die eigenen Agrarmärkte mit hohen Schutzwällen und hohen Subventionen vom Weltmarktwettbewerb abschotten.

Die Anteile der 49 von Unterernährung und Armut am stärksten betroffenen Länder am Weltsozialprodukt, Welthandel und internationalen Anlagekapital sind auf minimale Restgrößen geschrumpft – bei gleichzeitiger hoher Verschuldung. Gerade hier muss die Förderung von Wirtschaft und Handel einsetzen.

Die Europäische Union hat dankenswerterweise im Mai 2001 für diese Länder mit ihrer »EBA-Initiative« (Everything but Arms) den künftigen zoll- und kontingentfreien Zugang zum Europäischen Markt zugesagt. Das war ein wichtiger Schritt. Aber er muss ergänzt werden durch Wirtschaftsförderung in den Entwicklungsländern selbst. Denn diese Handelspräferenz der EU kann nur nutzen, wer marktfähige Güter anbietet. Der Import von Bananen, Reis oder Zucker wurde allerdings mit langen Übergangsfristen versehen. Gerade solche Abschottungen vom Europäischen Agrarmarkt stellten für viele Entwicklungsländer einen zentralen Streitpunkt dar.

Ab September 2002 werden zwischen der Eropäischen Union und den 76 AKP-Staaten neue Verhandlungern auf der Basis des Abkommens von Cotonou im Jahre 2000 geführt werden, mit dem Ziel, Handelspolitik und Entwicklungshilfe stärker miteinander zu verzahnen. Geplant ist ein asymetrisches Verfahren, bei dem die Europäische Union Handelshemmnisse schneller abbaut als die begünstigten AKP-Staaten. Das ist ein zweiter wichtiger Schritt im Hinblick auf größere Chancengleichheit im weltweiten Handel.

Die 29 OECD-Länder einschließlich der Europäischen Union subventionieren nach Berechnungen der Weltbank ihren Agrarbereich mit täglich rund 1 Milliarde US-$. Dies entspricht rund zwei Drittel des Bruttosozialprodukts des gesamten afrikanischen Kontinents. Die Agrarsubvention ist gleichzeitig sechsmal höher, als die OECD-Länder mit 43 Milliarden Dollar für Entwicklungshilfe ausgeben.

Nach derselben Studie der Weltbank würde bei Wegfall aller Zölle und Subventionen die Weltwirtschaft um 830 Milliarden US-$ wachsen. 65% davon entfielen auf die Dritte Welt. Das ist ein Hinweis auf die Zusammenhänge zwischen Wohlstand und Offenheit für den Weltmarkt. Man kann durchaus optimistisch sein, dass die auf der WTO-Konferenz in Doha beschlossene neue Welthandelsrunde gerade auch in der strittigen Frage einer weiteren Öffnung der Textil- und Agrarmärkte angemessene und faire Vereinbarungen finden wird. Ein guter Interessensausgleich und weitere Liberalisierungen im Welthandel werden allen Staaten zugute kommen. Die Einigungen in Doha haben übrigens gezeigt, dass die WTO ein nicht mehr weg zu denkendes Koordinierungs-, Regelungs- und Schlichtungsinstrument in einer global vernetzten Welt ist. Der darin zum Ausdruck kommende Schritt von einer machtorientierten zu einer regelorientierten Außenpolitik ist eine große Errungenschaft im Hinblick auf die zusammenwachsende Welt.

Ein wirklich freier Welthandel setzt allerdings auch die Entschuldung der ärmsten Länder voraus. Durch die 1999 auf dem Weltwirtschaftsgipfel angestoßene Entschuldungsinitiative (HIPIC) konnten bisher die vier Länder Bolivien, Uganda, Mozambique und Tansania komplett entschuldet werden. Weitere müssen folgen. Das bisherige Entlastungsvolumen beläuft sich auf 60 Milliarden US-$. Das stellt einen sinnvollen Beitrag zu mehr Startgerechtigkeit im Weltmaßstab dar.

Zu dieser könnte auch die Erhöhung der Entwicklungshilfe beitragen. Auf der Konferenz von Monterrey hat die Europäische Union ihre Mitglieder verpflichtet, dass bis 2006 jedes Mitgliedsland 0,33% des Brutttoinlandsprodukts (BIP) an Entwicklungshilfe leistet. Das ist zwar immer noch entfernt von dem Ziel der Vereinten Nationen, 0,7% des BIP zur Verfügung zu stellen. Aber da Deutschland bisher nur rund 0,27% zahlt, und auch andere Länder in den Aufwendungen für Entwicklungshilfe hinterherhinken, wäre auch die Einhaltung der EU-Vereinbarung schon ein Fortschritt.

Allerdings müssen auch Entwicklungsländer stärkere Anstrengungen unternehmen. In manchen Ländern – ich denke beispielsweise an Angola, Sudan oder Kongo – müssen nach dem Zerfall staatlicher Autorität mit der Folge bittersten Elends der Bevölkerung und großer Flüchtlingsströme überhaupt erst wieder staatliche Strukturen entstehen. In anderen Entwicklungsländern muss Korruption und Nepotismus bekämpft werden. Das Ziel einer »global good governance« sollte deshalb noch deutlicher Teil der globalen Politik werden. In diesem Sinn ist auch der Afrika-Aktionsplan der G-8-Staaten unterstützenswert. Erstmalig vergeben hier die Insdustrieländer Entwicklungshilfe an diejenigen Staaten, die sich zu einer »guten Regierungsführung« verpflichtet haben und auch entsprechende Kontrollen im Land zulassen.

Eine neue globale politische Ordnung

Die Globalisierung erfordert nicht nur eine wirtschaftliche, sondern auch eine politische Ordnung der Welt. Viele reden ja angesichts der Globalisierung vom Bedeutungsverlust der Politik. Das Gegenteil ist richtig. Die Globalisierung führt zu einer Revitalisierung des Politischen. Die Nationalstaaten werden die entscheidenden Einheiten bleiben. Aber ähnlich wie in der Wirtschaft entstehen neue politische Institutionen und Vereinigungen auf supranationaler Ebene. Die Europäische Union ist sicher dabei am weitesten vorangeschritten. Mit den Tausenden von Nichtregierungsorganisationen entstehen weltweite Interessenvertretungen. Die Medien, die von allen Teilen des Globus berichten, schaffen Weltöffentlichkeit. Der weltweite Rechtsfortschritt im Blick auf eine globale Rechtsgemeinschaft zeigt sich unter anderem in der Gründung und Ratifizierung des Ständigen Internationalen Strafgerichtshofs – über 50 Jahre nach den Nürnberger Prozessen. Eine wichtige Rolle bei der politischen Ordnung des 21. Jahrhunderts wird den Vereinten Nationen zukommen. Die Weltgemeinschaft hat sich eindeutig zum Kampf gegen den Terrorismus bekannt und zu entsprechenden Maßnahmen aufgefordert. Das ist ein wichtiger Beitrag für eine Weltsicherheitsordnung, ohne die eine entstehende Weltbürgergesellschaft kaum denkbar wäre. Die Verleihung des Friedensnobelpreises 2001 an die Vereinten Nationen und deren Generalsekretär Kofi Annan wird dieser Weltorganisation weiteren Auftrieb geben. In der Begründung des Komitees heißt es, dass der »einzig gangbare Weg zu globalem Frieden und Zusammenarbeit durch die Vereinten Nationen führe«. Die Stärkung der Institutionen der Vereinten Nationen und ihrer Unterorganisationen, die vielfältige Arbeit zur Behebung der Weltprobleme leisten, ist deshalb nicht nur nationale, sondern weltweite Aufgabe.

Die Globalisierung ist ein Prozess, der bei allen aktuellen Widersprüchen politischen und wirtschaftlichen Fortschritt bringt. Sie führt auf längere Sicht zu mehr Wohlstand für die Staaten und Völker. Die Globalisierung macht uns aber zugleich die Bandbreite der Problembereiche in der Welt bewusst.

Es sind vor allem fünf große globale Herausforderungen, denen sich die deutsche und die europäische Politik stellen muss: die Klimaentwicklung, die Ernährung, die Migration, die Bildung und die demografische Entwicklung.

Die drohende Klimakatastrophe

Globalisierung bedeutet Wahrung der globalen Gemeinschaftsgüter. Viele Studien haben inzwischen gezeigt: Umweltschäden machen vor nationalen Grenzen nicht halt, sie können nur im weltweiten Rahmen bekämpft werden. Wir brauchen über das Wirtschaftliche hinaus auch eine ökologische Globalisierung. Das gilt vor allem für die Entwicklung unseres Weltklimas. Das Ansteigen der Kohlendioxid-Konzentration lässt uns eine globale Instabilität befürchten.

Das Abkommen von Rio und das Kyoto-Protokoll sind wichtige politische Schritte in Hinblick auf eine globale Klimapolitik gewesen. Viele Nachfolgekonferenzen haben sich dann allerdings nur noch auf dem kleinsten gemeinsamen Nenner bewegt. Es wird darauf ankommen, mehr Staaten als bisher zum Beitritt des Rio-Abkommens zu bewegen. Vor allem muss auf dem »Weltgipfel über Nachhaltigkeit« Ende August 2002 in Südafrika eine gründliche Bilanz gezogen werden. Von Johannesburg muss ein neues Signal für eine gemeinsame Klimapolitik ausgehen. Bei uns in Deutschland haben viele »Agenda-21-Gruppen« zur ökologischen Bewusstseinsbildung vor allem in den Kommunen beigetragen und viele konkrete Umweltschutzprojekte angeregt. Sie sind übrigens ein gutes Beispiel dafür, dass Staat und Bürgergesellschaft keine Gegensätze sind, sondern Hand in Hand arbeiten. Man sieht daran auch ganz anschaulich, dass Globalisierung und der regionale wie lokale Bezug zusammengehören.

Die Ernährung der Weltbevölkerung

Es gibt ein Menschenrecht auf Nahrung. Und das gebietet, dass der Produktion von Nahrungsmitteln – und übrigens auch der Forschung dafür – ein mindestens ebenso hoher moralischer und politischer Stellenwert eingeräumt wird wie dem Naturschutz. Am Anfang des neuen Jahrhunderts ist Armut weiterhin ein drängendes globales Problem. Die Unterorganisation der Vereinten Nationen FAO weist im Kampf gegen den Hunger darauf hin, dass sich aufgrund vielfältiger Maßnahmen, nicht zuletzt dank der »grünen Revolution«, insgesamt die Welternährung verbessert hat. Aber das reicht bei weitem noch nicht aus. Für viele Menschen ist die Ernährungslage weiterhin desolat.

Von den sechs Milliarden Menschen auf der Welt leben fast die Hälfte, nämlich etwa 2,8 Milliarden, von weniger als 2 US-$ am Tag. Auf dem letzten Welternährungstag der Vereinten Nationen wurde bekannt gegeben, dass weltweit 815 Millionen Menschen an chronischem Hunger leiden. Jeden Tag verhungern auf der Welt 24 000 Menschen, darunter viele Kinder und Jugendliche. Weite Teile von Afrika, Südamerika und Asien sind davon betroffen.

Bis zum Jahre 2043 wird die Weltbevölkerung auf 9 Milliarden anwachsen. 97% des Wachstums der Weltbevölkerung findet in den Entwicklungsländern statt, 60% des Zuwachses sogar in nur zehn Ländern, die besonders unter der Knappheit der Ressourcen leiden. Die weitere Verlangsamung des Bevölkerungswachstums bleibt deshalb in Hinblick auf die Sicherung der Ernährungsgrundlagen zentraler Bestandteil des humanitären Kampfes gegen Hunger, Armut und Ressourcenknappheit. Gerade die Ärmsten der Armen sind Krankheiten, brutalen Bürgerkriegen, Gewalt, Naturkatastrophen und auch weltwirtschaftlichen Krisen besonders ausgeliefert. Das Gefühl von Entbehrung und Ungerechtigkeit ist für viele hautnah.

Notwendig werden auch weiterhin Sofortmaßnahmen bei akuten Hungerkrisen bleiben. Darüber hinaus muss die Nahrungsmittelproduktion gesteigert werden, vor allem in Afrika. Es geht darum, die Entwicklungsländer nachhaltig zu eigenen Ertragssteigerungen zu befähigen. Eine weitere Intensivierung der Landwirtschaft durch neue Sorten, erhöhter Düngemitteleinsatz oder die Ausdehnung der Bewässerung werden notwendig sein. Allerdings sind dem auch Grenzen gesetzt, wie die Verknappung der Wasserressourcen, die zunehmende Bodendegradation und generelle Ökosystemübernutzung zeigen.

Einbringen müssen die Industrieländer ihre gewonnenen Erkenntnisse in der grünen Gentechnik. Gerade sie gilt als

Hoffnung im Kampf gegen Hunger und Unterernährung. Sie den notleidenden Menschen in der Dritten Welt vorzuenthalten, verbaut diesen und künftigen Generationen die Chance auf ein besseres Leben. Angesichts der stetigen Abnahme landwirtschaftlich nutzbarer Flächen bei weiter wachsender Bevölkerung wird die grüne Gentechnik zu einem wichtigen Faktor bei der künftigen Sicherung der Welternährung werden. Durch die grüne Gentechnik können Nutzpflanzen mit größerem Widerstand gegen Schädlinge, Krankheiten oder widrigen Standortfaktoren und mit größerer Ertragskraft hergestellt werden. Neue Sorten ermöglichen eine umweltschonendere Landwirtschaft, bessere Erträge und, wie beim »Goldenen Reis«, ein Pflanzendesign, das auf die Beseitigung durch Unterernährung bedingter Mangelkrankheiten zugeschnitten ist. Auch wenn neue Abhängigkeiten der Entwicklungsländer von globalen Agrarkonzernen vermieden werden müssen, bleibt doch die Förderung dieser neuen Technik richtig und aus humanitären Gründen geboten. Außerdem darf grüne Gentechnik nicht gegen traditionelle Anbaumethoden ausgespielt werden. Auch diese sind notwendig. Sinnvoll ist, sie zu ergänzen. Zur Bekämpfung des weltweiten Hungers sind alle gangbaren Wege nötig.

Das Wichtigste wird sein, die wirtschaftlichen Ursachen für Armut als Grundlage für Hunger und Unterernährung in den Entwicklungsländern selbst zu beseitigen. Nachhaltigkeit heißt: Investitionen in Bildung und Arbeitsplätze, eine stetige Förderung der Wirtschaftskraft in den jeweiligen Ländern und die Ausweitung des Handels sind Grundlagen, um dauerhaft Armut und Unterernährung zu beseitigen. Viele halbstaatliche Hilfsorganisationen und private Entwicklungsinitiativen, die großartige deutsche Welthungerhilfe, aber auch kirchliche Hilfsorganisationen wie Misereor oder Adveniat helfen durch konkrete Projekte vor Ort, Hunger und Armut in der Welt zu bekämpfen. Solidarische Hilfe, Teilen und Begegnung – damit wird eine Brücke zwischen Industrie- und Entwicklungsländer geschlagen. Das Ziel des Welternährungsgipfels von 1996, die Zahl der Hungernden bis zum Jahr 2015 um die Hälfte zu verringern, darf nicht aufgegeben werden.

Das Weltflüchtlingsproblem

Das 20. Jahrhundert wurde als das »Jahr der Flüchtlinge« bezeichnet. Neben Missernten, Umweltkatastrophen und Diktaturen waren es vor allem Kriege und Arbeitslosigkeit, die Vertreibung und Fluchtbewegungen auslösten. So ist es auch am Beginn dieses Jahrhunderts. Außerstaatlich wie innerstaatlich sind rund 300 Millionen Menschen auf der Flucht, ohne festen Wohnsitz und Heimat, vielfach ohne Schutz und Unterstützung. Bisher tragen Entwicklungsländer die Hauptlast des Weltflüchtlingsproblems – 15 der 21 größten Zufluchtsstaaten sind Entwicklungsländer. Aber ob das in Zukunft so bleiben wird, ist mehr als fraglich. Armut, existentielle Arbeitslosigkeit und der Wunsch nach Teilhabe an einem besseren Leben werden noch stärker als bisher zu länderübergreifender Migration führen. Wir dürfen nicht verkennen, dass das globale und regionale Entwicklungs- und Wohlstandsgefälle eine Sogwirkung besitzt. Mit einem »globalen Marsch« von Armuts- und Arbeitsmigranten ist aber niemandem gedient. Unsere Anstrengungen müssen deshalb – auch im wohlverstandenen Eigeninteresse – darauf gerichtet sein, das internationale Wohlstandsgefälle durch verstärkte Hilfe zur Sicherung eines eigenen Lebensstandards in den Entwicklungsländern abzubauen.

Eine Welt mit einem großen Wohlstandsgraben wird eine instabile, unsichere Welt bleiben. Heimat zu schaffen, Knowhow zu erwerben und in soziale Grunddienste zu investieren – das sind, wie Erfahrungen belegen, drei elementare Voraussetzungen für wirtschaftliches Wachstum in sich entwickelnden Ländern.

Die globale Bildungsfrage

Bildung und Ausbildung sind elementar nicht nur für die persönliche Entfaltung, sondern vor allem auch für die wirtschaftliche Leistungsfähigkeit und Existenzsicherung. Umso erfreulicher ist, dass vielseitige Anstrengungen hinsichtlich Alphabetisierung, Grundbildung und Ausbildung weltweit einen regional zwar ungleich verteilten, aber insgesamt doch großen Entwicklungsschub bewirkt haben.

Doch noch immer ist die Bildungsnot groß. Acht von 100 Kleinkindern erleben in den unterentwickelten Ländern ihren 5. Geburtstag nicht. 130 Millionen Kinder können niemals eine Schule besuchen – ein Zehntel der Jungen und ein Siebtel der Mädchen erhalten überhaupt keine Schulbildung, weitere 150 Millionen Kinder beginnen zwar mit einem Grundschulbesuch, verlassen sie aber schnell wieder und gehören dann zu den rund 900 Millionen Analphabeten auf dieser Welt.

Zugleich tut sich ein neuer Graben auf, die »digitale Kluft«. Die modernen, weltweit eingesetzten Informations- und Kommunikationsmittel tragen erheblich zum ökonomischen Wachstum bei. In den führenden Industrienationen sind die Weichen für das Informations- und Wissenszeitalter gestellt. In Deutschland haben wir inzwischen eine Versorgung der Bevölkerung mit Personalcomputern zu über 50% erreicht. Jung und Alt werden mit dem Computer und dem Internet vertraut gemacht. Spätestens Ende 2003 werden alle Schulen in Deutschland vernetzt sein. Ganz anders sieht es in den Entwicklungsländern aus, wo es erheblich an Internet-Anschlüssen mangelt. Die künftige wirtschaftliche Entwicklung wird auf den neuen Technologien basieren. Soll sie nicht gänzlich an vielen Entwicklungsländern vorbeigehen, dann sind auch hier globale Anstrengungen zum Anschluss an die weltweite Informationsgesellschaft notwendig.

Die Überalterung der Bevölkerung

Wie fast alle westlichen Industrieländer sind auch wir eine alternde Gesellschaft. Nur langsam dringen die erheblichen Folgen des demografischen Wandels in unser Bewusstsein – hinsichtlich der Arbeitswelt, der sozialen Sicherungssysteme, der Generationengerechtigkeit.

Aber noch viel weniger machen wir uns klar, dass die Überalterung auch im globalen Rahmen ein immer größer werdendes Problem darstellt. Die Weltbevölkerung wird immer älter. Das hat gravierende Folgen gerade für die Staaten, die kein umfassendes soziales Sicherungssystem wie in den westlichen Ländern besitzen und bei denen die ältere Generation auf den Unterhalt durch eine größere Kinderzahl elementar angewiesen ist.

So entsteht neben der Überbevölkerung das Problem der Überalterung. Zwar werden noch jedes Jahr 135 Millionen Kinder geboren – gegenüber 55 Millionen Älteren, die sterben. Inzwischen haben wir es jedoch mit einem Absinken der weltweiten Reproduktionsrate zu tun. Bekamen Frauen früher im Durchschnitt sechs Kinder, so sind es heute nur noch drei. Der Trend geht zu immer weniger Kindern. Gleichzeitig ist aber die Lebenserwartung aufgrund großer medizinischer Erfolge deutlich angestiegen.

Nun ist das Abnehmen der Weltbevölkerung gerade in Hinsicht auf die Bekämpfung von Hunger und Armut ausdrücklich zu begrüßen. Aber zugleich müssen wir sehen, dass auch viele weitere Länder der Welt das »Altersbeben« (Paul Wallace) erreichen wird. Japan und Italien gehören bereits jetzt zu den Ländern mit den meisten Älteren. Die Entwicklungsländer folgen. Wenn man die Altersgrenze von 60 Jahren und mehr (wie in Deutschland) zugrunde legt, dann leben heute 600 Millionen ältere Menschen weltweit. Bis 2050 werden es rund 2 Milliarden sein. Zum ersten Mal in der Geschichte der Menschheit wird die Zahl der Älteren größer sein als die Zahl der Kinder. China ist mit einem Anteil von 22% der Weltbevölkerung das bevölkerungsreichste Land der Welt. Seit Jahrzehnten hat sich dieses Riesenreich aus Ernährungsgründen eine rigide Bevölkerungspolitik verordnet. Aber gerade das wird in wenigen weiteren Jahrzehnten zu einer starken Überalterung führen. In 20 Jahren gehört China zu den am schnellsten alternden Gesellschaften. Wie dies ein Land, das sich gerade mit der Aufnahme in die WTO der Weltwirtschaft geöffnet hat, ökonomisch wie sozial verkraften soll, ist völlig ungeklärt. Kein Wunder, dass Forscher in Bezug auf die alternde Weltbevölkerung von einer »tickenden Zeitbombe« sprechen. Die »globale Alterung der Bevölkerung wird das Leitmotiv des 21. Jahrhunderts sein«, so der britische Wirtschaftsexperte Paul Wallace.

Globale Institutionen stärken

Die wirtschaftliche Entwicklung in der Welt und die wachsende internationale Arbeitsteilung setzen einen verbesserten Ordnungsrahmen für Unternehmen und Staaten voraus. Weltbank, Welthandelsorganisation (WTO), Internationaler Währungsfonds (IWF), und eine Reihe weiterer Organisationen bilden zurzeit für eine globale Wirtschaft ein erstes, wenn auch insgesamt nicht ausreichendes Grundgerüst. Vielfach wurde an diesen Organisationen Kritik geübt, nicht nur von Nichtregierungsorganisationen (NGO), sondern auch von prominenten Ökonomen und Nobelpreisträgern. Zum einen wurde die stärkere Berücksichtigung der individuellen ökonomischen Situation in den einzelnen Schwellen- und Entwicklungsländern bei den Konzepten vor allem des IWF angemahnt. Zum anderen sollten die sozialen Folgen, vor allem Arbeitslosigkeit und neue Armut, in den einzelnen Ländern erheblich stärker berücksichtigt werden. Unter dem Eindruck dieser Kritik beginnen inzwischen diese Institutionen sich zu reformieren. Ökonomen aus unterschiedlichen Ländern arbeiten jetzt beispielsweise bei der WTO ebenso in den Gremien mit wie Nichtregierungsorganisationen.

Das bisherige weltwirtschaftliche instutionelle System gilt es im Hinblick auf eine internationale Soziale Marktwirtschaft weiter zu entwickeln. Auch wenn ein solches Grundordnungsmodell für eine globale Ordnungspolitik unter ganz anderen Rahmenbedingungen entwickelt werden muss als die Soziale Marktwirtschaft nach dem Zweiten Weltkrieg, bietet es das richtige Grundgerüst für ein System internationaler wirtschaftlicher Kooperation und Teilhabe. Für eine gerechte Weltwirtschaftsordnung sind marktwirtschaftlicher Handel, freier Verkehr von Waren, Dienstleistungen und Kapital unverzichtbar. Eine solche »Weltmarktwirtschaft« bleibt Grundlage für den »Wohlstand der Nationen«, wie es Adam Smith genannt hat.

Aber das reicht nicht aus. Eine »Internationale Soziale Marktwirtschaft« wird sich ordnungspolitisch dem Markt und den sozialen Belangen der Menschen zu widmen haben. Freie wirtschaftliche Entwicklung und soziale Sicherung und Teilhabe schließen sich nicht aus. Darauf hat gerade Müller-Armack immer wieder hingewiesen. In diesem Sinn geht es um die Weiterentwicklung zu einer von vielen Organisationen, Kirchen und Staaten subsidiär von unten getragenen »Weltsozialpolitik« als Ergänzung zur »Weltmarktwirtschaft«. Das bedeutet vielfältige Hilfe zur Selbsthilfe im wirtschaftlichen und sozialen Bereich. Weltweite Förderung der Wirtschaft und Hilfe zur Sicherung sozialer Mindeststandards gehören zusammen. Eine internationale Soziale Marktwirtschaft wird auch im Weltmaßstab ein vernünftiges und humanes Leitbild sein. Anstöße dazu kommen bereits jetzt nicht nur von den verschiedenen internationalen Organisationen und Verhandlungsrunden, sondern auch von den Vereinten Nationen und ihren verschiedenen

Einrichtungen – von der Weltgesundheitsorganisation WHO bis zur Welternährungsorganisation FAO. Zu erinnern ist auch an die Leitsätze der Internationalen Arbeitsorganisation ILO und der OECD für multinationale Unternehmen, die soziale Normen beinhalten.

Entgegen manchen Feindbildern tragen inzwischen auch viele transnationale Wirtschaftsunternehmen zu Einrichtung und Beachtung wichtiger Sozialstandards in vielen Ländern dieser Welt bei. Das sind kleine, aber notwendige Schritte zur Behebung von Hunger und Armut. Diese Anstrengungen gilt es stärker als bisher zu bündeln. Eine künftige »good global governance« wird jedenfalls – auch unter dem Aspekt einer Weltfriedensordnung – der Bekämpfung von Hunger und Unterernährung, von Armut und Unterentwicklung eine herausragende Bedeutung zuschreiben müssen.

Im Übrigen steht die Forderung nach einer internationalen Sozialen Marktwirtschaft auch im Einklang mit der katholischen Soziallehre, die von der Personalität des Menschen, seiner Individual- und Sozialnatur ausgeht. Freiheit und Gerechtigkeit bedingen einander ebenso wie Freiheit und Frieden. Ohne Chancengerechtigkeit und Hilfe zum Überleben, auch zu einem menschenwürdigen Leben vor allem für die Länder der Dritten und Vierten Welt, wird sich auf Dauer auch der westliche Wohlstand nicht halten lassen.

Gerade die katholische Kirche, Papst Johannes Paul II. wie die verschiedenen amerikanischen Bischofskonferenzen, haben immer wieder in verschiedenen Erklärungen darauf beharrt, dass auch den »Verdammten dieser Erde«, wie sie Frantz Fanon genannt hat, Menschenwürde und Menschenrechte zustehen. Die christlichen Kirchen haben deswegen die »vorrangige Option für die Armen« in den Mittelpunkt ihrer Bemühungen gestellt. Daraus ergibt sich auch die Forderung nach elementaren sozialen Mindeststandards des Arbeitens und Lebens. Diese können allerdings nicht dieselben sein wie in den westlichen Industriegesellschaften. Das würde für viele Entwicklungsländer zu nicht tragbaren Kosten führen. Aber neben grundsätzlichen Verboten wie zum Beispiel Arbeit durch Sklaverei können sie als Mindestnormen bezogen auf die jeweilige Landessituation wirken. Die ILO hat dazu Vorschläge gemacht. Eine Reihe von Grundrechten sind zudem in den beiden großen Menschenrechtspakten der Vereinten Nationen niedergelegt und von vielen Staaten ratifiziert worden. Sie dürfen nicht nur auf dem Papier stehen. Politik und Wirtschaft sind hier in der Pflicht.

Eine internationale Soziale Marktwirtschaft wird darüber hinaus auf die vielfältigen Ansätze einer weltweiten Bürgergesellschaft setzen. Bürger helfen Bürgern – das gilt nicht nur für unsere Gesellschaft. Nicht alles muss im Weltmaßstab durch die Staaten gemacht werden. Subsidiäre Hilfe zur Selbsthilfe sowie die Ausweitung des ehrenamtlichen und freiwilligen Engagements sind auch Bausteine einer entstehenden Weltgesellschaft. Sie sind Ausdruck für eigenständige, freiheitliche Verantwortungsübernahme der Bürger selbst.

Für ein solches eigenständiges und verantwortliches Engagement gibt es inzwischen viele ermutigende Beispiele. Man lernt ja am meisten von dem, was andere vorleben. Beispielhaft soll hier hingewiesen werden auf den freiwilligen Zusammenschluss »TransFair«, mit dem Dritte-Welt-Produkte von Kleinbauern und Kooperativen unterstützt werden, auf die RUGMARK-Initiative, die sich gegen illegale Kinderarbeit vor allem in der Teppichproduktion in Entwicklungsländern einsetzt, auf die Wirtschaftsinitiative »e-mission55« zur Unterstützung des Kyoto-Protokolls. Immerhin 140 Unternehmen mit einem Jahresumsatz von 400 Milliarden DM bemühen sich auf freiwilliger Basis um Energieeinsparung und Reduzierung des Kohlendioxid-Ausstoßes. Ein anderes Beispiel sind die rund 10 000 Entwicklungshilfeeinsätze von Älteren im Rahmen des Senior-Experten-Services (SES) der deutschen Wirtschaft seit ihrer Gründung vor 19 Jahren. Genannt sein sollen auch die Hilfe-zur-Selbsthilfe-Projekte des »Afrika-Fonds-Selbstständigkeit« (AFOS), das als Gemeinschaftswerk von Kolping und dem Bund Katholischer Unternehmer getragen wird.

Alle diese Beispiele zeigen: Wir sind nicht hilflos, jeder kann etwas tun. Viele Menschen können Motoren der Entwicklung sein. Auf diese Weise bilden sich globale Netzwerke solidarischer Hilfe. Solche Hilfe zur Selbsthilfe ebnet den Weg für eine gerechtere Weltwirtschaftsordnung und fördert ein ethisches Bewußtsein in Bezug auf die Weltwirtschaft. Die Globalisierung erfordert auch ein globales Ethos. Gerade die katholische Kirche mit ihrem Verständnis vom Menschen und ihrer Soziallehre kann einen wichtigen Beitrag für weltweite Zivilisierungsprozesse im Rahmen der Globalisierung leisten. Als Weltkirche verfügt sie über eine lange Tradition als Lerngemeinschaft über Kontinente hinweg. In einer zusammenwachsenden Welt geht es um einen solchen Lernprozess des Zusammenlebens in einer pluralen Welt mit Menschen verschiedener sozialer Herkunft und unterschiedlichen Glaubens. Papst Johannes Paul II. hat immer wieder eindringlich auf die Notwendigkeit einer umfassenden Ökumene und den Dialog der Religionen hingewiesen. Weltfrieden ergibt sich auch durch Religionsfrieden, Weltgerechtigkeit auch durch die Hilfen der Gläubigen.

»Man kann nicht in die Zukunft schauen, aber man kann den Grund für etwas Zukünftiges legen – denn Zukunft kann man bauen.« Dieser Gedanke von Antoine de Saint-Exupéry sollte uns ermutigen, an einer Welt zu bauen, in der Hunger und Armut immer weniger werden durch stetige Unterstützung für eine nachhaltige Entwicklung aller Staaten und Völker. Unsere Anstrengungen müssen darauf gerichtet sein, eine Welt der Freiheit, des Friedens und der Gerechtigkeit zu schaffen. Unser Handeln muss von der Perspektive einer wirtschaftsfreundlichen, umwelt- und sozialverträglichen demokratischen Weltordnung geleitet sein. Das heißt auch: Wir haben alles zu tun für eine Welt, in der es immer weniger Verlierer und immer mehr Gewinner gibt.

Es war der 20. Juli 1969, als der amerikanische Astronaut Neil Armstrong als erster Mensch den Mond betrat. Damit begann ein neuer Abschnitt in der Menschheitsgeschichte, eine Geschichte weltweiter gemeinsamer Verantwortung. Nehmen wir diesen Auftrag ernst, dann können wir in Abwandlung der berühmten Worte des Astronauten sagen: Die Globalisierung als Weg zur weltweiten Verantwortungsgemeinschaft, das sind viele kleine einzelne Schritte, aber insgesamt »ein großer Schritt für die ganze Menschheit«.

VIII. Kapitel

Nach dem 11. September: Westliche Selbstbehauptung, universale Werte und kultureller Dialog

Die Ereignisse des 11. September 2001 waren ein Schock für die gesamte freie Welt. Von Terroristen gesteuerte Flugzeuge zerstörten große Teile des Pentagon und das ganze World Trade Center. Über 3000 Menschen verloren bei diesem schwersten Terroranschlag der Menschheitsgeschichte ihr Leben.

Das World Trade Center war über die USA hinaus ein Symbol des freien Handels zwischen den Staaten der Welt und zugleich Ausdruck von Völkerverständigung – Menschen aus über 50 Nationen arbeiteten dort. Die Bilder vom 11. September 2001 – die verzweifelt Flüchtenden, die berstenden Gebäude, die Rettungseinsätze und die trotz eigener Gefährdung vielen freiwilligen Helfer – haben sich tief in unser Gedächtnis eingegraben. Der Anschlag traf nicht nur in das Herz der einzig verbliebenen Supermacht dieser Welt. Es war zugleich ein Angriff auf die Werte, auf die Freiheiten und auf die Normen des zivilen Zusammenlebens überall in der Welt. »Nichts wird mehr so sein, wie es einmal war« – dieser Satz ging vielen angesichts der ungeheuren Ereignisse Tage und Wochen durch den Kopf. Ohne Zweifel steckte darin eine Übertreibung, ausgelöst durch den Schock des Augenblicks. Natürlich war nicht alles anders geworden, vieles blieb, wie es vorher war: Unsere demokratische, pluralistische, freiheitliche Ordnung ist nicht besiegt. Die Völkergemeinschaft, vor allem die Vereinten Nationen, hat schnell und erfolgreich reagiert und sich als handlungsfähig erwiesen. Das normale Arbeits- und Alltagsleben in der Wirtschaft und der Gesellschaft insgesamt musste weitergehen. Aber psychologisch gesehen wurde mit diesem Satz deutlich, wie wenig die Menschen in der westlichen Welt, aber auch auf dem gesamten Globus, einen so brutalen, mit völliger Menschenverachtung durchgeführten Anschlag islamistischer Terroristen für möglich gehalten hatten. Schrecken und Erschütterung, auch bei den nicht direkt Betroffenen und Beteiligten, machten sich breit. Viele Menschen spürten, dass es hier um mehr ging, nämlich um die grundsätzliche Art und Weise ihres Zusammenlebens. Staaten, die auf dem »Prinzip Freiheit« in Politik, Wirtschaft und Gesellschaft beruhen, sind verletzbar. Sie leben von dem grundsätzlichen Vertrauen in das freiheitliche, friedliche Miteinander und die Integrität von Menschen und Institutionen. In diesem Sinn galt der Anschlag nicht nur den Vereinigten Staaten und deren Wirtschaftskraft. Es war auch ein Anschlag auf das grundlegende Sicherheitsgefühl der Menschen, deren Vertrauen in die Verlässlichkeit einer hoch technisierten, modernen Gesellschaft und den erfolgreichen Umgang mit Risiken und Gefährdungen.

Recht auf Verteidigung

Nach der Beseitigung der unmittelbaren Folgen des Anschlags musste es darum gehen, die verantwortliche terroristische Organisation, die weitere Anschläge angekündigt hatte, mit aller Kraft an weiteren Morden zu hindern. Ihre Zerschlagung und auch die Zerstörung des Taliban-Regimes, das den fundamentalistischen Terroristen Unterschlupf und die Möglichkeit zur Ausbildung bot, hat bei vielen die Frage nach der Rechtfertigung des militärischen Einsatzes aufgeworfen. Gibt es einen »gerechten Krieg«? Was ist die angemessene Reaktion auf einen derart brutalen Anschlag und die drohende Ankündigung, weitere folgen zu lassen?

Angesichts des terroristischen Anschlags, der in einer neuen Dimension stattfand, war es geradezu geboten, das Recht auf Selbstverteidigung in Übereinstimmung mit Artikel 51 der Charta der Vereinten Nationen in Anspruch zu nehmen. Dazu gehörte die Zerschlagung derjenigen Strukturen, mittels derer weitere brutale Gewaltanwendung möglich und wahrscheinlich war. Wichtig dabei ist: Der Kampf galt nicht denen, die an Allah glauben, sondern denen, die im Namen Allahs terroristische Mordanschläge verübten. Prävention auch mit militärischen Mitteln gegen die Ankündigung weiterer Anschläge ist in dieser Situation ein legitimes Gebot der Vernunft. Dies war und ist unverändert die übereinstimmende Sicht der zivilisierten Weltgemeinschaft. Bereits einen Tag nach den terroristischen Anschlägen hatten die Vereinten Nationen mit ihrer Resolution 1368 die Bedrohung des Weltfriedens und der internationalen Sicherheit festgestellt und damit auch das Recht, gemäß dem im Kapitel VII der UN-Charta verbrieften Recht auf individuelle und kollektive Selbstverteidigung auch mit militärischen Mitteln gegen die terroristische Bedrohung vorzugehen. Eine gemeinsame, auch wehrhafte Auseinandersetzung mit dem weltweit agierenden fundamentalistischen Terrorismus war das Gebot der Stunde. Es gab selten eine so einmütige Reaktion der in den Vereinten Nationen zusammengeschlossenen Völkergemeinschaft.

Bei diesem Anschlag sind islamistischer Fundamentalismus, intoleranter Fanatismus und terroristische Organisation eine unheilige Allianz eingegangen. Dies hat nicht nur unser Bild der Welt und des friedlichen globalen Zusammenlebens verändert. Das Trauma terroristischer Bedrohung verfolgt uns seitdem bis in den Alltag hinein. Es bestimmt vielfältige neue Bemühungen, innerstaatliche Sicherheit zu gewährleisten und auf neue Bedrohungslagen auszurichten. Im Gegensatz zur Langwierigkeit manch anderer politischer Prozesse konnten diese schnell und umfassend eingesetzt werden. In Deutschland wie in der ganzen Europäischen Union wurden eine Reihe von Maßnahmen ergriffen, die von Schutzvorkehrungen bei Gebäuden oder in der zivilen Luftfahrt bis zur Verschärfung der Geldwäschegesetze und Möglichkeiten der Bekämpfung organisierter, und terroristischer Kriminalität reichten. Die EU-weite gemeinsame Definition terroristischer Straftaten, die Schaffung staatsanwaltschaftlicher Zusammenarbeit (»Eurojust«) und der ab 2004 geltende europäische Haftbefehl waren weitere Maßnahmen, um auf künftige Bedrohungen des internationalen Terrorismus besser reagieren zu können.

Freiheit und Sicherheit

Allerdings bleibt es in diesem Zusammenhang stets eine besonders anspruchsvolle politische Aufgabe, zwischen den Erfordernissen einer »offenen Gesellschaft« (Karl Popper) und den Schutzpflichten des mit dem »Monopol legitimer physischer Gewaltsamkeit« (Max Weber) ausgestatteten modernen Staates genau abzuwägen. Zwischen Freiheit und Sicherheit bestand schon immer eine klassisch-dialektische Konfliktkonstellation. Denn einerseits gilt die Einsicht, dass es Freiheit nur auf der Basis von Sicherheit und Schutz geben kann. Die Ereignisse des 11. September haben nachdrücklich in unser Gedächtnis gerufen, dass dies nicht nur im nationalstaatlichen Rahmen, sondern auch für eine globalisierte Welt gilt. Wirtschaftliche Produktion und weltweiter Handel sind ebenso auf Sicherheit im internationalen Maßstab angewiesen wie politische Prozesse und kultureller Austausch.

Der ehemalige Richter am Bundesverfassungsgericht, Dieter Grimm, hat andererseits kürzlich darauf hingewiesen, dass Schutzpflichten des Staates nicht nur zur Beschränkung von

Freiheiten im Interesse der Wahrung von Sicherheit – oder anderen Freiheiten – führen können. Durch ein Übermaß staatlich-präventiver Maßnahmen im Interesse der Sicherheitsbedürfnisse wird vielmehr umgekehrt gerade die Freiheit aufgezehrt, die eigentlich geschützt werden soll. Das wiederum wäre mit dem Grundgesetz, das den Bürgern nicht vorschreibt, wie sie zu leben haben, und mit den Grundlagen einer freiheitlichen Gesellschaft nicht vereinbar. Auch im globalen Maßstab ist es sinnvoll, so viel Räume der Freiheit wie möglich für wirtschaftliche Entwicklungen, politische Vereinbarungen und kulturelle Offenheit von Gesellschaften zu schaffen. Sicherheitsbedürfnisse und Spielregeln einer freiheitlichen Gesellschaft müssen in einen Einklang gebracht werden. Es kommt entscheidend auf die richtige Balance von Freiheit und Sicherheit an. Eine solche Balance muss angesichts sich beständig wandelnder Zeitumstände regelmäßig überprüft und erforderlichenfalls neu justiert werden. Freiheit sollte nicht gegen Sicherheit und umgekehrt Sicherheit gegen Freiheit ausgespielt werden.

Universale Normen und Werte

Hinzu kommt, dass die freiheitlichen parlamentarischen Demokratien des Westens keinen Grund haben, angesichts eines »Zusammenpralls der Kulturen (»Clash of Civilisations«, Huntington) und in der Auseinandersetzung zwischen Liberalismus und Fundamentalismus sich nicht offen, auch offensiv, zu ihren eigenen Grundlagen zu bekennen. Der Terrorangriff fanatisierter islamistischer Fundamentalisten am 11. September galt sowohl der westlichen Lebensweise als auch dem liberalen Fundament freier Gesellschaften überall auf der Welt. Gerade deshalb sollte selbstbewusst darauf beharrt werden: Menschenwürde und Menschenrechte, Grundwerte wie Freiheit,

Solidarität und Gerechtigkeit, Toleranz und Fairness im alltäglichen Miteinander, Kritik und Selbstreflexion, der Abbau von Feindbildern und der Aufbau von Anerkennung und Empathie – all das bildet die Grundlage unseres Zusammenlebens in Europa und in den Vereinigten Staaten. Aber zugleich sind sie mehr, nämlich universal geltende Werte und Normen, die überhaupt erst das Zusammenleben von Menschen mit ihren unterschiedlichen Lebensvorstellungen, das Miteinander unterschiedlicher Kulturen und Religionen sowie freiheitliche politische Systeme möglich machen. Werte, zivile Normen und Demokratie bilden historisch wie in der Gegenwart einen unhintergehbaren Zusammenhang.

Nachdenklich machen sollte deswegen uns alle der Hinweis des in Deutschland lebenden islamischen Politikwissenschaftlers Bassam Tibi, dass »alle Regime in der Welt des Islam in unterschiedlichem Maß autoritär und despotisch sind«. Deshalb reicht auch das bestehende weltweite militärische Bündnis unterschiedlicher Staaten unter Führung der Vereinigten Staaten von Amerika gegen den terroristischen Fundamentalismus, so sehr es Anerkennung, Respekt und Unterstützung verdient, nicht aus. In einer längerfristigen Perspektive haben wir auch dafür zu sorgen, dass aus dem Bündnis gegen Terrorismus ein Bündnis für Freiheit, Demokratie und Menschenrechte wird. Auf die Dauer bieten nicht Militärdiktaturen, Feudalmonarchien oder von religiösen Führern geleitete Gottesstaaten, sondern nur auf Freiheit gegründete Demokratien die Gewähr, dass religiösem Fanatismus und terroristischem Fundamentalismus der Boden entzogen wird. Mehr als auf Raketen und Flugzeuge wird es im Kampf gegen Terrorismus und religiösen Fundamentalismus auf Willen, Ausdauer und vor allem auf die geistige Auseinandersetzung ankommen. Da sollten wir gewappnet sein. Wir müssen wieder lernen, dass Freiheit nicht die Summe persönlicher Bequemlichkeiten ist. Freiheit bezieht sich, darauf wies bereits Hannah Arendt hin, auf eine Ordnung geistiger Orientierung und gemeinsamer Verantwortung, die vor allem von unserem Einsatz – und das heißt von der geistigen Verteidigung der Freiheit bis hin zum Einsatz des eigenen Lebens – getragen wird. Die Auseinandersetzung um die richtige geistige Orientierung werden wir nur mit diesem Verständnis von Freiheit als Verantwortung bestehen können.

Doch bei allen geistigen Auseinandersetzungen und sicherheitspolitischen Bemühungen bleibt ein unaufgelöster Rest. Die Politik kann Macht einsetzen, um die Täter zu bestrafen, die Folgen des Terrors zu beseitigen und neue, lebensfähige Strukturen zu schaffen. Sie kann beharren auf den freiheitlichen Grundlagen des Westens gegenüber dem fundamentalistischen Anspruch religiöser Fanatiker. Aber sie kann nicht die Sinnfrage lösen.

Sinnfrage und Glaube

Viele haben sich ja gefragt: Wo war Gott in diesen Septembertagen? Wie können wir angesichts solcher terroristischer Gewalt noch ernsthaft Hoffnung auf einen Sinn in unserem Leben haben? Viele waren und sind noch immer erschüttert, manche verzweifelt. Aber neben allem Leiden war auch spürbar, dass das Ringen mit diesen Fragen für den einen oder anderen auch neue seelische Kraftquellen erschlossen und persönliche Orientierung ermöglicht hat.

So hat gerade der 11. September gezeigt, dass in der Krise, angesichts der zum Teil existenziellen Betroffenheit und Orientierungslosigkeit, Kirchen als Ansprechpartner gesucht wurden. Der christliche Glaube vermittelte für viele, auch für viele Nichtgläubige, Trost und Zuspruch, Halt und Ermutigung. Das Wort Victor Hugos: »Zu glauben ist schwer – nichts zu glauben unmöglich« bekam für so manchen einen neuen Sinn. In der Auseinandersetzung mit den Folgen des terroristischen

Anschlags wurde eines deutlich: Das grundsätzliche Problem des Leidens in der Welt kann als Fatum zwar ertragen, aber nur aus dem Glauben heraus wirklich gelöst werden. Dies ist eine Erfahrung, auf die schon Kierkegaard hingewiesen hatte. Existentieller Sinn, der aus der Sphäre des Transzendenten gestiftet wird, kann im Glauben neu erfahren werden.

Es zeigte sich aber auch: Wenn Glauben zum fanatischen Terrorismus wird, kann er nur zerstören, aber keinen echten Lebenssinn schaffen. Deshalb sind nicht nur diejenigen, die die Flugzeuge als lebende Kerosinbomben steuerten, zu verurteilen. In gleichem Maß sind auch diejenigen schuldig zu sprechen, die aus einem einseitigen Glaubensverständnis und, wie im Nachhinein deutlich wurde, mit Methoden der Gehirnwäsche zu diesen menschenverachtenden Taten angestiftet haben. Wirklicher und nicht nur vermeintlicher Glaube schützt den Menschen und seine Würde, setzt sich nicht für Gewalt, sondern für friedliche Verhältnisse unter den Menschen ein. Hier liegt eine gemeinsame Aufgabe von Religion und Politik. Beide müssen dafür sorgen, dass Menschenwürde und Menschenrechte Geltung behalten, dass der Rechtsstaat Bürger schützt, dass Toleranz und Akzeptanz der Vielfalt der Kulturen und Lebensweisen das Zusammenleben der Menschen untereinander bestimmt. Diese Einsicht hält der 11. September als wichtige Lehre für uns bereit.

Religiöser Fanatismus

Wir wissen heute klarer als früher um Motive und Sichtweisen der Attentäter. Sie bereiteten ihren Anschlag vor in der geistigen Haltung radikaler Vereinfachung, simplifizierender Zuordnung von Gut und Böse und einer klaren, radikalen Freund-Feind-Identifizierung, die nichts anderes neben sich mehr gelten ließ. Für sie gab es das Feindbild Weltmacht USA und die damit verbundene, negativ beurteilte freiheitlich-pluralistische Lebensweise des Westens. Die selbstverständliche Nutzung aller westlichen technologischen Errungenschaften wurde dabei interessanterweise von den Tätern überhaupt nicht als Widerspruch empfunden. Für sie gab es zugleich das Feindbild Israel. Sie wollten den »Satan USA« für seine Haltung als entscheidende Schutzmacht Israels bestrafen. Der politisch-religiös interpretierte israelisch-palästinensische Konflikt wurde neben der Lebensweise freiheitlicher Gesellschaften der zweite Kristallisationskern antiwestlichen, arabisch-nationalistischen, islamisch-fundamentalistischen Denkens und Handelns.

Die Attentäter handelten aus politisch aufgeladenem religiösem Fanatismus, aus einem fundamentalistisch verstandenen islamischen Glauben heraus. Dieser religiöse Terrorismus islamistisch geprägter Gruppen ist weltweit auf dem Vormarsch und inzwischen dominant geworden. Andere Weltreligionen spielen bei den weltweit agierenden Terrorgruppen eher eine marginale Rolle. Es waren vor allem drei Ereignisse, die dem islamischen Fundamentalismus erheblichen Auftrieb gaben. Zum Ersten war es die schiitisch-islamistische Revolution des Ayatollah Khomeini im Iran (1979), zum Zweiten die Renaissance der so genannten »Muslim-Brüderschaften« in den 70er und 80er Jahren, vor allem in Ägypten, das unter ihren Anschlägen zu leiden hatte, und zum Dritten der Afghanistan-Krieg nach dem Einmarsch der damaligen Sowjetunion (1979), der einen religiös inspirierten Widerstand zur Folge hatte. Vor allem der Krieg in Afghanistan führte zu einer regionalen und transnationalen Vernetzung islamisch-religiöser Terrorgruppen, zu denen auch das 1988 gegründete »Al Quaida«-Terrornetzwerk gehört. Schätzungen zufolge wurden allein in den afghanischen Lagern zwischen 50 000 und 70 000 Kämpfer aus über 55 Ländern ausgebildet. Das gewachsene Zerstörungspotential des religiös-fanatischen Terrorismus wird deshalb für die Zukunft eine Bedrohung bleiben. Die Auseinandersetzung um Motive und handlungsanleitende Ideen der »Glaubensattentäter« und deren politisches, soziales und religiöses Umfeld darf deswegen keine Augenblickserscheinung, sondern muss dauerhafter Natur sein.

Europäische Erfahrungen

Für die Attentäter – das gilt auch für den religiösen Fundamentalismus überhaupt – existiert keine Trennung von Politik und Glauben. Die Konsequenzen waren mörderisch, und sie werden es auch in Zukunft sein.

Die europäische Erfahrung aus den eigenen politischen Glaubenskriegen war und ist bis heute eine andere: Gerade um einen solchen Fundamentalismus und die blutige Auseinandersetzung um die richtige »Wahrheit« zu vermeiden, wurden Staat und Kirche, politische Meinung und Glaube getrennt. Angesichts der Globalisierung, die nicht nur politische und wirtschaftliche, sondern auch kulturelle und religiöse Nähe herstellt, sollte diese europäische Lernerfahrung weltweite Geltungskraft erlangen. Die europäische Erfahrungsgeschichte zur Vermeidung von Religionskriegen, zur Trennung von »Altar und Thron«, zur Bejahung von Menschenrechten, Freiheit, Demokratie und den zivilen Werten humanen Zusammenlebens hat sich über mehrere Jahrhunderte erstreckt. Sie war auch vor Rückschlägen nicht gefeit, wie vor allem die blutige erste Hälfte des 20. Jahrhunderts zeigt. Der Islam hat diese europäische Trennung von Staat und Glaube nicht nachvollzogen. Ihm wird deshalb für seinen Erfahrungsweg in die Moderne mitsamt der dazugehörigen Werte und Normen eine erheblich kürzere Frist abverlangt. Darauf kann und muss man Rücksicht nehmen. Doch auch bei aller Behutsamkeit im Umgang mit unterschiedlichen historischen und religiösen Entwicklungen muss das Beharren auf den Errungenschaften der

Aufklärung, auf der Gültigkeit von Menschenwürde und Menschenrechten, auf der Anerkennung unterschiedlicher Sphären von Staat und Religion bestehen bleiben. Ohne dieses gibt es kein wirkliches Zusammenleben der Menschen auf der Welt.

Reformen im Islam?

Neben dem Erstarken eines orthodoxen Islamismus, orthodoxer Religionsinterpretation und eines weiterhin vorherrschendem Traditionalismus hat die Reflexion auf die europäische Erfahrung inzwischen innerhalb des Islams zu einer Reihe von Reformbestrebungen geführt, die sich bewusst den Herausforderungen der modernen Welt und der pluralistisch verfassten Gesellschaften stellen wollen. Das ist vor allem in Europa spürbar, wo Mitglieder des islamischen Glaubens es nicht nur mit dem Erbe eines durch Christentum und Aufklärung geprägten Europas zu tun haben, sondern sich auch mit den Normen und Anforderungen einer hoch differenzierten Industrie- und Dienstleistungsgesellschaft auseinander setzen müssen. Normen des Islam wie der tradierten Lebensweise und Normen der Arbeitswelt wie der westlichen Gesellschaft stoßen mitunter hart aufeinander. Daher sind in wachsendem Maß zumindest in den nachdenklichen Kreisen Forderungen nach einem eigenen »Euro-Islam« zu vernehmen. Neue Überlegungen über das Verhältnis von Islam und Moderne findet man aber auch in vielen anderen Ländern, die islamisch geprägt sind oder wo Menschen unterschiedlichen Glaubens zusammenleben und sich den Anforderungen der Moderne stellen müssen. Gerade angesichts zunehmender Globalisierung nicht nur der Politik und der Wirtschaft, sondern auch der Kulturen und Religionen wird die Bewährungsprobe eines gelingenden Zusammenlebens unter den ethischen Maximen von Toleranz, Anerkennung der Unterschiedlichkeit sowie des Verstehens und Akzeptierens zu einer überlebenswichtigen Aufgabe. Wer dauerhaftes friedliches Zusammenleben und freie Entfaltung der Bürger – gerade auch religiöse Entfaltung – in der eigenen Gesellschaft wie zwischen den verschiedenen Nationalstaaten und Kulturen will, wer darüber hinaus auch moderne ökonomische Entwicklung zur Steigerung des gesellschaftlichen Wohlstandes anstrebt, der wird stärker als bisher die unterschiedlichen Sphären von Politik und Religion zu beachten haben. Theokratien sind anachronistisch, ja antizivilisatorisch. Der Herrschaft auch noch so weiser Diktatoren und Lenker ist die Herrschaft des zivilen Rechts und der freiheitlichen Demokratie vorzuziehen. Das spricht nicht gegen die Erkenntnis, dass Religion – in welcher Richtung auch immer – zur conditio humana gehört. Aber ebenso grundlegend gehört zu dieser die Ermöglichung von Freiheit – Freiheit der Überzeugung, des Glaubens, der Sichtweisen, der Lebensvorstellungen in all ihrer Pluralität. Toleranz und ihre rechtliche Garantie durch den Staat sowie ihre Verankerung in der politischen Kultur eines Landes gehören deshalb ebenfalls zum zivilisatorischen Minimum.

Religion und Politik

In der Bundesrepublik Deutschland wie in den westlichen Demokratien sind Staat und Kirchen getrennt. Wie weit das gehen muss, ist allerdings umstritten. Dies zeigen Diskussionen beispielsweise in den Vereinigten Staaten von Amerika über das Schulgebet, in Europa über die Frage der Aufnahme eines Gottesbezugs in die Menschenrechtskonvention und die EU-Verfassung, oder bei uns in Deutschland über die Frage des Kruzifixes in den Schulen. Aber eines ist sicher: Unsere Demokratie wäre schlecht beraten, wenn sie unter dem Eindruck des religiös inspirierten fanatischen Terroranschlags Religion und Kirchen ausschließlich in den »privaten Winkel« verbannen würde. Denn eine aufgeklärte, permanent selbst-reflexive Gesellschaft, die die Geltungskraft der Werte und Normen des Zusammenlebens immer wieder neu schaffen und legitimieren muss, braucht dazu auch die Perspektive des »Christenmenschen« und des »christlichen Citoyens«. Glaube und Kirchen erinnern an die Grenzen von Politik und menschlichem Handeln, vermitteln mit dem Glauben auch Werte des Zusammenlebens, gestalten die Konflikt- und Verständigungsprozesse unserer Gesellschaft mit, bieten mit der christlichen Soziallehre Wertegrundlagen gegenüber einer rein ökonomisch verstandenen Marktgesellschaft, bringen in Diakonie und Caritas ihre Sozialkompetenz ein, schaffen über Gemeinden Gemeinschaft und Bindungsfähigkeit.

In dieser Weise sind die Kirchen unverzichtbare Einrichtungen der Zivilgesellschaft geworden, ohne darin aufzugehen. Sie bringen die Perspektiven christlicher Verantwortung in die politischen, wirtschaftlichen und gesellschaftlichen Auseinandersetzungen mit ein. Sie erinnern uns daran, dass die Politik einerseits zivilisierter Umgang mit Macht ist, andererseits die elementare Aufgabe besitzt, Menschenwürde und Menschenrechte zu schützen. Umgekehrt hat die Politik darauf zu achten, dass bei den Glaubensgemeinschaften an den fundamentalen Menschenrechten als Bezugspunkt religiösen Handelns in der Welt festgehalten wird. Darüber hinaus hat die Politik auch eine inhaltliche Gestaltungsaufgabe inne, die sich auf die Mehrheit der Wähler stützt, aber auch die unterschiedlichen Minderheiten zu berücksichtigen hat.

Anwaltschaft für den Menschen

In diesem Sinn muss der Staat in seiner eigenen Sphäre und gemäß den politischen Grundsätzen sowie den Spielregeln handeln. Er muss auf die Kirchen, wie in Kapitel III dargelegt, hören, kann ihnen aber häufig nicht in allem folgen. Die Politik muss, das gehört zu ihrer genuinen Pflicht, die unterschiedlichen Sichtweisen einer pluralistischen Gesellschaft aufnehmen und verarbeiten. Sie muss auch für einen verträglichen Umgang der aus dem jeweiligen Glauben resultierenden, unterschiedlichen Lebensweisen sorgen. Dies ist die humane Anwaltschaft der Politik für die Bürgerinnen und Bürger, die sie durch Wahlen dazu beauftragen und legitimieren.

In dieser Anwaltschaft für den Menschen stimmen christliche Religion und Politik überein. Die aus dem Glauben resultierende Anwaltschaft für den Menschen macht die Kirchen wichtig für unsere zivilgesellschaftliche Demokratie. Dieser dem Menschen zugewandte Ansatz des christlichen Glaubens wird deutlich in dem Satz: »Du bist in deiner Freiheit gewollt und darfst liebend von ihr Gebrauch machen« – so heißt es in der Schrift zur »bildenden Kraft des Religionsunterrichts« der Deutschen Bischofskonferenz. Das führt zur »Anerkennung des Anderen aus der eigenen Mitte, der eigenen Konfession heraus« und dazu, grundsätzlich »vertrauen zu können, weil der Mensch von Gott bejaht, geliebt und getragen ist«.

Was hier in Hinblick auf die christliche Kirche und das Christentum gesagt ist, sollte auch für alle Religionsgemeinschaften schlechthin gelten: die liebende Annahme des Menschen schlechthin, das gegenseitige Vertrauen, der humane Auftrag. Dazu gehört auch eine Standortbestimmung des Glaubens in der Moderne und in der Auseinandersetzung mit ihr. Für den Islam beispielsweise steht heute die »Entwirrung des Religiösen und des Politischen« auf der Reformagenda, sowohl um des politischen Friedens wie um des Glaubens willen: »Für die Muslime wie für die Anhänger aller anderen Religionen geht es heute darum, Geschichte, Recht und Staat zu entsakralisieren, wie umgekehrt die Religion von allem Juridischen freizumachen«, so der tunesische Rechtswissenschaftler Mohamed Charfi.

Das ethische Minimum des Zusammenlebens

Die schrecklichen terroristischen Ereignisse waren ein Anlass für eine außerordentliche Diskussion, vor allem in Europa, über die Grundsätze des gesellschaftlichen, politischen und religiösen Zusammenlebens. Gefordert wird als ethisches Minimum eines solchen Miteinander,

- dass Glaubensgemeinschaften den Glauben mit Menschenwürde und Menschenrechten verbinden,
- dass nicht ein monistischer, theokratischer »Gottesstaat« bezweckt, sondern die Trennung der Sphären von Staat und Religion um der Freiheit und um des eigenen Glaubens willen akzeptiert wird,
- dass die Anerkennung anderer Glaubensweisen in Achtung und Toleranz geschieht und Verstehen wie Verständigung angestrebt wird,
- dass bei allen Unterschieden das den Weltreligionen Gemeinsame gesucht und gegen den Missbrauch des Glaubens beispielsweise zu terroristischen Zwecken aktiv angegangen wird.

Dies hatte im Übrigen auch Huntington im Blick, der nicht nur auf die Gefahren eines möglichen »clash of civilizations« aufmerksam gemacht hat, sondern der auch beschrieb, was zu dessen Verhinderung notwendig ist. Er fordert erstens machtpolitisch-militärische Enthaltsamkeit bei Konflikten in anderen Kulturen, zweitens das Primat der gemeinsamen Vermittlung durch Verhandlungen zur Eindämmung oder Beendigung von Konflikten, und drittens die grundsätzliche Suche nach Gemeinsamkeiten der Kulturen als Grundlage für ein friedliches Auskommen der Kulturen miteinander – statt eines »bellum omnium contra omnes« in der Hobbes´schen Tradition vielmehr ein »pax omnium inter omnes«. »Menschen in allen Kulturen sollten«, so Huntington, »nach Werten, Institutionen und Praktiken suchen und diese auszuweiten trachten, die sie mit Menschen anderer Kulturen gemeinsam haben. Dieses Bemühen würde dazu beitragen, nicht nur den Kampf der Kulturen zu begrenzen, sondern auch Zivilisation im Singular, das heißt Zivilisiertheit zu stärken«. Nicht der Kampf, sondern der Dialog der Kulturen ist also das Gebot der nächsten Jahre und Jahrzehnte. Es geht um die Verständigung auf die zivilisierten Normen des weltweiten Zusammenlebens. Das setzt voraus, dass sich die Religionen aktiver um die fundamentalistischen Richtungen innerhalb ihres Glaubens kümmern müssen. Mehr Zivilisiertheit würde allen zugute kommen.

Weltethos

In einer solchen Perspektive hat auch das von dem Theologen Hans Küng ins Lebens gerufene »Projekt Weltethos« nach dem Gemeinsamen aller Religionen gefragt. Dabei geht es nicht um eine Einheitsreligion oder eine Einheitsideologie für die sich zusammenfügende Weltgesellschaft, sondern um die Suche nach verbindenden Werten und Normen, Zielen und Erfahrungen. Bei aller Unterschiedlichkeit gibt es in den großen Weltreligionen einen kleinen, aber grundsätzlichen Kanon gemeinsamer Wertevorstellungen. Dazu gehört der Grundsatz: »Jeder Mensch soll menschlich behandelt werden«, aber auch die so genannte »Goldene Regel«, wie sie Konfuzius formuliert hat: »Was du selbst nicht wünschst, das tue auch nicht anderen Menschen an.« Dieser Kanon gemeinsamer Vorstellungen menschlichen Umgangs miteinander kann nicht nur Ausgangspunkt eines fruchtbaren Dialogs zwischen den Weltreligionen als Teil der Weltkulturen sein. An ihm kann auch der

Dialog über die »human rights« und die unumgänglichen zivilisatorischen Standards ansetzen.

Sensibilisierung für Menschenrechte

Aufgabe der Zukunft ist es, mehr denn je Achtung und Geltung von Menschenrechten zu unterstützen, und zwar weltweit. In den letzten Jahrzehnten hat eine, so der Jurist Martin Kriele, »demokratische Weltrevolution« stattgefunden. Immer mehr Staaten bekennen sich zu Demokratie und einer verfassungsrechtlich gebundenen, freiheitlichen politischen Ordnung. Andererseits ist dieses Bekenntnis allzu oft nur formal, oder aber zu den institutionellen Strukturen fehlt die sie stützende politische Kultur.

Notwendiger denn je ist ein weltweites Grundverständnis für die elementare Bedeutung der Menschenrechte. Dieses könnte mit dem notwendigen Aufbau einer freiheitlichen, gerechten Weltordnung korrespondieren. Mit der Globalisierung, die das gegenseitige Angewiesensein immer deutlicher zu Tage treten lässt, nicht zuletzt auch durch die Ereignisse des 11. September, ist die Sensibilität für die elementaren Rechte des Menschen sicher größer geworden. Dass diese als Fundament menschlichen Zusammenlebens in der »einen Welt« immer mehr anerkannt werden, ist ein beträchtlicher historischer Fortschritt. Aber nach wie vor klafft zwischen Bekenntnis und Umsetzung in konkretes Handeln vielerorts eine große Lücke, wie die Jahresberichte beispielsweise von »amnesty international« und anderen Menschenrechtsorganisationen beweisen. Weltweit werden schwerste Menschenrechtsverletzungen verübt, nach wie vor werden vielen – und dabei zunehmend Frauen und Kindern – elementare Rechte vorenthalten, wird weltweit gefoltert und gemordet. Der tägliche Blick in die Zeitungen zeigt: Christen wie auch Angehörige islamischen oder hinduistischen Glaubens sind in anderen bestimmten Ländern nach wie vor schwerem Leid und Verfolgungsdruck ausgesetzt. Verfolgungen von Menschen, die sich politisch oder aus Glaubensgründen für ihre Rechte einsetzen, halten unvermindert an. Weil noch immer den Worten zu wenig Taten folgen, bleibt der Einsatz für Menschenrechte in allen Staaten der Welt mühselig und oft voller Gefahren. Aber die Verwirklichung der Menschenrechte muss oberstes Ziel und vorrangige Aufgabe einer zusammenwachsenden Welt sein. Notwendig bleibt deswegen auch weiterhin das Nachdenken über die konkrete Umsetzung der universalen Grundsätze der Menschenrechte wie der zivilen Werte und Normen, die als Ureigenes die Menschen überall auf der Welt miteinander verbinden.

Traditionell ist die Sicherung der Menschenrechte eine Aufgabe der Politik und der politischen Verfassung der einzelnen Länder. Im Weltmaßstab stehen dafür die Menschenrechtserklärung und die beiden späteren Menschenrechtspakte der Vereinten Nationen. Zwar haben diese viele Staaten unterschrieben. Man muss aber feststellen: Bei den Bemühungen um deren Umsetzung in die politische und exekutive Praxis, in die jeweilige kulturelle Sphäre oder in die eigene Religion werden sie leider immer noch zu stark relativiert.

So kennt beispielsweise der traditionelle Islam die Religionsfreiheit vor allem in dem Sinn, sich zum Islam zu bekehren, aber nicht, sich einer anderen Glaubensrichtung zuzuwenden. Man kann das beispielsweise überprüfen an der islamischen Menschenrechtserklärung der Organisation der Islamischen Konferenz (Kairo). Sie enthält Elemente »pragmatischer Humanität« mit einem entsprechenden Entfaltungsraum im alltäglichen Leben. Aber andererseits wird die Freiheit der individuellen Religionswahl und die friedliche Mission anderer Glaubensrichtungen negiert, wenn es dort in Artikel 10 heißt: »Der Islam ist die Religion der reinen Wesensart. Es ist verboten, irgendeine Art von Druck auf einen Menschen auszuüben oder seine Armut oder Unwissenheit auszunutzen, um ihn zu einer anderen Religion oder zum Atheismus zu bekehren.« Oder wenn, wie in der »Allgemeinen islamischen Menschenrechterklärung« des Islamrats für Europa, die Religionsfreiheit nur im Rahmen einer höheren Ordnung der islamischen Scharia anerkannt wird: »Jeder kann denken, glauben oder zum Ausdruck bringen, was er glaubt (...), solange er innerhalb der allgemeinen Grenzen, die die Scharia vorschreibt, bleibt.«

Islam und Demokratie

Gegenüber solchen relativierenden und einschränkenden Sichtweisen war es deshalb ein durchaus ermutigendes Zeichen, dass sich der Zentralrat der Muslime in Deutschland im Nachgang zum religiösen Dialog seit dem 11. September in einer Grundsatzerklärung ausdrücklich zu den Menschenrechten, zur religiösen Wahlfreiheit und zu den Grundsätzen des Grundgesetzes im Sinne der rechtsstaatlichen und demokratischen Grundordnung der Bundesrepublik Deutschland bekannt hat. Für viele Mitglieder des islamischen Glaubens in unserem Land ist das bereits selbstverständlich geworden. Für andere wiederum mag diese Grundsatzerklärung ein Anstoß sein, sich mit dem Verhältnis des islamischen Glaubens zur freiheitlichen Verfassung, rechtsstaatlichen Ordnung und parlamentarischen Demokratie auseinander zu setzen.

Es kommt jetzt darauf an, dass diese Erklärung Richtschnur für die gelebte Praxis in unserer Gesellschaft wird, gerade auch für die fundamentalistischen Islam-Anhänger. So hatte der in Köln lebende Anführer des inzwischen verbotenen islamistischen »Mini-Staats«, »Kalif« Metin Kaplan, verkündet: »Islam und Demokratie werden niemals miteinander vereinbar sein. Wenn wir an die Macht kommen, werden wir das Parlament zerstören und niederbrennen und die Asche im Meer verstreuen.« Kaplan stützt sich dabei auf eine Strömung im Islam, die die Schwäche des Islam auf die »Korrumpierbarkeit« durch die Moderne und die parlamentarische Demokratie zurückführt. So heißt es bei einem der wichtigen Autoren des modernen Islamismus, dem Inder Abu Ala al-Maududi: »Als Muslim glaube ich nicht an die Idee einer ›Regierung des Volkes durch das Volk und für das Volk‹. Stattdessen glaube ich an die Souveränität Gottes ... Selbst in Bagatellangelegenheiten kann es keine Übereinstimmung zwischen Islam und Demokratie geben ... Dort, wo das politische System der Demokratie und des säkularen Nationalismus dominiert, gibt es keinen Islam. Dort, wo der Islam vorherrrscht, darf es jenes System nicht geben.« Maududis radikale Absage an die freiheitliche Demokratie und Gesellschaft kann man fast wortgleich bei anderen Islamistengruppen hören. Vom »demokratischen Gift« sprechen Anführer der »Islamistischen Heilsfront« (FIS) in Algerien, aber auch der Hamas, der Hisbollah oder der ägyptischen Islamisten. Solchen Geisteshaltungen, die totalitären Ideologien nahe stehen und terroristische Taten zu rechtfertigen suchen, muss nicht nur in Deutschland entschieden entgegengetreten werden, um die Freiheit aller zu wahren. Das bedeutet auch: Eine religiös begründete Sonderrechtsordnung außerhalb unseres Grundgesetzes darf es nicht geben.

Umgekehrt dürfen die Taten politisch radikalisierter islamistischer Fundamentalisten nicht zum »clash of religions« und zu einem neuen »Feindbild Islam« führen. Gerade Demokratien sollten der allzu menschlichen Neigung, die Welt in Gut und Böse aufzuteilen, entgegentreten. Nicht nur aktuelle Umfragen zeigen eines ganz deutlich: Menschen aller Religionen wissen viel zu wenig voneinander. Die Unkenntnis über Inhalte, ethische Maßstäbe und gelebte Formen des jeweiligen Glaubens sind groß. Dieses Unwissen über andere Religionen, gerade auch über den Islam und seine vielfältigen Strömungen, ist auch für uns in Deutschland ein Nährboden, aus dem Fehlinformationen, Vorurteile, simple Schuldzuschreibungen und Feindbilder erwachsen. Aus diesem Grund sollte es uns um einen kritischen Dialog der Kulturen und Religionen ohne einen verzerrten Blick aufeinander gehen. Wir müssen sehen, dass der Islam nicht nur mit 1,5 Milliarden Anhängern die führende Religion der Welt ist, sondern auch, dass er viele Gesichter hat und durch ein breites Spektrum unterschiedlicher Richtungen gekennzeichnet ist. Es ist deshalb dringlich, sowohl den politisch-religiösen Dialog wie denjenigen zwischen Christen und Anhängern des islamischen Glaubens auszubauen und zu fördern. Ob dies gelingt – und es gibt sowohl ermutigende wie skeptisch stimmende Entwicklungen –, hängt entscheidend vom Willen aller Beteiligten ab.

Sicherheit, soziale Frage und Gerechtigkeit

Die Ereignisse des 11. September führen nicht nur zum Nachdenken über neue weltweite Bedrohungslagen und die Rolle von Kirchen und Religion in Krisensituationen. Sie machen unmissverständlich deutlich, dass »Weltinnenpolitik« und das Hinarbeiten auf eine globale Ordnung, die zivilisiertes, freiheitliches und friedliches Zusammenleben in der »einen Welt« ermöglicht, zu einer wirklichen Hauptaufgabe für die Menschen geworden sind.

Der Einsatz militärischer Gewalt gegen die terroristische Bedrohung war notwendig und bleibt es vermutlich noch eine lange Zeit. Gleichwohl darf der Nährboden nicht aus dem Blick verloren, auf dem terroristische Gewalt mit fanatisch-religiösem Hintergrund entsteht. Die Täter des 11. September stammen vornehmlich aus gebildeten und begüterten Schichten in ihren islamischen Ländern. Aber viele Anhänger Osama bin Ladens gehören den Armutsschichten der arabischen und asiatischen Welt an. Die »globale soziale Frage« ist deshalb nicht zu trennen von der globalen Sicherheitsfrage. Eine »Internationale Soziale Marktwirtschaft«, die wirtschaftliche Entwicklung und sozialen Ausgleich fördert, wird immer wichtiger. Ebenso brauchen wir verstärkte Anstrengungen für »global governance«, für eine globale Ordnung mit einander verbindenden rechtlichen Vereinbarungen und Sicherheitsvorkehrungen. Es geht in Zukunft, darauf haben die beiden christlichen Kirchen in Deutschland in einem gemeinsamen Wort nachdrücklich hingewiesen, weniger um einen »gerechten Krieg« als um einen dauerhaften »gerechten Frieden« als sozialethische Perspektive unseres politischen Handelns.

Dazu gehört, die ungerechte Wohlstandsverteilung zwischen den Menschen auf der gemeinsamen Erde nicht als naturgegeben hinzunehmen, sondern aktive Unterstützung für die Entwicklungsländer zu leisten (wie im Kapitel VII aufgezeigt). Mehr noch als für die Schwellenländer gilt das für die Armutszonen der Dritten Welt. Die Schere zwischen den reichen Industrienationen und den ärmeren Entwicklungsländern ist bisher immer weiter aufgegangen. Die Globalisierung soll aber nicht nur den Wohlstand der reichen Industriestaaten, sondern auch und gerade den der Entwicklungsländer steigern. Globalisierung ohne weltweite Gerechtigkeit wird auf Dauer scheitern. Wirksame Hilfe zur Selbsthilfe in wirtschaftlicher und gesellschaftlicher Hinsicht bleibt also gerade jetzt das Gebot politischen und ökonomischen Handelns der westlichen Welt.

Dazu gehört auch die Aufforderung zum nachhaltigen Wirken in Hinblick auf den ökologischen Zustand der gemeinsam bewohnten Welt. Wirtschaftliches Wachstum ist wichtig, reicht aber nicht aus. Christliche Schöpfungsverantwortung führt zur »Nachhaltigkeit« als ethischer Leitmaxime für eine ökonomisch und ökologisch tragfähige Zukunftsgestaltung.

Auch wenn wir noch keine Blaupause für die neue Weltordnung, für eine globale Ordnung der Freiheit und des Rechts besitzen, so ist es doch unsere Aufgabe im Dienst für ein friedliches und gerechtes Zusammenleben der Menschen, uns »auch im Rahmen einer gewaltbewehrten Friedensordnung für jenes Mehr an Gewaltlosigkeit, Gerechtigkeit und Versöhnung einzusetzen (...), wo und wann immer dies möglich ist. (...) Dabei ist es eine Solidaritätspflicht der Bessergestellten, die Ärmeren an ihrem Wohlstand teilhaben zu lassen (...), damit sie ihr Potential zu einer eigenständigen Entwicklung nutzen« können, so die deutschen Bischöfe in ihrem Wort »Gerechter Friede«.

Der Einsatz für eine Welt in Frieden, Freiheit und Gerechtigkeit ist ebenso unersetzbar wie der interkulturelle und interreligiöse Dialog mit dem Ziel gemeinsamen Verstehens und Verständigens. Wichtig für die Zukunft ist, dass die Einsicht wächst, die Generalsekretär Kofi Annan für die Vereinten Nationen in die Worte gefasst hat: »Es gibt eine Reihe von Werten, die die Menschheit miteinander teilt. Die Vereinten Nationen wurden aus dieser Überzeugung gegründet, dass Dialog über Streit obsiegen kann und dass die Völker weit mehr durch ihr gemeinsames Schicksal geeint als durch unterschiedliche Identitäten gespalten sind.«

Freiheit, Friede und Gerechtigkeit bilden die Grundlage für alle Kulturen. Es ist unsere Aufgabe, die Abwehr von Terrorismus und Fundamentalismus mit dem Bau von Brücken der Verständigung und der Vertrauensbildung zu verbinden. Beides bedarf unserer Förderung: der Dialog der Religionen und Kulturen auf der Basis universeller Menschenrechte und die Durchsetzung der Normen zivilen Zusammenlebens auf der Basis eines »gerechten Friedens«. Darin die Anwaltschaft für die Menschheit zu übernehmen bedeutet notwendige Arbeit am Fortschritt der Humanität in der uns aufgegebenen »einen Welt«. Wir sind es nicht zuletzt den Opfern vom 11. September schuldig.

IX. Kapitel

Die politischen Institutionen in Deutschland – Motor für Reformen oder selbst reformbedürftig?

An der Fähigkeit des politischen Systems in Deutschland, in angemessener Zeit zu den richtigen politischen Entscheidungen zu kommen, werden zunehmend Zweifel laut. So ist der Ruf nach der großen Koalition im Bund nichts anderes als Ausdruck des weit verbreiteten Wunsches, nun mögen sich doch endlich alle verantwortlichen politischen Kräfte an einen Tisch setzen und die Probleme gemeinsam lösen. Damit wird der bis auf die wenigen Jahre zwischen 1966 und 1969 auf der Bundesebene bestehende Entscheidungsmechanismus einer Koalitionsregierung zwischen einer der beiden großen Volksparteien und einem kleineren Partner offensichtlich als ungeeignet angesehen, zu den als notwendig erachteten Entscheidungen zu gelangen. Diese Einschätzung wird durch die Tatsache bestätigt, dass die Wähler in den vergangenen 50 Jahren nur selten eine gleichgerichtete Mehrheit in Bundestag und Bundesrat über einen längeren Zeitraum zugelassen haben.

Ich halte die pauschale Kritik an unserem politischen System für falsch. Und doch ist der Reformbedarf unübersehbar.

Koalitionsregierungen, bestehend aus einem größeren und einem kleineren Partner, haben in Deutschland bisher viel erreicht. Die Westbindung der Bundesrepublik Deutschland, die Aufstellung der Bundeswehr und ihre Integration in das Verteidigungsbündnis der NATO, die Einführung der Sozialen Marktwirtschaft, die Nachrüstung zu Beginn der 80er Jahre –

alle diese Entscheidungen wären in einer großen Koalition mit der SPD nicht möglich gewesen. Dieses Land hätte eine andere, deutlich schlechtere Entwicklung genommen, wenn sich die Union nicht immer wieder gegen die Opposition der SPD, ja sogar gegen den anfänglichen Widerstand einer Mehrheit der Bevölkerung, mit diesen sich als richtig erwiesenen Entscheidungen durchgesetzt hätte. Ebenso ist richtig, dass die Ostpolitik der 70er Jahre nur in der sozial-liberalen Koalition durchsetzbar war. Sie wurde auf Betreiben der Unionsfraktion und der bayerischen Staatsregierung allerdings in wesentlichen Teilen durch das Bundesverfassungsgericht korrigiert. Nur so konnte der Weg zur deutschen Einheit offen gehalten werden. Die Bilanz der Koalitionsregierungen fällt also gar nicht so schlecht aus.

Dazu steht nicht im Widerspruch, dass die Zustimmung zum politischen System der Bundesrepublik Deutschland und zu einigen zunächst unpopulären Einzelentscheidungen von Beginn an bis heute immer nur mit einem kontinuierlichen Zuwachs des Sozialprodukts erzielt, man könnte auch sagen: »erkauft«, werden konnte. Die bemerkenswerte politische Stabilität im Gesellschaftssystem der Bundesrepublik Deutschland war insbesondere auf die verlässliche Zunahme des allgemeinen Wohlstands des Landes gegründet. Der eigentliche Belastungstest, ob uns nämlich die Zustimmung zum politischen System und zum politischen Personal des Landes auch dann erhalten bleibt, wenn die Verteilungsspielräume nicht nur kleiner werden, sondern auf mehr oder weniger lange Zeit verschwinden, steht uns noch bevor.

Die Form des von der SPD im Jahr 1998 geführten Bundestagswahlkampfes bestätigt diese Einschätzung insofern, als die Sozialdemokraten und insbesondere ihr Kanzlerkandidat in der Lage waren, eine doch als aufgeklärt geltende Bevölkerung nicht nur mit uneinlösbaren Versprechungen, sondern mit einigen wenigen inhaltsleeren Worthülsen für den Wechsel zu begeistern. Eine Grundstimmung für den Wechsel war ohne Zweifel vorhanden und hätte uns auch ohne Helmut Kohl erfasst. Die SPD aber konnte die Wahl gewinnen, weil sie – vermutlich für lange Zeit ein letztes Mal – die Mehrheit der Bevölkerung mit unhaltbaren Glücksverheißungen für sich einnehmen konnte. »Innovation und Gerechtigkeit« – die Ankündigung allein genügte für den Wahlsieg, ohne dass auch nur einer der vielen deutschen Intellektuellen kritisch hinterfragt hätte, wie denn im Zeitalter der Globalisierung Innovation und soziale Gerechtigkeit ausgestaltet sein müssten. Die harte Wirklichkeit holte die rot-grüne Koalition dafür umso schneller ein. Die tiefe Enttäuschung und Verbitterung des im September 1998 gewonnenen Wählerklientels stürzte die SPD und mit ihr die Bündnisgrünen in eine nach Bundestagswahlen bisher nie gekannte Vertrauenskrise. Schneller als von irgend jemand erwartet errang die Union über den Bundesrat nach den Wahlen in Hessen, dem Saarland und Thüringen wieder ein Mitspracherecht, nach Sachsen-Anhalt die Mehrheit.

Also wieder unüberwindbare Barrieren zwischen Bundestag und Bundesrat, zwischen Mehrheit im Bundestag und gegenläufiger Mehrheit im Bundesrat?

Neuordnung des Föderalismus

Erst die Zeit nach der Bundestagswahl 2002 kann darauf eine Antwort geben. Die rot-grüne Koalition hatte zu Beginn der Wahlperiode die Einrichtung einer Föderalismus-Kommission erwogen. Daraus ist ebenso wenig geworden wie aus der Vereinbarung, in der Wahlperiode bis Ende 2002 eine kommunale Finanzverfassungsreform zu verabschieden. Zu Letzterem hat die rot-grüne Koalition erst gegen Ende der Legislaturperiode eine Kommission eingesetzt.

Nach der Bundestagswahl 2002 könnte die Union im Bundestag und im Bundesrat für längere Zeit mit der FDP eine Mehrheit haben. Diese Zeit sollte genutzt werden, um Beratungen über die Zukunft des Föderalismus und eine neue Aufgabenverteilung zwischen Bund und Ländern zu führen. Wir brauchen eine stärkere Entflechtung der Zuständigkeiten von Bund und Ländern. Die Länder müssen mehr Eigenständigkeit erhalten, der Bund muss mehr Entscheidungen treffen können ohne Zustimmung des Bundesrates. Dazu bedarf es der Überprüfung der Kompetenzverteilung nach dem Grundgesetz. Das Subsidiaritätsprinzip, das ich als wichtigstes Organisationsprinzip unserer gesellschaftlichen Ordnung ansehe, macht eine Delegation von Verantwortung »nach unten« dringend notwendig. Der Bund hat in den letzten Jahrzehnten kontinuierlich Kompetenzen an sich gezogen, die früher den Ländern und den Gemeinden zustanden. Über Rahmengesetzgebung im Dienstrecht der Länder, im Hochschulwesen, im Presserecht, im Naturschutz, in der Raumordnung, im Wasserrecht, im Meldewesen und anderem mehr nimmt der Bund immer mehr Zuständigkeiten wahr, die die Länder und Kommunen auch ohne sein Dazutun zufriedenstellend regeln würden. Wer Bürokratie abbauen will, muss Doppelzuständigkeiten beseitigen! Wenn wir Wettbewerb in der Bildungspolitik wollen, kann der Bund eigentlich auf die Hochschulgesetzgebung verzichten.

Auflösung des »Großen Finanzverbundes«

Die Folge einer solchen Trennung von Aufgaben müsste die Auflösung des großen Finanzverbundes sein. Dieses gefeierte Kind der großen Koalition von 1968 trägt die Hauptverantwortung dafür, dass Aufgaben-, Einnahmen- und Ausgabenverantwortung nur noch in den wenigsten Fällen in einer Hand liegen. Mehr als vier Fünftel der Steuereinnahmen werden von den Ländern eingenommen und anschließend in einem System, das inzwischen niemand mehr richtig versteht, zwischen Bund, Ländern und Gemeinden aufgeteilt. Politische Verantwortung lässt sich in einem solchen System nicht mehr zuordnen. Es kommen die ebenfalls in der großen Koalition erdachten Gemeinschaftsaufgaben hinzu, die Bund und Länder gemeinsam finanzieren: der Hochschulbau, die Verbesserung der regionalen Wirtschaftsstruktur, die Verbesserung der Agrarstruktur und des Küstenschutzes. Eine riesige Bürokratie in Bund und Ländern befasst sich mit der Verwaltung der Gemeinschaftsaufgaben. Alle Verwaltungseinheiten werden doppelt und dreifach vorgehalten, niemand kann mehr Verantwortung zuordnen. Unser föderales Finanzsystem ist zur Organisation der Verantwortungslosigkeit verkommen.

Der Weg heraus aus dieser Lage führt über die Wiederherstellung eines Trennsystems auf der Einnahmenseite der Steuern. Die großen Steuerarten müssen, wenn eben möglich, wieder Bund und Ländern getrennt zugeordnet werden: die Umsatzsteuer dem Bund, die Einkommens- und Körperschaftssteuer den Ländern. Diese Zuordnung könnte auch Spielraum geben für eine kommunale Einkommenssteuer anstelle der nicht mehr rettungsfähigen Gewerbesteuer. Aber wichtig bleibt: Erst muss eine neue Aufgabenverteilung zwischen Bund, Ländern und Gemeinden vereinbart sein, dann kann die Neuverteilung der Steuern folgen.

Mehrheitswahlrecht und verkleinertes Parlament

Die Unzufriedenheit mit der Politik und dem politischen Personal in Deutschland hat etwas Notorisches an sich. Es ist ebenso schön wie einfach, sich über »die Politiker« zu erregen, und ihnen gleichzeitig den Vorwurf unzulässiger Vereinfachung zu machen, wenn die Politiker ihrerseits kritisch über »die Beamten«, »die Lehrer«, »die Unternehmer« reden. Wir alle sollten es uns nicht ganz so bequem machen. In jeder Berufsgruppe gibt es außergewöhnlich engagierte, vorbildlich pflichtbewusste Vertreter. Ebenso gibt es Menschen mit Fehlern, und es gibt – in einer kleinen Minderheit – Versager und charakterlich Ungeeignete. Letztere dürfen – insbesondere in der Politik – nicht zum bestimmenden Bild in der Öffentlichkeit werden. Hier tragen die Medien ein besonders hohes Maß an Verantwortung. Ich habe in gut 13 Jahren parlamentarischer Tätigkeit im Europäischen Parlament und im Deutschen Bundestag viele herausragende Persönlichkeiten kennengelernt, die vor allem von einem Motiv geprägt und bestimmt sind: unserem Land und dem Volk im besten Sinne des Wortes zu dienen.

Und trotzdem steht das parlamentarische System der Bundesrepublik Deutschland immer wieder auf dem Prüfstand. Im Zuge der deutschen Einheit ist nicht nur die Finanzverfassung unberührt geblieben. Auch die Bestimmungen zur Zusammensetzung des Parlaments und zum Wahlrecht sind auf die neuen Bundesländer im Wesentlichen unverändert übertragen worden. Die Wahlkreise in den neuen Ländern hatten dabei im Durchschnitt weniger Einwohner als in den alten Ländern, mit der Folge, dass die Zahl der Abgeordneten des Deutschen Bundestages von 496 in der alten Bundesrepublik auf 656 überproportional angestiegen ist. Durch eine größere Zahl von Überhangmandaten wuchs die Zahl der Abgeordneten in der 14. Legislaturperiode sogar auf 667 an. Damit hat Deutschland – ungeachtet der 16 Landtage mit noch einmal etwa 2000 Abgeordneten – eines der größten Parlamente aller vergleichbaren Demokratien auf der Welt. Die ungebrochene Kritik an dieser Größe scheint mir durchaus gerechtfertigt zu sein.

Wie kann also der Deutsche Bundestag auf eine wirklich arbeitsfähige Größe reduziert werden? Wie kann dabei die unverzichtbare Aufgabe gelöst werden, dem einzelnen Abgeordneten mehr Einfluss und persönliche Verantwortung zu übertragen?

Zunächst ist im Zuge der Verhandlungen des Einheitsvertrages im Jahr 1990 verpasst worden, die Zahl der Direktmandate zu erhöhen, die erreicht werden muss, damit eine Partei auch mit weniger als 5% der Stimmen in den Bundestag gelangt. Diese Zahl liegt bis heute unverändert bei drei Direktmandaten. Auch nach der Rechtsprechung des Bundesverfassungsgerichtes wäre es 1990 ohne weiteres möglich gewesen, die Zahl auf vier oder auf fünf zu erhöhen. Bei dieser Schwelle wäre die PDS 1994 nur mit den drei direkt gewählten Wahlkreisabgeordneten, aber nicht mehr als parlamentarische Gruppe in den Bundestag zurückgekehrt.

Das eigentliche Problem eines zu großen Parlaments wäre damit freilich nicht gelöst gewesen. Deshalb wird es ab der Wahlperiode 2002-2006 ein verkleinertes Parlament geben, das nur noch 598 Abgeordnete umfasst. Da die Hälfte der Abgeordneten nach unserem Wahlrecht in Wahlkreisen direkt gewählt wird, verringert sich die Zahl der Wahlkreise von 328 auf 299.

Damit ist nach meiner Überzeugung die Grenze einer möglichen Verkleinerung des Bundestages bei fortbestehendem Wahlrecht erreicht. Die Wahlkreise umfassen jetzt etwa 250 000 bis 300 000 Einwohner. In den ländlichen Räumen sind dies Flächenwahlkreise von beachtlicher Ausdehnung, einzelne Wahlkreise haben die Größe des Saarlandes. Da ich selbst einen solchen Wahlkreis seit 1994 im Deutschen Bundestag vertrete, weiß ich die Arbeitsbelastung in solchen Wahlkreisen einzuschätzen. Erstrecken sich die Wahlkreise über mehrere Verwaltungskreise, sind sie aus Teilen von Städten und Nachbarstädten zusammengesetzt, oder kommen gar besondere strukturelle Probleme hinzu, dann können die Wahlkreise nicht weiter vergrößert werden. Damit scheidet auch eine weitere Verkleinerung des Bundestages aus, es sei denn, das Verhältnis von Wahlkreisabgeordneten und Listenmandaten würde neu bestimmt.

Eine sehr einfache Lösung böte das Mehrheitswahlrecht. Mit dem Mehrheitswahlrecht, so wie es etwa in England, Frankreich und Amerika praktiziert wird, kommen nur direkt gewählte Abgeordnete in das Parlament. Es gibt schon mit 40% Anteil am Gesamtaufkommen der Stimmen klare Mehrheiten im Parlament. Regierungswechsel können schnell vollzogen werden. Koalitionsverhandlungen sind in der Regel überflüssig, da nur zwei große Parteien den Sprung in die Parlamente schaffen, die ihrerseits Volksparteien sein müssen, um in diesen Größenordnungen Wahlen zu gewinnen. Regierungswechsel geschehen mit dem Mehrheitswahlrecht zudem häufiger. 1998 fand in Deutschland der erste vollständige Regierungswechsel durch Wahlen seit 1949 statt.

Aber die deutsche Seele mag den raschen Wechsel und die klare Entscheidung weniger als das austarierte Maß in der Mitte. Koalitionsregierungen entsprechen eher dem Gefühl für begrenzte Macht in Parlament und Regierung. Erst wenn beispielsweise rechtsradikale Parteien den Sprung in den Bundestag schaffen würden, dürfte sich eine Diskussion über das Wahlrecht führen lassen. Es müssten zudem die Hälfte der Abgeordneten bereit sein, ihr Mandat in Frage zu stellen. So sehr ich persönlich Sympathie für das Mehrheitswahlrecht habe: In Deutschland ist die Zeit – noch – nicht gekommen.

Also straffen wir die Arbeit der Parlamente weiter, geben wir den Ländern und Gemeinden neue Verantwortung, lassen wir mehr Bürger teilhaben an der politischen Diskussion in unserem Land. Im Kern hat sich der Bestand der Institutionen und die demokratische Ordnung unseres Landes bewährt. Der Blick in andere Länder zeigt auch: Wir leben in einem der modernsten Länder der Welt und haben die freiheitlichste Verfassung, die es je auf deutschem Boden gegeben hat. Sie ist nie vollkommen, aber gewiss auch fähig, die Herausforderungen der Zukunft zu bestehen.

X. Kapitel

Die Neuordnung des Politischen

Am Beginn des 21. Jahrhunderts steht unsere Demokratie vor großen Herausforderungen. Vor dem Hintergrund wirtschaftlicher, gesellschaftlicher und sicherheitspolitischer Veränderungen, aber auch der neuen Gefahr des terroristischen Fundamentalismus, ordnet sich das Politische neu. Dieser Gestaltwandel begann mit dem Ende des von dem Historiker Hobsbawm so genannten »kurzen 20. Jahrhunderts«, also mit dem »annus mirabilis« 1989, der friedlichen Revolution in der ehemaligen DDR und in Mittel- und Osteuropa. Sie brachte Freiheit und Demokratie, die staatliche Einheit der Deutschen und das Zusammenwachsen der getrennten Hälften Europas. Die Zukunftsaussichten zu Beginn der 90er Jahre schienen günstig. Der damalige amerikanische Präsidentenberater Francis Fukuyama verkündete im hegelianischen Duktus das »Ende der Geschichte«, da nach dem Systemzusammenbruch des Kommunismus jetzt liberale Demokratie und Marktwirtschaft endgültig »zu sich gekommen« seien und für die Zukunft kein anderes System vorstellbar wäre. Doch gegenüber diesem Bild einer kommenden glanzvollen Epoche der Demokratie und des friedlichen »Handelns und Wandelns« machte sich bald eine doppelte Ernüchterung breit.

Schleichende Erosion der Demokratie

Zum einen mussten sich nach dem Wegfall der Systemkonkurrenz die freiheitlichen Demokratien nun ausschließlich aus sich selbst, ohne das Gegenbild einer totalitären Diktatur begründen. Bald zeigte sich, dass auch die parlamentarische Demokratie von einer schleichenden Auszehrung von innen bedroht war. Zu geringes Wissen um Wertegrundlagen und abnehmendes Ansehen von Parteien und Politik sind bis heute dafür erkennbare Anzeichen. Technologischer Fortschritt, Individualisierung, Wertewandel und Globalisierung drücken Wirtschaft und Gesellschaft in Deutschland ihren Stempel auf. Aufgaben und Problemhorizonte des Politischen beginnen sich deshalb deutlich zu verändern. Handlungsspielräume scheinen kleiner, Abhängigkeiten größer und der Ort demokratischer Verantwortung immer weniger identifizierbar geworden zu sein. Die alten Muster der Problemlösungen in der Industriegesellschaft, so zeigt sich, greifen zunehmend weniger. Man ahnt, dass Demokratie auch konkurrenzlos scheitern kann, wenn ihr Fundament geistig wie materiell erodiert. Ohne Gegenbild die eigene demokratische Identität sowohl gedanklich zu begründen wie praktisch zu vermitteln, ist ein schwieriges Unterfangen. Doch ein solches Bürgerbewusstsein wird notwendig sein, wenn im 21. Jahrhundert gemeinsame Wertegrundlagen, vor allem Freiheit, gesichert werden sollen.

Zum anderen kommen die Erfahrungen von Extremismus, Nationalismus und religiösen wie ethnischen Konflikten hinzu. Vor allem in Südosteuropa konnte man die brutalen, mörderischen und menschenverachtenden Folgen beobachten. Drastisch wurde deutlich, vor welche Herausforderung das Politische gestellt ist. Gegenüber dem früheren Souveränitätsdenken, das die Nichteinmischung in innerstaatliche Angelegenheiten festgeschrieben hatte, wurde nun gerade das Eingreifen aus humanitären Gründen, zum Schutz von Leib und Leben verfolgter Menschen, notwendig.

Verantwortung ging und geht über nationale Grenzen hinaus. Die Welt rückt zusammen. Durch die Globalisierung haben wir es mehr denn je mit unterschiedlichen Auffassungen des Zusammenlebens, von ethnischen Zugehörigkeiten, der verschiedenen Religionen und Kulturen zu tun (siehe dazu auch das VIII. Kapitel). Es war der viel diskutierte Aufsatz von Huntington, der den möglichen »Zusammenprall der Zivilisationen« ins Visier nahm. Viele Annahmen sind wegen seines sehr allgemeinen Zivilisations- und Kulturbegriffs durchaus kritikwürdig. Aber er macht zu Recht darauf aufmerksam, dass sich neben allem Positiven innerhalb der verschiedenen Kulturen und Religionen auch ein Konflikt- und Gewaltpotenzial verbirgt, nämlich dann, wenn es um fundamentalistische Sichtweisen geht. Der Fundamentalismus lebt von radikaler Vereinfachung, von einfachen Zuordnungen in Gut und Böse, von Identifizierung von Freund und Feind. Wie gefährlich ein solcher Fundamentalismus sein kann, haben die Anschläge in New York und Washington gezeigt. Diese zielten nicht nur auf die Vereinigten Staaten, sondern zugleich auf die Werte und Normen zivilisierten Zusammenlebens in der Welt. Der terroristische Fundamentalismus hat mit seinem Anschlag wieder deutlich gemacht: Das Zusammenleben in unserem Staat beruht auf Voraussetzungen, die als selbstverständlich hingenommen und deswegen im Alltag viel zu wenig beachtet wurden.

Freiheit und Sicherheit

Gesellschaftliche, wirtschaftliche und politische Freiheit beruht auf Sicherheit. Sicherheit ist ein zentraler Teil von Frieden, und ohne Frieden kann Freiheit kaum gelebt werden.

Schon im »Leviathan« wurde von Thomas Hobbes das Gewaltmonopol des Staates als Bedingung für das friedliche Zusammenleben in der Gesellschaft angesehen. Auch die neuzeitliche Begründung des Rechts bezieht sich auf den untrennbaren Zusammenhang von Frieden und Freiheit. Deswegen darf Freiheit nicht gegen Sicherheit ausgespielt werden – allerdings auch nicht umgekehrt. Die seit der Antike geführte geistige Auseinandersetzung brachte die Einsicht: Freiheit und Sicherheit bedingen einander – und stehen zugleich in einem Spannungsverhältnis. Gerade die historischen Erfahrungen in Deutschland mit dem Terrorismus der RAF haben gezeigt, welche Anstrengung es erfordert, Sicherheit und rechtsstaatlichen Schutz durchzusetzen und zugleich an der Geltung möglichst großer Freiheitsspielräume festzuhalten. Es kommt entscheidend auf Maß und Mitte an.

Beides, die Erosionserscheinungen unserer Demokratie und die neue Bedrohung durch terroristischen Fundamentalismus, zeigt, wie sehr sich Gedankenlosigkeit über die geistigen und lebensweltlichen Voraussetzungen freiheitlicher Demokratie breit gemacht hat. Die entstehende neue Ordnung des Politischen, die den innerstaatlichen wie globalen Problemkonstellationen des 21. Jahrhunderts entspricht, wird sich als erster Aufgabe wieder der Sorge zu widmen haben, dass die Geltungskraft dieser Voraussetzungen freiheitlicher Demokratie wieder im öffentlichen Bewusstsein verankert wird.

Die Notwendigkeit struktureller Reformen

Darauf aufbauend wird die Politik nüchtern analysieren müssen, was sich an Veränderungen ergeben hat und ergeben wird. Sie wird aufzuzeigen haben, wo man umdenken muss, was an strukturellen Reformen notwendig ist und welche Ressourcen dafür einzusetzen sind.

Deutschland steht vor tief greifenden Veränderungen in Politik, Wirtschaft und Gesellschaft. Soziale wie ökonomische Innovation und Revitalisierung unseres Gemeinwesens können nicht allein Sache der Parteien sein. Sie müssen von der Bürgergesellschaft insgesamt getragen werden. Angesichts der sich immer weiter steigernden Komplexität und Verflechtung unserer Lebensverhältnisse ergibt sich die Aufgabe, sich über die künftigen Grundlagen unseres Zusammenlebens, die wichtigsten Problembereiche und die Veränderungsmöglichkeiten zu verständigen. Wir stehen am Beginn, nicht am Ende eines solchen Prozesses. Die Zukunft ist in der Tat noch eine Werkstatt.

Einen roten Faden durch das Problemdickicht bietet uns der Aufklärungsphilosoph Immanuel Kant mit seinen berühmten drei großen Fragen:

- Was kann ich wissen?
- Was muss ich tun?
- Was darf ich hoffen?

Nach diesen drei Fragen sollen im Folgenden einige Gedanken in Hinblick auf Gegenwart und Zukunft geordnet werden.

Die Wissensgesellschaft

Bei der ersten Frage: »Was kann ich wissen?« geht es um die Wissensgesellschaft. Viele richten bei dieser Frage den Blick auf die Entwicklung der neuen Informations- und Kommunikationstechniken und deren Folgen für die Wirtschaft. In der Tat entstehen durch die Kommunikations-, Computer- und Internetwirtschaft radikal veränderte Arbeitsstrukturen, neue

Wertschöpfungsketten, neue Produkte. In der entstehenden Verbindung von »Old« und »New Economy« wird Wissen zu einem entscheidenden Produktionsfaktor. Das hat Konsequenzen nicht nur für die Arbeitswelt, sondern auch für das System unserer Schulen und Hochschulen, nicht zuletzt für unser gesellschaftliches Zusammenleben. Die Anforderungen dieses Wandels zur entstehenden Wissensgesellschaft sind oft beschrieben worden. Deswegen soll in diesem Zusammenhang auf grundsätzlichere Bezüge hingewiesen werden. Denn Wissen ist mehr als Produktion und Neuordnung von Information. Es bezieht sich auch auf die Fähigkeit des freiheitlichen Zusammenlebens in unserer pluralistischen Demokratie zu Beginn des 21. Jahrhunderts. Vor allem geht es um drei Aspekte, die nicht zuletzt aufgrund der Bedrohung durch den terroristischen Fundamentalismus neue Beachtung erfordern.

Demokratie ohne absolute Wahrheit

Der erste Aspekt betrifft die paradoxe, gleichwohl fundamentale Beschaffenheit aufgeklärter Politik und pluralistischer Gesellschaften. Keine Gesellschaft kommt ohne Sinn aus. Aber »offene Gesellschaften« (Karl Popper) müssen um der Freiheit willen auf einen vorgegebenen Sinn, der Identität stiftet, verzichten. Die Aufklärung hat Staat und Kirche radikal getrennt. Der säkulare Staat weist einen absoluten Wahrheitsanspruch von sich. Was uns zumindest in der westlichen Welt so selbstverständlich scheint, ist Ergebnis eines langen, blutigen europäischen Lernprozesses. Erst nach Jahrhunderten – von den Kreuzzügen bis zum Dreißigjährigen Krieg, vom Westfälischen Frieden bis zur Aufklärungsepoche – wuchs die Einsicht, dass um der Menschen willen mit ihren unterschiedlichen Lebens- und Glaubensvorstellungen Politik und Religion zu trennen seien. Lessings Ringparabel hat gezeigt, dass die

Weltreligionen aufgrund des Toleranzgebots miteinander leben und einander achten können. Aber keine Religion darf sich absolut setzen. Diese Trennung des »Letzten vom Vorletzten« ist konstitutiv für unsere demokratische Gesellschaft geworden. Niemand darf eine absolute, identitätsstiftende Wahrheit vorschreiben. Dies bedeutet auch, dass in unserer Demokratie keine identitätsstiftende Repräsentation des Volksganzen vorhanden sein darf. Die Stelle, die in nichtdemokratischen Gesellschaften vom religiösen Führer, Monarch oder Diktator ausgefüllt wird, muss leer bleiben. Kein Bundeskanzler kann sagen: »Der Staat bin ich«. An die Stelle vorgegebenen Sinns treten immer wieder neu zu interpretierende Vereinbarungen und Regeln des Zusammenlebens, treten öffentliche Diskussionen und Einsicht in Begründungen, treten Institutionen der repräsentativen Verantwortung wie Bundestag, Bundesrat oder Bundesregierung, die nach Mehrheit, nicht nach Wahrheit organisiert sind.

Freiheit als Gewinn

Dieser von manchen so empfundene Verlust einer vorgeschriebenen Identität ist nichts anderes als der große Gewinn der Freiheit für jedermann, die Freiheit für die Bürgergesellschaft, die ihre Grundlagen selbst bestimmt und in der jeder nach seinen Vorstellungen leben kann. Persönliche Identität ist an den jeweils eigenen Lebensentwurf gebunden. Kollektive Identität ergibt sich aus den Konflikten und Verständigungsprozessen der Bürgergesellschaft selbst.

Dieses Fundament einer freiheitlichen Gesellschaft, der Verzicht auf vorgegebene Identität und Sinnrepräsentation, wird von anderen Staaten und Kulturen oft nicht verstanden. Damit richtig umzugehen, fällt auch in Deutschland nicht immer leicht. Damit zu leben erfordert starke Bürger. Denn zum einen müssen Bürger sich gemeinschaftlich immer wieder neu verständigen über Menschenwürde und Menschenrechte, über Grundwerte und Normen. Keine Instanz nimmt mehr diese Verantwortung ab. Nun könnte man auf die Verfassung der Bundesrepublik Deutschland verweisen. In den Grundrechtsartikeln sind in der Tat Selbstverständnis und Normen des Zusammenlebens in unserem Land festgelegt. Aber die beste Verfassung sinkt im Wert, wenn sie nicht im Denken und im Herzen der Bürger verankert ist. Diese Sicherung der Geltungskraft zentraler Werte und Normen durch die Bürger selbst kommt im Alltag oft zu kurz. Sie ist und bleibt gleichwohl entscheidende Verantwortung und Aufgabe einer freiheitlichen Bürgergesellschaft.

Die Bürde der Freiheit

Zum anderen, auch das muss man sehen, ist diese Verantwortung schwer zu tragen. Die »Furcht vor der Freiheit« (Erich Fromm) und die Bürde dieser Verantwortung haben wiederholt dazu geführt, der Sehnsucht nach vorgegebener Identität nachzugeben. Ohne Zweifel ist die Kraft der Verführbarkeit groß. Die Deutschen haben dies nicht zuletzt im 20. Jahrhundert äußerst schmerzlich erfahren. Gerade deswegen muss klar sein: Angesichts der Modernitätserfahrung kann man sich nicht mehr in einen Traditionalismus flüchten, der gesellschaftliche Werte und Regeln aus fraglos vorgegebenen Traditionen oder Konventionen verbindlich und dauerhaft festschreibt. Auch der Ausweg in die Zukunft muss versperrt bleiben. Das säkulare Heilsversprechen an Identität und Sinnstiftung durch eine künftige paradiesische kommunistische Gesellschaft hat sich als utopischer Wahn entlarvt. Ähnliches gilt für die »Volksgemeinschaft« des totalitären Nationalsozialismus.

Leitkultur – das große Selbstgespräch der Gesellschaft über Grundlagen und Ziele

Unsere demokratische Gesellschaft ist zerbrechlich. Das Leben ohne übergreifende Wahrheiten, ein Leben mit Risiko, Unbehagen und Unsicherheit, ist der Preis der Freiheit – aber zugleich auch die Chance zur Freiheit. Aus diesem Grund lebt die Demokratie von der beständigen Selbstüberprüfung und Erneuerung ihrer Grundwerte und Normen im historischen Kontext. Reflexion ist Daueraufgabe, um dem Vergessen der Grundwerte vorzubeugen, aber auch, um sie in Bezug auf gewandelte Verhältnisse anwendbar zu machen. In dieser Weise ist auch Leitkultur zu verstehen. Leitkultur – das ist das große Selbstgespräch und die große Selbstverständigung der Gesellschaft mit sich selbst über die eigenen Grundlagen und Ziele, darüber, wie sie ist und wo sie hin will. Natürlich wird man in eine Nation hineingeboren und damit in eine Herkunftsgemeinschaft mit einer verbindenden Sprache, Kultur und politischen Tradition. Die eigene Nation hat damit einen welterschließenden Charakter. Aber zur Freiheitsentwicklung gehört zugleich, dass man zu Nation und Geschichte ein eigenes Verhältnis eingeht. Ablehnung und Annahme sind Ausdruck von Freiheit. Die Bejahung der eigenen Nation ist deswegen Prägung und Wahl zugleich.

Sie bedeutet Annahme zugehöriger historischer Traditionen und Weiterentwicklung der eigenen nationalen Kultur und Gemeinschaftsbindungen. Zugleich geht es um einen kritischen Umgang mit fragwürdig gewordenen Traditionsbeständen. In diesem Sinn wird die eigene nationale Identität weitergetragen durch beständige Reflexion und Verständigung auf gemeinsam getragene Ziele und Normen des Zusammenlebens.

Die geradezu hysterische Debatte, die im Oktober und November 2000 geführt wurde, als ich am Rande einer Pressekonferenz in Berlin darauf hingewiesen hatte, dass es auch in Deutschland so etwas wie eine Leitkultur geben müsse, lässt im Übrigen ja auch Rückschlüsse auf die emotionale Befindlichkeit unserer Gesellschaft zu. Theo Sommer hatte schon 1998 in der »ZEIT« geschrieben: »Integration bedeutet zwangsläufig ein gutes Stück Assimilation an die deutsche Leitkultur und deren Kernwerte.« Als der Vorsitzende der Unionsfraktion im Deutschen Bundestag diesen Begriff in gleicher Weise verwendet, tritt ihm zwar mit Bassam Tibi einer der führenden Islamwissenschaftler unseres Landes, deutscher Staatsangehöriger syrischer Abstammung und muslimischen Glaubens, zur Seite; Teile der Republik aber befinden sich tagelang im emotionalen Ausnahmezustand. Die Zeitungsartikel überschlagen sich. »Ein Gespenst geht um in Deutschland«, schreibt dieselbe «ZEIT« die ihren Mitherausgeber noch zwei Jahre vorher bis auf die Wortwahl genau dasselbe sagen ließ. Die Erregung war eher gering, als Otto Schily im Juli 2002 von der Notwendigkeit der »Assimilation« der in Deutschland lebenden Ausländer sprach. Uns Deutschen fehlt offenbar immer noch die Begabung, bei der Behandlung schwieriger Themen souveräne Gelassenheit an den Tag zu legen. Der teutonische Eifer war bei denen besonders groß, die die Union sonst immer mahnen, doch das typisch Deutsche nicht allzu sehr in den Vordergrund zu stellen. Norbert Lammert hat völlig zu Recht festgestellt, das Beste an dieser Debatte sei, dass es sie überhaupt gibt. Damit wurde endlich auch über die Themen diskutiert, die zum Teil über Jahre kunstvoll tabuisiert worden waren. Auch die Behauptung, über Fragen der Zuwanderung und Integration dürfe man öffentlich keinen Disput austragen, ist vordemokratisch. Wer denn, wenn nicht die großen Volksparteien, soll dieses Thema verantwortungsvoll behandeln? Im Übrigen kann doch niemand die Augen davor verschließen, dass es zunehmend Probleme gibt bei der Integration der in Deutschland in großer Zahl lebenden Ausländer. Zum Teil muss man von voranschreitender Desintegration, von Abschottung und von der Herausbildung von Parallelgesellschaften sprechen. Integration in einem dicht besiedelten Land mit jahrhundertealter Tradition und Geschichte kann aber nur gelingen, wenn beide Seiten aufeinander zugehen, wenn Integration nicht als Einbahnstraße verstanden wird. Integration fordert einen eigenen Beitrag der zu uns Kommenden, die ihrerseits Anspruch haben auf Toleranz und friedliches Miteinander. Und alle müssen sich miteinander verständigen können. Also müssen gerade Kinder die deutsche Sprache so früh wie möglich lernen – wenn schon nicht im Elternhaus, dann im Kindergarten, im vorschulischen Sprachunterricht. Nur eine Gesellschaft, deren Mitglieder dieselbe Sprache sprechen, ist auf Dauer eine freiheitliche und eine friedliche Gesellschaft.

Moderne Identität

Durch Kommunikation, Reflexion und Verständigung auf Werte und Normen des gemeinsamen Zusammenlebens entsteht moderne Identität, die Herkunftsbewusstsein, Gegenwartsorientierung und Zukunftsoffenheit in freiheitlich gewählter Bindung umschließt. Sie kann verstanden werden als die Summe unseres Orientierungswissens, der Ordnungsrahmen für unsere Wahrnehmungen, Zuschreibungen und Einordnungen. So wie diese sich verändern, verändert sich auch Identität. Sie ist nicht vorgegeben, sondern immer wieder neu herzustellen. Die zivile Austragung unserer Konflikte und die öffentliche argumentative Prüfung tragen dazu bei. Freiheitliche Gesellschaft, freiheitliche Demokratie ist in der Tat eine anstrengende Aufgabe. Auch die politische Ordnung des 21. Jahrhunderts steht unter dem Paradox, Sinn und Identität zu brauchen, ohne sie verbindlich vorgeben zu können. Wenn es nicht gelingt, diese Schwierigkeit auszuhalten, geht mehr verloren als Wohlstand und soziale Gerechtigkeit. Denn dann können fundamentalistische Strömungen, Terrorismus und rechter wie linker Extremismus Raum gewinnen. Sie stellen eine grundsätzliche Bedrohung der freiheitlichen Demokratie und der pluralistischen Gesellschaft dar. Sie verweigern sich den Anstrengungen der Freiheit. Sie geben aufkeimenden Sehnsüchten nach vorgegebener Identität, nach Eindeutigkeit und einfachen Antworten in einer komplexen Welt nach. Solche Sehnsüchte sind in allen Teilen des Globus zu spüren, ja sie nehmen mit zunehmender politischer, wirtschaftlicher und kultureller Globalisierung zu. Sie bestimmen auch den aktuellen Terrorismus. Sicherheitspakete zu schnüren ist angesichts dieser Lage unabdingbar. Aber, das wird immer klarer, ohne geistige Auseinandersetzung, die die Grundlagen freiheitlichen Zusammenlebens wieder ins Bewusstsein rückt, wird man der grundsätzlichen wie aktuellen Bedrohungen nicht dauerhaft Herr werden können.

Orientierung, Vertrauen und schneller Wandel

In einem zweiten Aspekt geht es um das Orientierungsproblem in der Wissensgesellschaft. Mehr als jede Gesellschaft zuvor beruht die Wissensgesellschaft auf Vertrauen. Im agrarischen Deutschland vor hundert Jahren – rund 70% arbeiteten in der Landwirtschaft – hatten die Menschen noch eine unmittelbare Anschauung von den eigenen sozialen Lebensbedingungen. Moderne Arbeitsteilung, Differenzierung und Spezialisierung führen dazu, dass wir immer mehr auf Leistung, Solidität und Qualität von Anderen bauen müssen, ohne über eine eigene Anschauung zu verfügen. Vertrauen wird damit zum entscheidenden sozialen Kitt unserer Gesellschaft.

Hinzu kommt die zunehmende Schnelligkeit des Wandels,

die zur, wie es der Philosoph Hermann Lübbe sagt, »Gegenwartsschrumpfung« führt. Es handelt sich um die Erfahrung, dass sich die Zahl der Jahre immer mehr verkürzt, für die wir in der Arbeit, in der Wirtschaft, im Alltag mit einigermaßen konstanten Lebensverhältnissen rechnen können. Alt heißt ja heute oft nicht mehr Verschleiß und Verbrauch, sondern dass das neue technisch bessere Produkt das bisher gebrauchte und noch funktionsfähige ersetzt.

Ähnlich kann man es für die Gesellschaft sagen. Der Prozess des Wandels ist so schnell, dass bereits in der bestehenden Familie alle drei Generationen unterschiedliche Ansichten, Vorstellungen und Lebensentwürfe haben. Manche Soziologen sprechen sogar von einem Zehn-Jahre-Rhythmus. Erwachsenwerden kann sich heute immer weniger auf einen stabilen Rahmen an tradiertem Orientierungswissen verlassen. Die Gefahr der Sprachlosigkeit zwischen den Generationen, zumal in den Städten, wächst. Die Suche nach eigenen individuellen Orientierungen nimmt zu. Diesen Prozess sieht man auch in der Wissenschaft. Die Halbwertzeit von Wissen beträgt im Durchschnitt etwa fünf Jahre, in einigen Bereichen wie beispielsweise im Computersektor oder in den Lebenswissenschaften sogar nur etwa zwei bis drei Jahre. In Wirtschaft und Gesellschaft ist es nicht anders. In immer kürzeren Abständen werden wir mit neuen Erkenntnissen, gesellschaftlichen Trends, Produkten und Dienstleistungen konfrontiert.

Früher hatten die Menschen über Generationen Zeit, sich an Entwicklungen anzupassen, heute nicht mehr. In der Wissensgesellschaft brauchen wir deshalb eine höhere mentale Flexibilität, auf die bisher viele nicht ausreichend vorbereitet sind. Gerade in Deutschland gibt es eine stärkere Kluft zwischen Erkennen und Handeln als in manchen anderen Staaten der Europäischen Union. Wir wissen aus Umfragen, dass die Deutschen zwar reformbereit sind, aber nur im Allgemeinen – bei sich selbst möchte die Mehrzahl alles beim Alten lassen. Ein

Beispiel: Der Aussage »Der globale Wettbewerb, der wirtschaftliche Strukturwandel und die digitale Technik lösen große Veränderungen aus« stimmen 87% der Deutschen zu. Aber nur 38% sind der Meinung, dass sie von diesem Wandel der Arbeitswelt persönlich betroffen seien (EU-Durchschnitt: 63%). Ähnlich bei der Weiterbildung: 92% der Deutschen halten sie für unumgänglich, nur 55% sind tatsächlich dazu bereit. 88% der Deutschen halten die neuen Kommunikationstechnologien für wichtig, nur 41% erwarten, dass sie von dieser Entwicklung persönlich betroffen sind. In der »mentalen Zukunftsfähigkeit« ist Deutschland nur europäisches Mittelmaß, wo es eigentlich Spitzenreiter sein sollte. Aufgabe der Wissensgesellschaft wird es sein müssen, mentale Änderungsbereitschaft und Vertrauen in die hoch differenzierte Welt herzustellen oder zu unterstützen. Das wird nur durch Transparenz, Aufklärung, Offenheit und Teilhabe zu organisieren sein. Der Bedarf dafür ist groß. Das zeigen überall in Deutschland die Besucherzahlen bei wissenschaftlichen Veranstaltungen oder bei Präsentationen der Wissenschaft in der Öffentlichkeit.

Lebenslanges Lernen

Angesichts der schnellen Alterung von Wissen wird es auch genuine Aufgabe der Wissensgesellschaft werden, lebenslanges Lernen zu organisieren. Bis auf die traditionellen Einrichtungen des tertiären Bildungssektors sind bisher noch kaum entsprechende Einrichtungen dafür entstanden. Eine wichtige Zukunftsfrage wird daher sein, wie wir kreatives Denken, beständige Wissenserneuerung und Lebenserfahrung wieder stärker miteinander verknüpfen können. Die Bildung interdisziplinärer Netzwerke kann dazu beitragen. Sie sind für Wissenschaft und Forschung ebenso notwendig wie für die Wirtschaft und die Politik.

Da auch in den Familien immer mehr die einzelnen Generationen voneinander getrennt leben und eigenständige Lebenserfahrung besitzen, muss auch hier wieder generationenübergreifende Lebenserfahrung organisiert werden. Schüler unterrichten beispielsweise inzwischen Senioren im Bereich Computer und Internet. An Universitäten lernen junge und alte Studenten gemeinsam. Familien integrieren »Wahlomas«, nicht nur aus Betreuungsgründen.

Ein wichtiger Teil dieser »Gegenwartsschrumpfung« wird vom wissenschaftlichen Erkenntnisfortschritt und der Umsetzung in der ökonomischen Produktion getragen. Ein dritter Aspekt bezieht sich deswegen auf die Rolle von Wissenschaft und Wirtschaft. Max Weber hat den Prozess der »Entzauberung der Welt« beschrieben. Der Prozess von Rationalisierung, wissenschaftlicher Erkenntnis und technologischer Gestaltung ist Grundlage von Wirtschaft und Gesellschaft geworden. Das ist nicht mehr hintergehbar, es sei denn zum Preis der Missachtung von Menschenrechten und radikaler Wohlstands- und Kulturverluste. Zudem kann dies nur mit erheblichem Zwang geschehen, wie das Beispiel Afghanistan während der Taliban-Diktatur gezeigt hat.

Wissenschaft und Wirtschaft sind die großen Motoren von Veränderung. Die Revolution der neuen Technologien geht mit stürmischen Schritten voran. Neue wissenschaftliche Erkenntnisse führen zur Entwicklung ganz neuer Schlüsseltechnologien. Aus dem breiten Spektrum seien nur genannt: Informations-, Kommunikations- und Multimediatechnologien, Genomik und Biotechnologien, Tissue Engineering, die Mechatronik und Optoelektronik, Lasertechnik und Supraleitung, neue Werkstoffe durch Nanotechnologien oder die Bionik. All das sind Tickets für eine zukunftsfähige Wirtschaft.

Akzeptanz von Wissenschaft und Technik

Wir müssen uns also deutlich vor Augen führen, dass in Deutschland der künftige Wohlstand von Wissenschaft und Technik, vor allem bei den Schlüsseltechnologien, abhängt. Die Globalisierung bringt es mit sich, dass überall in der Welt die Produktion von Gütern stattfindet, und das oft kostengünstiger als bei uns. Deutschland wird dem weltweiten Wettbewerb nur dann standhalten, wenn es neben guter Verkehrsinfrastruktur und hohem Ausbildungsstand Produkte und Dienstleistungen nach dem neuesten Stand von Wissenschaft und Technik herstellt. Dabei geht es nicht um eine unkritische Wissenschafts- oder Technikgläubigkeit. Aber man muss klar sehen: Das Vertrauen auf den wissenschaftlichen Erkenntnisprozess und die Akzeptanz von Technologien werden zu entscheidenden Faktoren in Wirtschaft und Gesellschaft. Im Gegensatz zu unseren europäischen Nachbarn und weltweiten Konkurrenten ist beides in Deutschland nur unterdurchschnittlich entwickelt. In der Bereitschaft, Risiken einzugehen, steht Deutschland in der EU beispielsweise bei der Energienutzung durch Atomkraft an achter, bei der Gentechnik an neunter Stelle. Solche typisch deutschen Befindlichkeiten, die das Risiko höher veranschlagen als Vorteile und Chancen, werden wir uns in Deutschland künftig nicht leisten können, zumindest nicht, wenn wir angesichts der veränderten globalen Wettbewerbssituation weiterhin den gewohnten Wohlstand halten wollen.

Neues Denken und ein Hinterfragen gewohnter Vorstellungen wird unumgänglich sein. Angesichts des wissenschaftlichen Erkenntnisfortschritts im Mikro- und Makrobereich scheint eine erneute »Weltbildrevolution« bevorzustehen. Die Entschlüsselung des menschlichen Genoms in den letzten Jahren hat das Tor zu neuen Einsichten und Handlungsmöglichkeiten weit aufgestoßen. Weniger beachtet, aber ebenso bedeutungsvoll war die vier Wochen später bekannt gegebene abschließende Entschlüsselung des subatomaren Aufbaus der Materie. Auf dem langen Weg der Verfügungsmacht des Menschen über die Natur bedeutet beides einen neuerlichen, großen Schritt nach vorn.

Diese »Weltbildrevolution« ist ein starker Motor für die dritte industrielle Revolution. Zugleich erweitert sie in beträchtlichem Maß den Horizont wissenschaftlicher Fragestellungen und Erkenntnisse. Sie führt zu neuen Einsichten von großer Tragweite. Vieles haben wir aufgrund unserer gewohnten Denk- und Anschauungsweise noch gar nicht begriffen. Gleichzeitig wachsen die ethischen Anfragen an das, was der Mensch tun darf. Vielfach gibt es kein eindeutiges Ja oder Nein. Es geht vielmehr um schwierige Abwägungsprozesse. Die Neuordnung des Politischen wird deshalb auch zu neuen Rahmensetzungen für wissenschaftliche Erkenntnis und Anwendung führen. Es wird darüber viele Diskussionen mit ganz unterschiedlichen Ansichten geben. Der Umgang mit solchen unterschiedlichen Meinungen ist konstitutiv für freiheitliche, pluralistische Gesellschaften. Deutschland hat darin in den letzten Jahrzehnten insgesamt eine eigene, manchmal sogar gelassene Gewohnheit entwickelt. Mehr als bisher, und das sieht man beispielsweise in der Biomedizin, werden wir aber in Deutschland – wie auch in den anderen entwickelten Industrieländern – vor einem der schwierigsten Probleme freiheitlicher Demokratie stehen: Wie geht man mit sich einander ausschließenden grundsätzlichen Wertvorstellungen um, ohne Rechte des Anderen zu beschneiden und ohne die Freiheit aufzugeben? Grundsätzliche Wertkonflikte auszuhalten und Regelungen zu finden, ohne in Fundamentalismus zu verfallen, wird eine wichtige Prüfaufgabe für die neu entstehende Ordnung des Politischen sein.

Wenn man die Wissensgesellschaft meistern will, dann darf man sich nicht nur um modernes Wissenschaftsmanagement kümmern. Für unser Zusammenleben sind alle drei wichtig: ethisches und demokratisches Orientierungswissen, wissenschaftliches und technologisches Wissen sowie berufsbezogenes Praxiswissen. Bildung darf in der Wissensgesellschaft nicht eindimensional sein. Gerade dann ist man gut gewappnet gegen die Sehnsucht nach einfachen Lösungen und manichäischen Weltbildern.

Die Reformgesellschaft

Die zweite Kant'sche Frage lautet: »Was sollen wir tun?« Das ist die Frage nach der Reformgesellschaft. In Wirtschaft und Politik stehen wir ebenfalls vor weitreichenden Veränderungen. Die Industriegesellschaft mit ihren darauf bezogenen sozialen Sicherungssystemen, Verbänden und Regelungen hat Deutschland mit der Sozialen Marktwirtschaft einen breiten Wohlstand verschafft. Doch die Parameter von Wirtschaft und sozialer Sicherung beginnen sich zu verändern. Die Entwicklung von der Industrie- zur Dienstleistungs- und Wissensgesellschaft bringt neue Anforderungen an qualifiziertere Bildung mit sich. Neue Technologien führen nicht nur zu neuen Produkten, sondern verändern auch die Arbeitswelt. Unternehmen verändern die Organisationsstrukturen. Hohe staatliche Steuerbelastung, Kostenexplosionen in den sozialen Sicherungssystemen und eine hohe Arbeitslosigkeit sind Anzeichen eines überforderten Wohlfahrtsstaates. Hinzu kommen die Folgen der demografischen Entwicklung. Unsere Bevölkerung altert dramatisch.

Schon heute leben mehr Menschen im Rentenalter als Jüngere unter 20. Bis zum Jahr 2040 wird sich der Anteil der 60-Jährigen verdoppeln. Zudem werden immer weniger Kinder geboren.

All dies macht deutlich, dass wir unser Wirtschafts- und Sozialgefüge neu überdenken müssen. Erst durch Reformen werden wir zukunftsfähig. Angesichts des Wildwuchses von sich überschneidenden und oft widersprechenden Regelungen brauchen wir wieder ein klares ordnungspolitisches Denken. Wirtschafts- und Gesellschaftspolitik müssen wieder einen Zusammenhang bilden. Das Verhältnis von Staat und Bürgergesellschaft muss neu austariert werden. Viele Bürger wollen nicht mehr den paternalistischen Staat und die bürokratische Betreuung durch wohlfahrtsstaatliche Fürsorge. Selbstbestimmtes Leben heißt für viele mehr Selbstbestimmung, Wahlfreiheit, Eigeninitiative, Eigenvorsorge, kurz: Eigenverantwortung. Das setzt einen gewandelten Staat voraus, der nicht mehr alles selbst machen muss, sondern der die Voraussetzungen für eigenverantwortliche Entfaltung schafft. Subsidiarität und Hilfe zur Selbsthilfe sind dabei wichtige Prinzipien.

Reformen müssen in unterschiedlichen Bereichen vorangebracht werden. Uns fehlen 5,5 Millionen Arbeitsplätze. Die Überregulierung des Arbeitsmarktes ist ein Haupthindernis für neue Arbeitsplätze. Notwendig ist deswegen mehr Deregulierung, Anreize zur Aufnahme von Arbeit statt Arbeitslosenhilfe, weniger Bürokratie und Belastung des Mittelstandes. Es sollte auch gelingen, mehr Menschen als bisher Anreize zum selbstständigen Unternehmertum zu geben, Schwarzarbeit zurückzuführen und einen Teil der Überstunden in reguläre Arbeitsplätze umzubauen. Die Senkung der Lohnnebenkosten bleibt ebenfalls ein wichtiges Ziel. Hinzu kommen muss auch eine effizientere Verwendung der für den Arbeitsmarkt eingesetzten Mittel als bisher. Die Benchmarking-Gruppe im Rahmen des »Bündnisses für Arbeit« hat mit Blick auf den Arbeitsmarkt eine Reihe wichtiger Vorschläge gemacht. Leider wurden diese von der Bundesregierung nicht aufgegriffen. Und nicht zuletzt brauchen wir eine stärkere Förderung von Qualifizierung und Weiterbildung, auch unter der Anforderung lebenslangen Lernens in der Wissensgesellschaft. Das Anreizsystem im Bereich der Sozialhilfe muss korrigiert werden. Die Zusammenlegung von Arbeitslosenhilfe und Sozialhilfe wäre ein Schritt in die richtige Richtung. Sinnvoll ist es, die Unterstützung für Kinder von der Sozialhilfe zu entkoppeln. Schließlich sollte die Sozialhilfe mehr als bisher Lohnergänzungselemente enthalten, um den Anreiz zur Arbeit zu steigern.

Auch über andere Formen muss man nachdenken, die schnell tabuisiert werden. Dazu gehört die Lockerung des strengen Kündigungsschutzes gerade auch in Hinblick auf die Arbeitsmarktchancen der über 50-Jährigen. Auch um eine Verlängerung der tatsächlichen Lebensarbeitszeit werden wir angesichts der demografischen Entwicklung wohl kaum herumkommen.

Erheblichen Reformbedarf gibt es auch in anderen sozialen Sicherungsbereichen. Im Rentenbereich müssen der Anreiz zur Eigenvorsorge ausgebaut und Ungerechtigkeiten in der staatlichen Förderung beseitigt werden. Das Gesundheitssystem wird bald nicht mehr bezahlbar sein, wenn wir es nicht bald ordnungspolitisch sinnvoll mit mehr Markt- und Wettbewerbselementen ausrichten. In der Familienpolitik wird es vorrangige Aufgabe sein, neben der stärkeren finanziellen Unterstützung in Form eines Familiengeldes die Erziehungskompetenz der Eltern zu stärken sowie die Vereinbarkeit von Familie und Arbeitswelt in erheblichem Umfang zu fördern. Länder wie Schweden oder Finnland zeigen erfolgreich, dass diese Vereinbarkeit ein wichtiger Grund dafür sein kann, wieder Kinder zu bekommen.

Wir brauchen Reformen auch im Bildungsbereich. Es geht um mehr Freiräume für Schulen zur Selbstgestaltung, aber auch um kürzere Lernzeiten. Man denke nur daran, wie lange es dauerte, bis das Abitur mit zwölf Schuljahren zugelassen wurde. Die Kultusministerkonferenz ist nicht unbedingt prädestiniert, notwendige Reformen mit genügendem Eifer voranzubringen, da das Einstimmigkeitsprinzip oft wie eine Bremse funktioniert und nicht wie ein Motor. Möglicherweise führt der »PISA-Schock« dazu, dass jetzt schneller als bisher Reformen in Schule und Hochschule durchgeführt werden.

Ende des Jahres 2003, so die Initiative D21, werden alle Schulen mit Computer und Internetzugang versehen sein. Das ist eine positive Entwicklung. In Zukunft brauchen wir weniger das Pauken von zusammenhanglosem Faktenwissen, und mehr das Wissen, wo man Wissen findet und wie man mit ihm umgeht. Wichtiger werden künftig wieder Lehrer als Erzieher sein. Neben dem Umgang mit Informationsfülle und komplexem Wissen geht es auch um die Bildung von sozialer und kommunikativer Kompetenz, Geistesgegenwart, Anpassungsfähigkeit, experimenteller Gesinnung, mentaler Beweglichkeit und Wertebewusstsein. Die Wissensgesellschaft beruht auf anderen Bildungsvoraussetzungen – Kenntnisse, Werte, Tugenden – als die Industriegesellschaft des 19. Jahrhunderts. Aber ohne Aneignung der eigenen Geschichte und des nationalen und europäischen Kulturwissens würde jenes Fundament fehlen, auf dem auch eine neue Ordnung von Wirtschaft, Gesellschaft und Politik beruht.

Wir brauchen auch ein klares Bekenntnis zur Elitenförderung. Diese wurde jahrelang vernachlässigt oder unter ideologischen Verdacht gestellt. Aber ohne die – auch früh einsetzende – Förderung von Höchstleistungen werden wir nicht jene »Exzellenz« in Wissenschaft, Wirtschaft und Gesellschaft bekommen, auf die wir in Zukunft angewiesen sein werden. Bereits Alexander wollte der Große werden und nicht der Durchschnittliche.

Elitenförderung schließt dabei nicht aus, dass auch diejenigen besonders gefördert werden müssen, die aufgrund mangelnder Bildung und Qualifizierung keinen Arbeitsplatz finden. Jeder soll in der »Zukunftsgesellschaft« seinen Platz finden.

Bürokratie zurückdrängen

Im Übrigen könnte auch der Staat selbst mit gutem Beispiel vorangehen. Mit den neuen Kommunikationsmitteln kann er selbst Kosten sparen und Effizienz steigern, zum Beispiel durch den Einsatz moderner Führungs- und Managementmethoden wie e-government und als Teil davon e-procurement. Bei standardisierten Antrags- und Meldevorgängen könnte er durch das Internet bis zu 75% der Verwaltungskosten sparen. Die Liste der Vorschriften, Genehmigungen und Verwaltungsakte ist in Deutschland beeindruckend hoch. Allein die Bundesgesetze und bundesgesetzlichen Verordnungen machen über 84000 Paragrafen aus. Entrümpelung tut not. Transparenz und Vereinfachung wären auch eine gute Grundlage für die Reform des Steuerwesens in Deutschland. Im Übrigen ist auch die Möglichkeit zu mehr Eigenvorsorge des einzelnen Bürgers abhängig davon, ob es gelingt, die hohe Steuerbelastung zu reduzieren.

Vorrang für kleine Einheiten

Deutschland braucht Reformen. Diese dürfen nicht wie bisher mit der Schnelligkeit einer Schnecke angegangen werden. Andere Länder in Europa sind weiter. Es sind vor allem die kleineren Länder, die schneller Veränderungen durchsetzen. Von daher ist es sinnvoll, hinsichtlich der Reformfähigkeit bei den Ländern, Regionen und Kommunen anzusetzen. Kleine Einheiten sind besser in der Lage, sich auf neue Gegebenheiten einzustellen. Vorrang für Kommunen, bessere finanzielle und rechtliche Eigenständigkeit der Gemeinden und Städte – das wäre eine richtige Devise.

Das gilt ebenso für die Arbeitsvermittlung. Diese wird im

kommunalen und regionalen Bereich besser zu realisieren sein. Aktive Vermittlung ist in Zukunft gefragt, nicht weiterhin die zentrale Verwaltung der Arbeitslosigkeit. Eine weitgehende Reform der Bundesanstalt für Arbeit ist – erst recht nach dem »Statistik-Skandal« – unumgänglich. Dazu gehört auch eine gründliche Diskussion der diesbezüglichen Vorschläge der Hartz-Kommission.

In kleinen Einheiten lässt sich das Engagement der Bürger besser aktivieren. Ehrenamt und Freiwilligentätigkeit werden in Zukunft einen höheren Stellenwert in einer aktiven Bürgergesellschaft bekommen müssen. Jüngste Studien haben gezeigt, dass erheblich mehr Bürger als erwartet zu einem solchen Engagement bereit sind. Viele brauchen als Anstoß die persönliche Ansprache. Auch das gelingt in den Kommunen besser. Zugleich fördert das Engagement neben der praktischen Hilfe das Gemeinwohl, weil sich engagierte Bürger stärker verantwortlich fühlen. Und gerade dieses wird gebraucht.

Mehr Freiheit und weniger Regelung, mehr Subsidiarität statt Bürokratie, mehr Entfaltungsräume statt falscher Gleichmacherei, mehr Unterstützung für Ehrenamt und Freiwilligentätigkeit, darum muss es in Deutschland als Reformgesellschaft gehen. Die Sozialdemokraten misstrauen dem, weil ihnen damit die »makroökonomischen Steuerungsinstrumente« nicht mehr zur Verfügung stehen, die sie am liebsten überall einsetzen würden, um die politische Zentralgewalt über alle Lebensverhältnisse auszuüben. Der menschlichen Natur allerdings widerspricht ein solcher Machtanspruch völlig. Der Mensch ist auf Individualität und kleine Einheiten ausgerichtet. Wo er sie nicht findet, entstehen Nischengesellschaften.

Die Weltgesellschaft als globale Rechtsgemeinschaft

Die dritte Frage von Kant an uns heißt: »Was dürfen wir hoffen?« Die Hoffnungen richten sich zuerst auf die Beherrschbarkeit der Wissensgesellschaft und auf die Durchführbarkeit der notwendigen Reformen. Doch der Blick muss sich auch richten auf die künftigen Entwicklungen in einer zusammenwachsenden Welt. Die Frage »Was dürfen wir hoffen?« bezieht sich auf die längerfristige Perspektive einer Weltgesellschaft, und zwar als einer globalen Rechtsgemeinschaft.

Natürlich kann die Neuordnung des Politischen im globalen Maßstab nicht mehr mit der Faszination utopischer Entwürfe oder dem Pathos der großen Lösungen rechnen. Eine politisch geordnete Weltgesellschaft wird sich mit viel Mühen und erst langfristig herstellen lassen. Doch sie wird notwendig sein. Viele Probleme lassen sich nur weltweit lösen. Die Verteidigung gegen einen global agierenden Terrorismus, gegen Umweltverschmutzung oder international organisierte Kriminalität sind Beispiele dafür. Auch die bereits jetzt bestehende Globalisierung der Finanzströme, des weltweiten Handels und Wettbewerbs, der Reisen und Begegnungen, der weltumspannenden Vernetzung der Informations- und Kommunikationsströme zeigt die Notwendigkeit globaler politischer Ordnung auf.

Vor rund 200 Jahren hatte Kant in seiner Schrift »Zum ewigen Frieden« eine weltbürgerliche Verfassung entworfen. Als Rechtsgemeinschaft der Republiken sollte sie Ausdruck des Fortschritts in Freiheit und Frieden sein. Angesichts der jüngsten Ereignisse sind diese Gedanken hochaktuell. Unser politisches Bestreben ist darauf gerichtet, dass es langfristig weder zu einem Kampf der Kulturen noch zu einem dauerhaften Krieg kommt. Das setzt voraus, dass auch im Weltmaßstab

Glaube und Politik getrennt werden. Ein fundamentalistisches Denken in »Ungläubigen und Gläubigen«, die in einem »Heiligen Krieg« gegeneinander stehen, wie es in den Aufrufen Bin Ladens heißt, muss überwunden werden. Langfristig gesehen setzt das – so lautet der politische, die Vorstellungen Kants weiter entwickelnde Vorschlag des Rechtsphilosophen Otfried Höffe – eine auf einer Rechtsgemeinschaft beruhende »Weltrepublik« voraus. »Weltrepublik« wäre nicht ein globaler weltstaatlicher »Leviathan«, sondern eine auf den Nationalstaaten basierende, subsidiär verfasste und föderal gestufte globale politische Ordnung. Ziel ist die weltumspannende Garantie von Frieden und Sicherheit, die Geltung von Menschenrechten, weltbürgerlichem Recht und einer Weltwirtschaftsordnung nach den Prinzipien einer Sozialen Marktwirtschaft.

Das mag uns alles noch weit entfernt vorkommen. Aber der Vorschlag einer solchen subsidiären und föderalen Weltordnung, die die Garantie von Recht und Frieden, Freiheit und Gerechtigkeit, Menschenwürde und Menschenrechten, Demokratie und Marktwirtschaft auch im Weltmaßstab einfordert, ist eine regulative Idee, eine Messlatte, an der sich die künftige politische Weltordnung orientieren kann. Wir sind bereits jetzt auf dem Weg dorthin. Zu erinnern ist an die Vereinten Nationen, an supranationale Wirtschaftseinrichtungen wie Weltbank, IWF und WTO, an die Einrichtung des Haager Kriegsverbrecher-Tribunals und den ständigen Internationalen Strafgerichtshof, aber auch an weltweite Übereinkünfte wie die von Rio zum Umweltschutz oder die sich herausbildende Allianz gegen den globalen Terrorismus. Auf diesen Wegen gilt es weiter zu gehen.

Die Rolle der Europäischen Union

Der Europäischen Union kommt dabei eine wichtige Rolle zu, denn sie hat entscheidende Erfahrungen im Hinblick auf die Möglichkeit gemeinsamen Handelns jenseits des Nationalstaates gemacht. Die EU ist nicht nur eine Vereinigung zum Zwecke des freien Handels und der Wohlstandsmehrung. Das ist sie auch. Vor allem aber ist sie eine supranationale Vereinigung von Staaten zur Friedenssicherung. Bereits Konrad Adenauer und die anderen Gründungsväter der EU handelten nach dem Grundsatz: Wenn alle beteiligten Staaten politisch, wirtschaftlich und kulturell miteinander verflochten sind, wenn sie gemeinsame Werte und Institutionen miteinander teilen, werden Kriege zwischen ihnen unwahrscheinlich.

Dazu gehört – und das ist eine wichtige Idee, die die Europäische Union in die beginnende globale politische Ordnung einbringt – der Gedanke der freiwilligen Selbstbindung. Denn es gab keine Zentralinstanz, die die europäische Einigung erzwang, sondern alle Mitglieder haben sich aus freien Stücken vertraglich gebunden und zur Vertragseinhaltung verpflichtet. Diese Selbstbindung geht bis hin zum Europäischen Gerichtshof, der nicht mit den Mitteln einer übergeordneten Exekutivmacht ausgestattet ist, sondern sich allein auf Selbstbindung der Mitglieder an Recht und Rechtsprechung gründet. Genau dieses Prinzip der freiwilligen Selbstbindung ist die Grundlage einer neuen politischen Ordnung im globalen Rahmen. Deswegen ist die Europäische Union als erste politische Form der künftigen Weltgesellschaft ein wichtiger Schritt hin zu einer neuen globalen politischen Ordnung im 21. Jahrhundert. Sie bedarf hinsichtlich der Osterweiterung, der anstehenden Binnenreformen und der Verständigung auf die in der Grundrechte-Charta wie im künftigen EU-Verfassungsvertrag festgelegten Ziele und Normen des europäischen Zusammenlebens gerade deswegen unserer Unterstützung. Wenn die Europäische Union scheitert, dann scheitert mehr als das europäische Projekt. Davon wäre direkt der Prozess einer rechtlich verfassten Neuordnung des Politischen im Weltmaßstab betroffen. Dieser Verantwortung müssen wir uns jederzeit bewusst sein.

Mutig die Zukunft gestalten

Wissensgesellschaft, Reformgesellschaft, Weltgesellschaft, das sind drei Bereiche, die die Zukunftsordnung des Politischen künftig immer mehr bestimmen werden. Eine solche Ordnung des Politischen kann nur auf der Einsicht in die Grundlagen der modernen Gesellschaften und der freiheitlichen Demokratie gebaut werden. Ohne den beständigen Einsatz für diese Grundwerte und Regeln des Zusammenlebens durch die aktive Bürgergesellschaft ist sie in Gefahr, falschen Identitätsversprechen nachzulaufen und an den neuen Anforderungen zu scheitern. Nicht der Traum einer vollkommenen Welt, sondern das risikoreiche »Wagnis der Freiheit«, so hat es der Philosoph Karl Jaspers genannt, ist die Leitschnur einer verantwortlichen Bürgergesellschaft. Scheitern wird eine neue Ordnung des Politischen aber auch, wenn es nicht gelingt, mutig Reformen einzuleiten. Der Stand von Wissenschaft und Technik, von globaler Vernetzung und weltweitem Wettbewerb ist nicht wieder rückführbar auf einfache Verhältnisse. Es macht keinen Sinn, dagegen anzurennen, es macht Sinn, die darin liegenden Chancen zu nutzen.

Der notwendige Umbau des Staates, der Wirtschaft, der sozialen Sicherung, der Bildung und der Gesellschaft wird zweifellos große Kraftanstrengung erfordern, von uns allen. Die neuen Spielräume der Freiheit und die künftigen Wohlstandsgewinne sind aber nicht ohne größere Reformbereitschaft und Anstrengung im Denken wie im Handeln zu haben. Größere

Bereitschaft zu pragmatischem Risiko, zu Experimentierlust und Wagemut sind gefordert. Ebenso stärkere Teilhabe und Teilnahme, Ehrenamt und Freiwilligenengagement.

Es geht um neue geistige wie materielle Kraftanstrengungen im Hinblick auf die Reformfähigkeit Deutschlands, die Stärkung der Europäischen Union und die Sicherung von Frieden, ziviler Ordnung und Recht in der beginnenden Weltgesellschaft.

Gegenüber allen fundamentalistischen und terroristischen Bedrohungen gilt es, auf einer Politik aus dem Geist der Freiheit, des Rechts und des Friedens zu beharren. Gerade dies lässt uns Deutschland als weltoffene Heimat empfinden. Es gibt kein »Ende der Geschichte«. Der Horizont ist offen. Es liegt an unserer Bereitschaft, ob wir aufbrechen zu Neuem, in Deutschland, in Europa, in der Welt.